名校名师

中华优秀传统文化

慕课版 第2版

南京大学 ◎ 组编

张亮 ◎ 主编

邵佳德 李海超 韩玉胜 ◎ 副主编

人民邮电出版社

北 京

图书在版编目（CIP）数据

中华优秀传统文化：慕课版 / 张亮主编. -- 2 版.
北京 ：人民邮电出版社，2024. --（名校名师通识教育
新形态系列教材）. -- ISBN 978-7-115-64950-8

Ⅰ. K203

中国国家版本馆 CIP 数据核字第 2024CR9730 号

内 容 提 要

本书内容围绕中华优秀传统文化的基本理论、核心理念、文化瑰宝 3 个部分展开，分为上编、中编、下编。上编介绍中华优秀传统文化的基本理论，主要回答何谓中华优秀传统文化、为何要传承与弘扬中华优秀传统文化、怎样传承与弘扬中华优秀传统文化 3 个问题；中编阐释中华优秀传统文化的核心理念，主要围绕中华优秀传统文化中的个人美德、社会公德、国家大德 3 个层面展开；下编着重介绍中华优秀传统文化中的瑰宝，包括科技成就、文学异彩、艺术辉煌、礼俗风情、生活韵味等。全书紧扣推动中华优秀传统文化创造性转化和创新性发展的时代要求编写，既有理论概述又有精髓详释，涉及面广，内容翔实，便于读者把握中华优秀传统文化的基本面貌并形成对待中华优秀传统文化的正确态度。

本书采用"图文+慕课+实例"的编写模式，配有丰富的教学资源，包括课程大纲、教学 PPT、慕课、拓展素材等，读者可以扫描书中的二维码或访问人邮教育社区（www.ryjiaoyu.com）查看。

本书可作为高等院校文化通识课的教材，也可供对中华优秀传统文化感兴趣的社会公众学习、使用，还可作为中华优秀传统文化研究人员的参考书。

◆ 主　　编　张　亮
　　副 主 编　邵佳德　李海超　韩玉胜
　　责任编辑　方　菲
　　责任印制　胡　南

◆ 人民邮电出版社出版发行　　北京市丰台区成寿寺路 11 号
　　邮编　100164　　电子邮件　315@ptpress.com.cn
　　网址　https://www.ptpress.com.cn
　　三河市君旺印务有限公司印刷

◆ 开本：787×1092　1/16
　　印张：14.25　　　　　　　　　　2024 年 7 月第 2 版
　　字数：301 千字　　　　　　　　 2025 年 8 月河北第 2 次印刷

定价：49.80 元

读者服务热线：(010)81055256　印装质量热线：(010)81055316
反盗版热线：(010)81055315

顾问委员会

总顾问：王春法　中国国家博物馆原馆长

顾问委员（按照姓氏笔画排序）：

王中江　中华孔子学会会长、北京大学哲学系教授

王惠民　敦煌研究院考古研究所研究员

吕　舟　清华大学建筑学院教授、中国紫禁城学会副理事长

孙晓云　中央文史研究馆馆员、中国书法家协会主席

杨　雨　中南大学人文学院教授、中央广播电视总台《中国诗词大会》点评嘉宾

吴为山　中国人民政治协商会议第十四届全国委员会副秘书长（兼职）、民盟中央专职副主席、中国美术馆馆长

余东升　第二届教育部高等学校文化素质教育指导委员会副秘书长

赵　鹏　故宫博物院古建部主任

郝振省　中国编辑学会会长

钟振振　南京师范大学文学研究所所长、多次担任中央广播电视总台《中国诗词大会》总顾问

谈哲敏　南京大学校长

编审委员会

主　任：王志林　南京大学原副校长

副主任：张立科　中国工信出版传媒集团副总经理

　　　　徐　骏　南通大学副校长

　　　　张　亮　南京大学研究生院副院长

委　员（按照姓氏笔画排序）（从上至下，从左至右）：

马晓乐	山东大学	邵佳德	南京大学
王露璐	南京师范大学	尚　晋	北京清华同衡规划
刘　鹏	南京大学		设计研究院
孙乐强	南京大学	郑　昱	南京大学
李立山	文化部青年联合会艺术委员	胡星铭	南京大学
李海超	南京大学	施林淼	南京大学
吴翠丽	南京大学	袁　凯	山东大学
邹亚男	数库（北京）科技有限公司	郭明姬	南京大学
张　晓	苏州大学	韩玉胜	南京大学
张秀勤	南京工业大学	曾　斌	人民邮电出版社
陈　磊	中央广播电视总台	雒少锋	陕西师范大学
陈继红	南京大学	魏耕原	陕西师范大学

秘书长：祝智敏　人民邮电出版社

第 2 版前言

党的二十大报告指出："中华优秀传统文化源远流长、博大精深，是中华文明的智慧结晶，其中蕴含的天下为公、民为邦本、为政以德、革故鼎新、任人唯贤、天人合一、自强不息、厚德载物、讲信修睦、亲仁善邻等，是中国人民在长期生产生活中积累的宇宙观、天下观、社会观、道德观的重要体现，同科学社会主义价值观主张具有高度契合性。我们必须坚定历史自信、文化自信，坚持古为今用、推陈出新，把马克思主义思想精髓同中华优秀传统文化精华贯通起来、同人民群众日用而不觉的共同价值观念融通起来"。这为我们在新时代新征程上传承与弘扬中华优秀传统文化，坚定文化自信、建设文化强国指明了方向，提供了遵循。

南京大学高度重视中华优秀传统文化教育，有很好的教学传统。早在 2017 年，南京大学以张亮教授为负责人的教学团队，就率先响应《关于实施中华优秀传统文化传承发展工程的意见》号召，开发"走近中华优秀传统文化"通识慕课并上线，引起热烈反响。2018 年，该课程入选国家精品在线开放课程；同年，团队依据慕课脚本编写出版了《走近中华优秀传统文化》，受到广大中华优秀传统文化学习者的喜爱。2020 年，团队收到人民邮电出版社关于编写《中华优秀传统文化》教材的热情邀约，随即共同策划并开展教材建设工作。2022 年 4 月，《中华优秀传统文化（微课版）》建设完成并投入教学使用，并在 2023 年重印，受到了各高校师生的普遍认可和欢迎。

党的二十大召开前后，坚持把马克思主义基本原理同中华优秀传统文化相结合、建设中华民族现代文明、习近平文化思想等重要理念先后提出，中华优秀传统文化的教学需求和教学内容也发生了一些新的变化。团队根据党中央对中华优秀传统文化的最新指导意见，依据教学反馈的实际情况，在尊重历史原貌的基础上对教材进行了修订，在"中华优秀传统文化的鲜明特色"部分吸收了习近平总书记在文化传承发展座谈会上强调的与"中华文明的突出特性"相关的内容，在"中华优秀传统文化传承与弘扬的指导思想与基本原则"部分吸收了"坚持把马克思主义基本原理同中华优秀传统文化相结合"的相关表述，对"中华优秀传统文化中的社会公德"中的"守正创新"部分进行了拓展。

此次修订工作由张亮主持，邵佳德、李海超、韩玉胜、郭明姬参与了修订和审读工作。本书第 1 版的编写由张亮主持，参与编写的有：邵佳德、李海超、韩玉胜、郭明姬、孙乐强、刘鹏、胡星铭、雒少锋、雷环捷、陆杰峰、尚荣、周白冰、陈琳、张晓、张秀勤。本书的编写工作得到了南京大学本科生院、哲学学院、马克思主义学院的大力支持，特致衷心感谢！本书的出版得到了人民邮电出版社教育出版研究院、教育出版中心的关心与支持，特致衷心感谢！

本书立足新时代中华优秀传统文化教育培根铸魂的使命目标而建设。与现有的中国传统文化概论类著作不同，本书不追求面面俱到地介绍中国传统文化知识，简单地做古人的传声筒，而是希望立足当代中国现实，帮助当代中国青年读者在掌握中华优秀传统文化基本特点、常识的基础上"得其大者"，也就是把握中华优秀传统文化的核心要义，从而帮助当代中国青年读者树立、巩固正确的世界观、人生观、价值观。因此，本书在语言上尽可能活泼生动，在知识安排上多以点带面，力求贴近生活，并强调对传统文化进行创造性转化和创新性发展。具体来说，本书分为上编、中编、下编，上编重点介绍中华优秀传统文化传承和弘扬的基本理论，中编重点介绍中华优秀传统文化精神层面或形而上层面的核心理念，下编重点介绍中华优秀传统文化核心理念在器物遗产层面或形而下层面的瑰宝。

在基本理论部分，本书对"中国传统文化"和"中华优秀传统文化"做了概念区分，旨在帮助读者清晰地认识应继承和弘扬的是中国传统文化中最优秀的那部分，即"中华优秀传统文化"。围绕"何谓中华优秀传统文化""为何要传承与弘扬中华优秀传统文化""怎样传承与弘扬中华优秀传统文化"3个问题，本书在对中华优秀传统文化发展历程的勾勒中展现了中华优秀传统文化因时损益、变革创新等特点，在华夏文明与世界其他文明的对比中阐明了中华优秀传统文化的顽强生命力、强大包容性等鲜明特色，并在此基础上探讨了中华优秀传统文化对立德树人、坚定文化自信、传播中国声音等的重要意义，明确了中华优秀传统文化传承与弘扬的指导思想、基本原则和重点任务等。

在核心理念部分，本书立足中华优秀传统文化服务于社会主义核心价值观建设的要求，从个人美德（自强不息、厚德载物、仁爱孝悌、居安思危、舍生取义）、社会公德（勤俭廉政、诚实守信、敬业乐群、尊师重道、守正创新）、国家大德（尽忠报国、以民为本、和而不同、天人和谐、天下大同）3个层面介绍了中华优秀传统文化中最具代表性的15个核心理念。需要说明的是，这15个核心理念体现了编者的理解，个人美德、社会公德与国家大德这三者也不是截然分离的。通过对这15个核心理念"是什么""为什么""怎么做"的具体阐释，编者希望能够帮助读者深刻认识和领会中华优秀传统文化的精神气质与理念内涵，从而在文化认同的基础上拉近与社会主义核心价值观的距离。

在文化瑰宝部分，本书介绍了在中华优秀传统文化核心理念影响下科技、文学、艺术、礼俗、生活5个领域中的代表性文化知识和珍贵遗产。其中，科技领域介绍了天文、数理、医药和技艺，文学领域介绍了诗词、散文、小说和戏曲，艺术领域介绍了绘画、书法、雕塑和建筑，礼俗领域介绍了家礼、社交、节日和民俗，生活领域介绍了食味、美服、武术和茶香。这些虽不能涉及中华优秀传统文化形而下层面全部的内容，但也大体涵盖了其中最有代表性的文化成就和遗产。通过学习这部分内容，读者能够把握相关文化领域的发展概况、主要特征、伟大成就及其当代价值，从而增进对中华优秀传统文化瑰宝的认知与理解。

本书正文中插入了一些拓展材料。这些拓展材料有些是书中涉及的经典著作的原文和译文，有些是编者精心制作的材料摘编，有些是编者专门拍摄的讲解和演示视频。希望这些拓展材料能够激发读者学习本书的兴趣，帮助读者丰富学习体验，加深对相关知识的理解。本书作为教材，在课堂上若能配合经典原文、文化遗产视频材料进行讲解或开展相应实践教学，效果会更好。

"路漫漫其修远兮，吾将上下而求索。"2023年10月，全国宣传思想文化工作会议召开，习近平总书记作出了"着力赓续中华文脉、推动中华优秀传统文化创造性转化和创新性发展"的重要指示，这给本书编写团队注入了强大的动力与巨大的信心。然而时代在发展，中华优秀传统文化教育也在不断进步，尽管编者已经尽了最大努力，但限于学识、经验和能力，本书一定还有很多不足之处，敬请学界专家、学者多批评指正。如有意见和建议，欢迎发送至编者邮箱（zxszjy2021@163.com）。期待读者与编者一起，共同推进中华优秀传统文化教育事业的发展！

编者

2023年12月31日于南京大学

目　录

下编　导言

上编 导言

　　"国家之魂，文以化之，文以铸之。"文化关乎国本、国运，是民族生存发展、国家繁荣富强、个人安身立命的精神支撑。中华民族在5000多年历史发展过程中创造了灿烂辉煌的中华优秀传统文化，其经由夏商周三代到春秋战国的萌芽奠基阶段、秦汉至1840年鸦片战争的发展定型阶段和1840年鸦片战争以后的近代转型阶段的发展，在哲学、史学、文学、艺术、科学技术等领域均取得了辉煌的成就，积淀出了"天人合一""尚中贵和"等基本精神，"仁爱孝悌""勤俭廉政""尽忠报国"等基本理念，以及"四大发明"、诗词歌赋、书法、戏曲、武术等文化瑰宝。中华优秀传统文化源远流长、博大精深且特色鲜明，表现出极强的文化生命力、创造力、包容力及同化力，具有突出的连续性、创新性、统一性、包容性、和平性，为中华民族伟大复兴积淀了强大的精神力量，在世界文明史上也居于举足轻重的地位。

　　近代以来，中国传统文化遭遇前所未有的危机与挑战，开启了近代转型的艰难历程，这也构成了如今传承中华优秀传统文化的历史使命。但中国传统文化的内容浩如烟海，我们要正确把握"中国传统文化"和"中华优秀传统文化"的概念区别，正确把握继承和发展中华优秀传统文化的指导思想和基本原则、主要内容和重点任务，真正传承和弘扬中华优秀传统文化。历史和现实告诉我们，必须坚持以马克思主义为指导，坚持把马克思主义基本原理同中华优秀传统文化相结合，才能正确传承与弘扬中华优秀传统文化；只有牢牢把握社会主义先进文化前进方向，坚持以人民为中心的根本立场，才能正确把握中华优秀传统文化的发展方向；只有不忘本来、吸收外来、面向未来，才能真正实现中华优秀传统文化的创造性转化与创新性发展。

1

第一章
何谓中华优秀传统文化

中华文明5000多年绵延不断，在长期演进过程中，形成了中国人看待世界、看待社会、看待人生的独特价值体系、文化内涵和精神品质，这是我们区别于其他国家和民族的根本特征，也铸就了中华民族博采众长的文化自信。

第一节 中华优秀传统文化的概念辨析

学习中华优秀传统文化，首先要"审其名实，慎其所谓"（《公孙龙子·名实论》），明确"中华优秀传统文化"的概念，然后循名责实，实事求是，传承与弘扬中华优秀传统文化，创造中华文化新辉煌。

中华优秀传统文化（慕课版 第2版）

4

"五星出东方利中国"锦，1995年出土于新疆民丰县尼雅遗址。经考证，这件织锦来自蜀郡（今四川成都），制作时间为汉末三国时期。"五星出东方利中国"出自司马迁《史记·天官书》："五星分天之中，积于东方，中国利"。

关于"中华优秀传统文化"的概念，存在三种常见的理解。第一种是借助文化、中国传统文化等既有概念来界定"中华优秀传统文化"的概念，认为广义的中华优秀传统文化包含中华优秀的传统物质文化和精神文化两方面，狭义的中华优秀传统文化则主要指中华优秀传统精神文化。第二种是依据现代与传统的历史断代界定"中华优秀传统文化"的概念，认为中华优秀传统文化是中国传统文化的重要组成部分。第三种是综合内涵分析与历史断代界定"中华优秀传统文化"的概念，认为中华优秀传统文化指的是中国传统文化中优秀的基本精神、核心理念，或认为中华优秀传统文化包含中国古代的儒释道文化精髓等。上述三种理解可谓见仁见智，正所谓"横看成岭侧成峰，远近高低各不同"，但都"不识庐山真面目，只缘身在此山中"，没有完整准确地把握概念本身。

> **题西林壁**（宋·苏轼）
>
> 横看成岭侧成峰，远近高低各不同。
> 不识庐山真面目，只缘身在此山中。
>
> "诗言志"是中国古典诗歌的灵魂。一些古典诗歌在抒情写意的同时，以感性鲜明的艺术形象传达了抽象思辨的哲理，因而被称为"哲理诗"。这些哲理诗集中体现了中华优秀传统文化的美好和智慧。

要想完整准确地界定**中华优秀传统文化的概念**，需要做到以下几点。

首先，要把握住"中华"这个前缀。中华优秀传统文化是中华文化的一部分，具有中华文化独特的民族性。何谓"中华"？"中华"，一指"中国"，二指"华夏"。前者是一个地域概念，后者是一个民族概念，两者合而为一即为"中华"。何谓"中华文化"？"中华文化"是"由中华民族在东亚大陆广袤的土地上创造的文化"①，常常与"中国文化"混

---

① 张岱年，方克立.中国文化概论［M］.北京：北京师范大学出版社，2004：6.

用。现代哲学家梁漱溟在归纳中国文化的个性特点时指出，中国文化是独创自发的文化，是自具特征、自成体系的文化，是源远流长、从未间断的文化，是包容力极强的文化，是海纳百川、能吸收邻邦外族进而融成广大中华民族的文化，是自身内部具有高度妥当性、调和性的已达成熟的文化，是辐射四周、影响深远的文化。[①] 就主体维度而言，中华文化的创造主体是包含 56 个民族在内的中华民族，它是中华民族独自创发、自具特征、自成体系的中华民族的本体文化；就地域维度而言，中华文化的起始点和立足点是中国而非外国，但其凭借极强的包容力广泛吸收外族文化，进而融成了博大的中华民族本土文化；就时间维度而言，中华文化绵延 5000 多年，至今仍然具备强大的生命力。这些都彰显了中华文化独特的民族性。

总体来说，中华文化与中国文化这两个概念既密切关联又有所区别。中华文化是一个偏向民族性的概念，它包括中国文化及中国以外华人圈的民族文化。中国文化是一个偏向地域性的概念，主要指中国地域范围内的文化。本书主要介绍的是中国地域范围内的传统文化，故在一般性地讲传统文化时，运用"中国传统文化"的表达；在介绍优秀传统文化时，为了突显民族性，运用"中华优秀传统文化"的表达。这两种表达也与人们的习惯用法一致。

"中国""华夏""中华"概念的由来与变迁

梁漱溟（1893—1988），广西桂林人，哲学家，曾任北京大学讲师，主讲印度哲学概论、儒家哲学等，并参与有关中西文化的论战，主张复兴中国儒学文化，著有《东西文化及其哲学》《乡村建设理论》《印度哲学概论》等。

"欲人勿疑，必先自信。"厘清中华优秀传统文化的"中华"内涵，把握中华优秀传统文化的民族性，对于民族和国家的发展至关重要。历史反复证明，一个民族和国家如果丧失了自身文化的特性，就很难获得发展。民族文化是一个民族区别于其他民族的独特标识，每个国家和民族的历史传统、文化积淀、基本情况不同，其发展道路必然有自己的特色。面临百年未有之大变局，国与国之间的竞争日益激烈，唯有清晰把握中国文化的民族性，才能不忘本来、吸收外来、面向未来，在全球化浪潮中坚定中华民族的文化自信。

其次，要把握住"优秀"这个定语。 这就是要明确，中华优秀传统文化是中国传统文化中的精华，代表中国传统文化的先进性。何谓"优秀"？"优秀"就是能够突破时代所限、符合发展需要，能够普遍适用、利于当代、造福人民。把握"优秀"的内涵，核心在于弄清楚一个问题：中华优秀传统文化是否等同于中国传统文化？答案是否定的。"中国传统文化"和"中华优秀传统文化"看似相近，深究实远。中国传统文化是中华民族在长期发展的历史进程中积累和传承下来的物质、制度和精神文化的总和。它好比历史之河中被冲刷到下游的东西，内容极其丰富但又未经拣选，既有精华又有糟粕，既有受限于时

---

① 梁漱溟.梁漱溟全集：第 3 卷［M］.济南：山东人民出版社，2005：10-11.

代的、体现阶级性的一面，也有超越时代的、体现文明共性的一面。**"中华优秀传统文化"代表的是从"中国传统文化"中扬弃继承、转化创新出来的，与当代文化相适应、与现代社会相协调的精华部分**。举例来说，讲仁爱、重民本、守诚信、崇正义、尚和合、求大同等核心理念，自强不息、敬业乐群、扶危济困、见义勇为、孝老爱亲等传统美德，万物一体、贵和尚中、刚健有为、以天下为己任等基本精神，是中国传统文化的重要内容，也是中华优秀传统文化的重要内容。封建迷信、男尊女卑、以官为本等，都曾在中国传统文化中占有一席之地，但绝不是中华优秀传统文化的应有构成。在当前历史条件下，继承和发展中国传统文化，仅仅指的是对作为其精华部分的中华优秀传统文化的继承和发展。"人们自己创造自己的历史，但他们是在既定的、制约着他们的环境中，在现有的现实关系的基础上进行创造的。"[①] 把握中华优秀传统文化的先进性与优秀性，说到底，就是要对中国传统文化进行科学分析，对正面的东西予以继承和发扬，对负面的东西加以抵制和克服，取其精华，去其糟粕，而不能采取全盘接受或全盘抛弃的绝对主义态度。

> 学习我们的历史遗产，用马克思主义的方法给以批判的总结，是我们学习的另一任务。我们这个民族有数千年的历史，有它的特点，有它的许多珍贵品。对于这些，我们还是小学生。今天的中国是历史的中国的一个发展；我们是马克思主义的历史主义者，我们不应当割断历史。从孔夫子到孙中山，我们应当给以总结，承继这一份珍贵的遗产。[②]

再次，要把握住"传统"这个内涵。 这就是要明确中华优秀传统文化的时代性。何谓"传统"？"传统"就是指跨越了时间和世代更替而传承下来的事物，是从过去延传到现在的事物。把握"传统"的内涵，首先要回答：中华优秀传统文化等同于中国古代文化吗？答案是否定的。"中国古代文化"是对应"中国近现代文化"而言的，指的是1840年以前的中国的文化。"中国传统文化"来自中国古代文化，但未停留于古代文化，是中华民族经过筛选、淘汰，迄今仍在不断丰富、不断发展的人文精神的总和，具备结合时代需求传承和发展的可能。1840年鸦片战争以后，中国传统文化遭遇了巨大的生存危机。曾有学者悲观地认为，中国传统文化已经不适应现代社会的发展，中国传统文化曾经取得的巨大成就只剩下"历史的意义"，只适合成为博物馆里的陈列品。令人振奋的是，中国传统文化并未如预言一般成为"历史"，而是在经历了艰难转型后依然保有独特的价值与内在活力，并在当代中国焕发出新的生机。

中国古代的历史分期

①　中共中央马克思恩格斯列宁斯大林著作编译局. 马克思恩格斯选集：第四卷 [M].北京：人民出版社，1995：732.

②　毛泽东. 毛泽东选集：第二卷 [M].北京：人民出版社，1991：533-534.

> 与时俱进，推陈出新。2018 年，习近平总书记在全国宣传思想工作会议上指出："中华优秀传统文化是中华民族的文化根脉，其蕴含的思想观念、人文精神、道德规范，不仅是我们中国人思想和精神的内核，对解决人类问题也有重要价值。要把优秀传统文化的精神标识提炼出来、展示出来，把优秀传统文化中具有当代价值、世界意义的文化精髓提炼出来、展示出来。"①

只有牢牢基于与时俱进、推陈出新这两个立足点，才能明辨中华优秀传统文化概念，升华对中华优秀传统文化的认识和理解。"民族优秀传统文化的传播离不开两个立足点，一个是追根溯源地研究中华文化的源头和演进，再一个是重新诠释，进行创新，使其民族性与时代性紧密结合。"②把握中华优秀传统文化的"传统"内涵与"时代"价值，既需要加强对中华优秀传统文化遗产的挖掘和阐发，代代守护、薪火相传，也需要结合时代需求对中华优秀传统文化进行创造性转化与创新性发展。唯有如此，才能真正做到在传承中发展中国特色社会主义先进文化，在发展中传承中华优秀传统文化。

最后，要把握住"文化"这个中心语。中华优秀传统文化不仅包含优秀的精神文化，也包含优秀的物质文化和制度文化。何谓"文化"？"文化"有狭义和广义之分。狭义的"文化"主要指精神文化。广义的"文化"则指人所创造的不同于自在自然和自身生物本能的东西，如生产工具、社会制度、观念习俗等，包含物质文化、制度文化和精神文化三种基本形态。从"文化"的狭义概念出发，中华优秀传统文化指的就是"中华优秀传统精神文化"，主要包括核心理念和基本精神。从"文化"的广义概念出发，中华优秀传统文化既包括优秀核心理念和基本精神，也包括中华优秀传统文化瑰宝中的物质文化及制度文化遗产，如工艺雕塑、绘画建筑、人伦准则、礼俗风情等。本书所指的"文化"包含广义层面的优秀物质文化、优秀制度文化及优秀精神文化。

辨析了中华优秀传统文化中的"中华"前缀、"优秀"定语、"传统"内涵、"文化"中心语，"中华优秀传统文化"的内涵也就清晰呈现出来：中华优秀传统文化是中华民族创造的、经中华文明历史长河演化取舍最终存留下来的优秀的、至今仍有较强生命力和较高时代价值的文化，是中华民族优秀的物质文化、制度文化和精神文化的总和。

第二节 中华优秀传统文化的发展脉络

讲到中国传统文化，人们最容易想到的形容词就是"源远流长"和"博大精深"。一般来说，中国传统文化的发展历程大致可以分为三个阶段：第一，萌芽奠基阶段，对应的历史时期为包含夏商西周和春秋战国在内的先秦时期（约前 21 世纪—前 221）；第二，

---

① 习近平. 举旗帜聚民心育新人兴文化展形象 更好完成新形势下宣传思想工作使命任务［N/OL］. 人民日报，2018-08-23［2024-06-30］.
② 张岂之. 张岂之谈中华优秀传统文化［M］. 南京：江苏人民出版社，2019：7.

发展定型阶段，对应的历史时期为包含秦汉、魏晋南北朝、隋唐、两宋、元明至1840年鸦片战争的封建大一统时期（前221—1840）；第三，近代转型阶段，对应的历史时期为1840年鸦片战争以来的近现代时期。这里着重介绍中国传统文化在萌芽奠基阶段和发展定型阶段的发展脉络。

一、中国传统文化的萌芽奠基期

先秦时期是中国传统文化漫长的萌芽奠基期，其中包含文化萌芽（夏商西周）和文化奠基（春秋战国）两大历史阶段。在第一阶段，中国传统文化完成了从"神本"向"人本"的过渡，"德""孝"等一些至关重要的理念开始出现，"礼乐文化"的风貌也开始形成。在第二阶段，随着百家争鸣局面的出现，中国传统文化获得长足而系统的发展，其主要特征和基本精神逐渐成形。

（一）夏商西周时期的文化萌芽

神话是人类童年时期的口头文学作品。与哲学、宗教、艺术、历史等相关的人类基本精神活动都是从神话起步的。上古时期的中国诞生了许多神话，如盘古开天地、女娲补天、夸父追日、伏羲画八卦、神农尝百草等。这些神话对中国传统文化的肇始和发展具有深远影响，但它们本身是零碎的、混沌的，尚无法反映中国传统文化的特征。公元前21世纪前后，中国古代第一个国家政权——夏朝（约前21世纪—约前1600年）建立。中国历史正式告别蒙昧进入文明时代，文化也伴随着政治经济的发展逐渐清晰繁盛起来。

与世界上的其他古文明类似，中华文化的起源与神话、传说及巫祝祭祀等密不可分，正如《礼记·表记》所言："殷人尊神，率民以事神，先鬼而后礼。"周灭商后，为了证明周代商的合理性，周人提出"天命靡常，惟德是辅"（《尚书·多士》），强调"天命"会因为人事而转移，天随时都在寻找适合做君主的人，君主必须"以德配天""修德配命""敬德保民"。"人"的价值由此得到凸显，神本文化也就逐渐过渡到更重人本的"礼乐文化"。[①]

巫   《说文解字》说："巫，祝也。女能事无形，以舞降神者也。"巫也就是能够以舞降神的人。巫分男女，女性为巫，男性为觋。

西周时期，中国文化最突出的特征是"礼乐文化"风貌的形成。"乐者，天地之和也；礼者，天地之序也。和，故百物皆化；序，故群物皆别。"（《礼记·乐记》）所谓"礼乐文化"，就是根据天地自然规律设定社会规范（礼乐），进而要求人们遵从这些由效法天地自然规律而来的社会规范（礼乐）。"礼乐文化"被以孔子为代表的儒家继承并发展，对随后2000多年间中国传统文化的发展产生了深远影响。

---

① 陈来. 古代宗教与伦理：儒家思想的根源 [M].北京：生活·读书·新知三联书店，1996：4.

（二）春秋战国时期的文化奠基

春秋战国时期是五霸七雄云起争霸、礼崩乐坏的战乱时代，也是百家争鸣的思想自由时代。在这一时期，中国传统文化得到了系统发展，中国出现了儒、墨、道、法、名、阴阳、杂、农等诸子学派。其中，以儒、墨、道、法四家的哲学思想对后世文化影响最大。

诸子百家

孔子（前551—前479），名丘，字仲尼，鲁国陬邑（今山东曲阜）人，祖籍宋国栗邑（今河南夏邑），儒家学派的创始人，也是中国传统文化的核心人物。柳诒徵（1880—1956）认为："无孔子则无中国文化。自孔子以前数千年之文化，赖孔子而传；自孔子以后数千年之文化，赖孔子而开。"由此可见，孔子及其所创立的儒家学说对中国乃至整个人类社会都有至关重要的影响。

先秦儒家学派是春秋战国时期影响最大的思想流派之一，其代表人物有孔子、孟子、荀子等人。孔子是儒家学派的创始人，也是中国传统文化的核心人物。孔子的文化思想涉及诸多方面，其中最突出的是"礼"和"仁"。除了"礼"和"仁"外，孔子还提出了"德治""中庸"等主张，对后世中国传统哲学的发展产生了重要影响。孟子进一步发展了孔子的"仁学"学说，提出"性善论"思想，并在此基础上提出了"民贵君轻""先义后利""施行仁政"等主张，对后世政治产生了积极影响。荀子在继承孔孟儒家学说的同时，还批判地吸收了墨、道、名、法等各家学说，形成了自己独特的思想体系，提出了"化性起伪""天行有常""天人相分""制天命而用之"的天道观，对后世认识人与自然的关系有重要影响。由孔子创立，后经孟子、荀子等人继承和发展的儒家学派对中国传统文化的发展具有至关重要的奠基作用。在其后的2000多年时间里，儒家思想一直在中国传统文化中占据主导地位，深刻影响了中国传统文化，成为中国传统文化最重要的组成部分。

道家学派是春秋战国时期的另一大思想流派，其代表人物是老子和庄子。老子的哲学思想主要体现在《道德经》（又称《老子》）一书中。"道生一，一生二，二生三，三生万物。"（《老子·四十二章》）"道"是老子哲学思想的核心，也是道家哲学的最高范畴。在老子看来，人们应该追求"道法自然"，实行"无为而治"，以"无为"达"有为"。老子的思想对后世的政治、哲学、宗教等都产生了重要影响，汉初黄老之学、魏晋玄学及中国本土化的道教都要追溯到老子的哲学思想。庄子是老子之后道家学派最重要的代表人物。庄子注重精神世界的开拓。他将老子思想中的两极辩证、自然无为等观念融入人的精神世界，从而开拓出超脱世俗、万物齐一、逍遥无我的自由境界，对后世的中国文化产生了巨大的影响。道家思想与儒家思想相伴相长、共生互补，是中国传统文化不可或缺的两大组成部分。

现在一般认为，老子姓李名耳，字聃，楚国苦县厉乡曲仁里人。胡适（1891—1962）评价"老子是中国哲学的始祖，是中国哲学史上第一位真正的哲学家"[1]。中国道教的神话故事中有一位家喻户晓的神仙太上老君，其原型就是被神化了的老子。老子的哲学思想主要体现在《道德经》一书中。《道德经》仅短短5000多字，却是全球被译为外国文字出版发行量最大的著作之一。老子的哲学思想对后世中国文化影响深远。

法家是先秦诸子之中对于刑名赏罚的法制理念最为重视的一派，代表人物有商鞅、申不害、慎到、韩非子等人。法家的法治思想切合战国时期各国的统治需求，法家因此成为当时的显学，在中国大一统国家的形成过程中发挥了重要作用。汉武帝"独尊儒术"后，法家不再是显学，但它并没有退出历史舞台，而是以外儒内法的隐秘方式继续存在并对古代中国的国家治理持续产生影响。

墨家是战国时期的另一门显学。墨子是墨家学派的创始人和代表人物，他的思想主要体现在《鲁问》篇记载的十个方面，即"国家昏乱，则语之尚贤、尚同；国家贫，则语之节用、节葬；国家憙音湛湎，则语之非乐、非命；国家淫僻无礼，则语之尊天、事鬼；国家务夺侵凌，则语之兼爱、非攻"。"兼爱"是墨子十大主张的核心，也是墨家学说区别于其他各家学说的标志。"非攻"是由"兼爱"延伸而来的国际交往原则。墨子大力倡导"非攻"，反对非正义的攻伐战争，这在很大程度上契合了时人对于战争的厌恶和对于和平的期盼心理，因而受到下层民众的普遍欢迎，一度影响巨大。他的这些思想即便是在2000多年后的今天，依然具有不可磨灭的价值。

二、中国传统文化的发展定型期

公元前221年，秦灭六国，建立了中国历史上第一个统一的专制帝国。此后2000多年的封建大一统时期是中国传统文化的定型期，其又可以分为秦汉、魏晋南北朝、隋唐、两宋、元明清等发展阶段。秦汉时期，中国传统文化的政治、经济、民族、心理等基础均基本形成，文化的主体形态也基本定型；魏晋南北朝时期，中国传统文化在政治动荡、经济发展、民族融合进一步加强等因素的共同推动下，进入一个异彩纷呈的多元发展阶段；隋唐时期，国力的强盛和对外交流的加强将中国传统文化推入开放包容、繁盛辉煌的鼎盛阶段；两宋时期，中国传统文化转而呈现出内省、成熟、细腻的特征，这种现象的出现与政治的动乱、军事的孱弱及商品经济的繁荣不无关系；元明清时期，中国传统文化逐渐由多元开放走向专制保守，但新的启蒙思想也悄然出现。

（一）秦汉时期

秦帝国的建立是中国历史上一个承前启后的转折点。为了维护中央集权，秦始皇施行"车同轨""书同文""度同制""行同伦""地同域"等措施，强力推进经济、社会、思想、文化的统一。这些措施增强了当时人们在经济、政治、文化生活和心理上的共同性，为中华文化共同体的形成奠定了坚实基础。

"盖嬴政称皇帝之年，实前此二千数百年之结局，亦为后此二千数百年之起点，不可谓

---

① 胡适.中国哲学史大纲［M］.北京：北京大学出版社，2013：48.

非历史一大关键。惟秦虽有经营统一之功，而未能尽行其规划一统之策。凡秦之政，皆待汉行之。秦人启其端，汉人竟其绪。"①秦二世而竭，它所开创的各项事业由后续的两汉继承和完成。汉武帝刘彻为实现大一统，接受董仲舒的建议，"罢黜百家，独尊儒术"，尊《诗》《书》《礼》《易》《春秋》为"五经"，奉儒学为官学，儒家学说由此兴盛，并在其后2000多年的中国文化历史中持续占据主导地位。

汉代的历史学、文学及文化交流等也都成就斐然。司马迁（约前145—?）创作的"究天人之际，通古今之变，成一家之言"的《史记》，被誉为"史家之绝唱，无韵之《离骚》"。辞藻华丽、"苞括宇宙、总览人物"的汉赋对后世文学的发展具有重要影响。张骞（约前164—前114）两次出使西域，开辟丝绸之路，促进了东西方文明的交流与交融，对中国乃至世界文化的发展都作了巨大贡献。

▲《张骞出使西域》（局部）

（二）魏晋南北朝时期

魏晋南北朝时期的文化发展呈现多姿多彩、多元多样的特征，玄、佛、儒思想成就了唐代以后中国传统文化的格局。

玄学是魏晋南北朝时期发展起来的文化新潮，代表人物有何晏、王弼、嵇康、阮籍、向秀等。玄学的特点，是以道家思想为骨干，结合儒家思想，会通孔老。玄学谈玄析理的抽象思维为中国传统哲学注入了活力；其在现实人生中追求无限体验的观念，更是促成了"重神理而遗形骸""重自然而轻雕饰"的魏晋美学精魂的形成。

除玄学外，魏晋南北朝时期的文化对中国传统文化的影响之大，还表现在道教的创建及佛教的传入。根植于中国本土的道教初创于东汉，在魏晋时期得到了极大的发展，成为我国本土文化的重要组成部分，并间接促进了我国古代医药、冶炼、音乐等领域的发展。起源于

---

① 柳诒徵．中国文化史：上册［M］．上海：上海古籍出版社，2001：329．

印度的佛教于两汉之际传入我国，到南北朝时期得到广泛的传播。自魏晋之后，儒学与佛教、道教在相互冲突与融合中不断发展，形成了多元碰撞、多向度发展的魏晋南北朝文化格局，为唐代以后以儒学为主，儒、佛、道多元发展的中国传统文化格局奠定了基础。

魏晋南北朝时期的文学艺术也得到极大的发展。宗教绘画出现了极度繁荣的景象，各种寺庙、石窟绘画作品层出不穷；传统书法走向完全自觉的阶段，笔法体系基本确立，大批文人书法家涌现。云冈、龙门、敦煌的石窟雕像，顾恺之的绘画，王羲之的书法，等等，代表了当时艺术的最高水平。

（三）隋唐时期

隋唐时期，中国传统文化最显著的特征是开放包容。首先，唐代是我国多民族国家进一步发展的重要时期，一些少数民族的文化在被汉文化同化的同时，深刻影响了汉族书法、绘画、诗文、音乐等文化艺术的发展。其次，唐代是我国对外交往的重要时期，通过通往中亚和西方的海陆丝绸之路，南亚的佛学、音乐和美术，中亚的音乐和舞蹈，西亚乃至西方世界的宗教、建筑风格等涌入中国，为中华文化添新加彩。最后，中华文化传入东亚诸国，深刻影响了整个东亚的文化和政治，对朝鲜、日本、越南等周边国家文化的发展起到重要的促进作用。

隋唐时期，中国传统文化发展的另一显著特征是宗教的盛行。佛道两教在这一时期皆进入极盛时期。佛教形成了天台宗、律宗、华严宗、密宗、净土宗、三论宗、禅宗等诸多宗派。其中，天台宗、华严宗，尤其是禅宗吸收了中国本土的儒、道等哲学思想，逐渐发展成为中国化的佛教宗派。佛道两家在发展中不断论争、融合，对唐代以后的中华文化产生了深远的影响。

诗歌是中国文学的代表，唐代则是中国诗歌艺术发展的巅峰时期。唐诗的伟大成就主要体现为风格多样和名家辈出。从"初唐四杰"到盛唐"诗仙"李白和"诗圣"杜甫，从边塞诗派的高适、岑参到山水田园诗派的王维、孟浩然等，这些著名的诗人及其珠玉般的诗句，照耀了中国文坛，也内化为每一个中国人血脉中的文化沉淀。

唐代的传奇小说、书法、绘画等也成就巨大，尽显大唐风采。

（四）两宋时期

两宋统治者采取"重文轻武"的政治策略，一方面在客观上为文化的繁荣发展创造了有利条件；另一方面抑制武官权力，以文驭武，导致军力下降、外交失利，国家气象趋于萎靡，文化类型转向封闭内省。

道学是两宋时期哲学思想文化的主要标志。宋代道学主要分理学与心学两派。周敦颐、张载、程颢和程颐、朱熹等人以儒家思想为主体，在吸收佛道思想的基础上对儒学进行了哲学气质提升，建立了"程朱理学"体系。其中，朱熹是理学研究的集大成者。与朱熹同时，陆九渊另立一派，提出"心学"范畴，与程朱理学相对。"理学是中国后期封建社会最为精致、最为完备的理论体系，其影响至深至巨。"[①]一方面，理学诸家探究宇宙原理的专注、推崇师道和人格教育的热情，在一定程度上推动了哲学的进步和教育的复兴，直接影响了后世中

---

① 张岱年，方克立.中国文化概论［M］.北京：北京师范大学出版社，2004：77.

国哲学和教育的发展;另一方面,虽然理学派别不同,修养功夫各异,但诸儒皆注重躬行实践,明体达用,在很大程度上强化了中华民族注重气节、勇担责任的文化性格。[1]

宋词是两宋文学的最高成就。与唐诗的大气、豪迈不同,一部分宋词更多地表现出精致、细腻的文化风格。此外,随着商品经济的发展,市民文化逐渐兴起,极大地推动了绘画、戏剧、科技等文化形式的发展。中国传统文化发展到两宋已渐趋成熟、精密。

(五)元明清时期

元代文化最大的特点是多元化。程朱理学的官学地位、元杂剧及散曲的空前成就、数学与天文等科技的遥遥领先等,无不佐证了元代文化的多元化。

与多元化的元代文化不同,明清文化呈现了专制沉暮与启蒙觉醒并存的特征。一方面,随着封建专制统治的加强,文化专制空前严厉,"文字狱"时有发生,文人的思想自由空间狭窄,训诂考据之学蔚然成风;另一方面,在愈加专制的文化统治压迫下,市民的反叛意识逐渐觉醒,早期的启蒙思潮开始出现,哲学思想和文学艺术都有了一定的开新。在哲学思想方面,王守仁提出"心即理"的心学主张,为明清之际人文思潮的兴起奠定了哲学基础;其后,黄宗羲、顾炎武、王夫之等思想家从各个方面与作为封建正统文化的程朱理学展开论战,反对理学中的禁欲主义,高扬人的主体性。在文学艺术方面,市民文学兴起,以《三国演义》《水浒传》《西游记》《红楼梦》四大名著为代表的小说发展繁盛,古典小说成就达到顶峰。此外,《永乐大典》《康熙字典》《四库全书》等大型图书典籍的编修,也代表中国古典文化的成熟,对传统文化的传承起到了重要作用。

▲ 《四库全书》(部分)

明清时期的中国虽已出现了启蒙思想的萌芽,但当时的封建专制制度并没有发生根本的变化。随着封建专制统治的加强,文化禁锢愈演愈烈,最终启蒙思想被扼杀于摇篮之中,中国传统文化也逐渐呈现保守与衰败的趋势。1840年,鸦片战争爆发,西方文化随坚船利炮涌入中国,极大地冲击和动摇了早期的中国传统文化。中国传统文化陷入近2000年来的最大危机,这迫使中国人"睁眼看世界",从此踏上探寻中国传统文化近代转型的艰难之路。

中华优秀传统文化传承
的既往探索

第三节　中华优秀传统文化的鲜明特色

中华优秀传统文化的发展历程和黄河之水的变化颇为相似:源头存在多条河流,它们最

---

[1] 柳诒徵认为,"上下千古,求其学者派别众多,而无不讲求修身为人之道者,殆无过于赵宋一朝。故谓有宋为中国学术最盛之时代,实无不可"。出处:柳诒徵.中国文化史:下册[M].上海:上海古籍出版社,2001:570.

终汇聚为一条大河；上游多高山峡谷，水流湍急，河水清澈；中游包容并蓄，水势浩大强劲，河水黄浑；下游来到平原地带，水流平缓。同样，就像黄河最终奔腾入海一样，中华优秀传统文化历经磨难，最终迎来了复兴。在中华民族正迎来伟大复兴的今天，重新审视中华优秀传统文化，在比较的视野中彰显它的鲜明特色具有重要意义。

一、中华优秀传统文化是历史悠久且生命力极强的文化

中华文明是人类历史上唯一一个绵延至今、未曾中断的灿烂文明。"世界四大古文明"是 19 世纪以来被世界各地历史教科书广泛采用的一种说法。最通行的观点认为，这四大古文明是指产生于黄河流域的华夏文明、产生于两河流域的古巴比伦文明、产生于尼罗河流域的古埃及文明及产生于印度河 – 恒河流域的古印度文明。表 1-1 所示为世界四大古文明发展进程。世界四大古文明对人类文明的发展都作出过巨大贡献，它们的伟大与辉煌无高下之别，但生命力确有强弱之分。时至今日，与中华文明并称的其他三大文明，均已在历史的长河中或消亡或中断，构成其文明核心的民族文化也已在世界文化史上逐渐淡出。唯有以中国传统文化为核心的华夏文明，绵延 5000 余年而未有中断。

表 1-1　世界四大古文明发展进程 [①]

文明名称		产生流域	文明形成的时间	文明消亡的关键事件	文明消亡的时间
古巴比伦文明		两河流域	约公元前 4000 年	公元前 539 年，新巴比伦王国被波斯帝国灭亡；此后两河流域不断被外来文明统治	约公元前 500 年
古埃及文明		尼罗河流域	约公元前 3500 年	公元前 525 年，古埃及被波斯帝国灭亡	约公元前 300 年
古印度文明	哈拉巴文明	印度河流域	约公元前 2300 年	公元前 1750 年左右，雅利安人入侵，印度河城邦消失	约公元前 1000 年
	恒河文明	恒河流域	约公元前 1500 年	公元前 187 年，孔雀帝国灭亡后，外族不断入侵，古印度出现了长达 5 个多世纪的分裂局面	未消亡，但有分裂和中断
华夏文明		黄河流域	约公元前 3000 年	未消亡	未消亡

近代以来，中国传统文化面临空前巨大的挑战，但仍旧保有并焕发出了勃勃生机。1840—1842 年鸦片战争后，中国逐渐从曾经的"天朝上国"沦为半殖民地半封建社会，中国传统文化也在西学东渐的大潮中遭受前所未有的冲击。就像历史已经昭示的那样，中国传统文化虽曾陷死地，但经过艰难转型生存了下来，以新的形态依旧影响、引导、规范着人们的思想和行为。中华优秀传统文化具有极强生命力的最突出表现还在于它与从西方传入中国的马克思主义相结合，并在马克思主义的指导下焕发出新的生机活力。中共中央办公厅、

---

① 此表根据马克垚主编《世界文明史（第二版）》（北京大学出版社 2016 年版）、曹顺仙《世界文明史》（北京航空航天大学出版社 2006 年版）有关章节整理而成。

中华优秀传统文化（慕课版 第2版）

国务院办公厅印发的《关于实施中华优秀传统文化传承发展工程的意见》指出："在 5000 多年文明发展中孕育的中华优秀传统文化，积淀着中华民族最深沉的精神追求，代表着中华民族独特的精神标识，是中华民族生生不息、发展壮大的丰厚滋养，是中国特色社会主义植根的文化沃土，是当代中国发展的突出优势，对延续和发展中华文明、促进人类文明进步，发挥着重要作用。"①

二、中华优秀传统文化是拥有巨大创造力且曾创造出辉煌成就的文化

中华优秀传统文化博大精深。中国古代的先民在哲学、史学、文学、艺术及科学技术等领域都曾创造出辉煌灿烂的成就，留下了丰硕的成果。

中国传统哲学影响深远。德国现代思想家卡尔·雅斯贝斯（Karl Jaspers）认为，公元前 800 年至公元前 200 年是人类历史上的"轴心期"，在这个时期，哲学"几乎同时在中国、印度和西方这三个互不知晓的地区发展起来"②。在此后的长期发展过程中，中国形成了以孔孟哲学为标志的儒家哲学、以老庄哲学为标志的道家哲学，以及中国化的佛教哲学，即"儒、道、释"三大派哲学，其对中华文明乃至世界文明产生了巨大影响。

中国传统史学内涵丰富。"中国所能提供的古代原始资料比任何其他东方国家，也确实比大多数西方国家都要丰富。"③德国著名哲学家黑格尔（Hegel）也不得不承认，"历史必须从中国说起"，"中国'历史作家'的层出不穷、连续不断，实在是任何民族所比不上的"④。中国史学有编年史，如《春秋》《资治通鉴》等；有纪传史，如《史记》《汉书》等"二十四史"；还有浩如烟海的典章笔记、纪事本末等，其内容之丰富、形式之多样、涉及史家之繁多，在世界历史上都是罕见的。

中国古代文学历史悠久。汉语与希伯来语共同享有一份殊荣，它们都拥有持续不断、时间最长的文学传统之一……特别是汉语，在数千年间，覆盖了广阔的地理区域，积累了数量庞大的文学文本，它们至今仍被人研究、阅读。⑤从中国最早的诗歌总集《诗经》，到楚辞、汉赋、唐诗、宋词、元曲、明清小说等，中国古代文学不仅种类样式繁多，且"一代有一代之所胜"，给后世留下了大量具有永恒价值的灿烂文学典范。

中国传统艺术精美绝伦。英国著名艺术史家恩斯特·贡布里希（Ernst Gombrich）曾赞赏"伟大的中国艺术是一种精雅的艺术"，甚至认为"与中国大师相比，西方画师可能显得粗糙"，并认为"中国的书法可与西方的音乐相媲美"。对贡布里希这种说法的理解自然是仁者见仁、智者见智。不过，中国传统艺术确实比人们通常认为的要更丰富、更辉煌：建筑、

---

① 中共中央办公厅，国务院办公厅.关于实施中华优秀传统文化传承发展工程的意见［N］.人民日报，2017-01-26（6）.

② 卡尔·雅斯贝斯.历史的起源与目标［M］.魏楚雄，俞新天，译，北京：华夏出版社，1989：8.

③ 李约瑟.中国科学技术史：第一卷［M］.北京：科学出版社，1990：74.

④ 黑格尔.历史哲学［M］.王造时，译.上海：世纪出版集团，2006：110.

⑤ 孙康宜，宇文所安.剑桥中国文学史上卷：1375 年之前［M］.北京：生活·读书·新知三联书店，2013：12.

雕塑、书法、绘画、音乐、戏曲等，每门艺术都各有特色，气韵卓然。

中国古代科技发明成就显著。英国科学技术史学家李约瑟（Joseph Needham）指出，"中国文明在科学技术史上曾起过从来没有被认识到的巨大作用"①。中国不仅创造出了影响世界文明进程的造纸术、指南针、火药、印刷术"四大发明"，且在天文、算术、医药等方面亦曾取得过令世界瞩目的成就，其数量有 26 项之多。

中国传到西方的机械
和其他技术

为什么是 26 项呢？李约瑟的解释是"因为 26 个字母都已用完了，但还有许多例子，甚至还有重要的例子可以列举"。在李约瑟看来，"中国的这些发明和发现远远超过同时代的欧洲，特别是在 15 世纪之前更是如此（关于这一点可以毫不费力地加以证明）"②。

三、中华优秀传统文化是具有突出统一性的文化

中华优秀传统文化具有突出的统一性，这不仅体现在中华五千年延续至今的悠久文明上，更是中华民族长期大一统的理念升华。中华优秀传统文化深深植根于多民族文化沃土，是各个民族优秀传统文化的结晶，各民族都为传承发展中华优秀传统文化作出了贡献。

中华优秀传统文化塑造了中华儿女公忠爱国的统一性思维。首先，公忠爱国精神体现了个体对民族荣誉的执着追求和对祖国的深厚情感，这种情感引发的共鸣和人们对这种情感的传承促使中华民族形成了对共同文化价值的认同，进而构成了中华民族统一性思维的文化基础。其次，公忠爱国精神有助于构建国家认同感，使个体在共同的文化认同下团结一致。基于对共同的历史、文化和传统的热爱，中华民族形成了对国家的认同，从而增强了民族的统一性。最后，公忠爱国精神通过中华民族历史记忆的传承，强调了中华民族的延续性和传统文化的宝贵性，这种传承促使人们在爱国情感中形成了文化认同，有利于中华民族统一性思维的形成。

中华优秀传统文化的统一性还集中体现在重视整体利益、重视和谐统一上。与其他民族国家的文化相比，中国传统文化显然更加重视整体利益，强调个人应当服从并服务于整体（民族、国家、社会）。孟子对此有一段著名的辨析："鱼，我所欲也；熊掌，亦我所欲也。二者不可得兼，舍鱼而取熊掌者也。生，亦我所欲也；义，亦我所欲也。二者不可得兼，舍生而取义者也。"（《孟子·告子上》）在此影响下，中国形成了以民族国家利益为重、顾全大局、克己奉公、乐于奉献的优良道德传统。"先天下之忧而忧，后天下之乐而乐"（范仲淹）、"天下兴亡，匹夫有责"（顾炎武）等广为流传的名言，就是这一优良道德传统的生动体现。同时，中国传统文化重视和谐统一，强调多样性的有序并存。中国传统文化的理想境界就是达到人与自然、人与自我、人与他人三个层面关系的和谐与统一。

"团结统一是福，分裂动荡是祸"是中国人用血的代价换来的宝贵经验教训。中华文明史就是一部反对分裂、维护统一的历史，统一性深深镌刻在中华儿女的文化基因里。中

---

① 李约瑟.中国科学技术史：第一卷［M］.北京：科学出版社，1990：8.

② 李约瑟.中国科学技术史：第一卷［M］.北京：科学出版社，1990：2.

华文化的统一性从根本上决定了中华民族各民族文化融为一体，即使遭遇重大挫折也牢固凝聚，决定了国土不可分、国家不可乱、民族不可散、文明不可断的共同信念，决定了国家统一永远是中国核心利益的核心，决定了一个坚强统一的国家是各族人民的命运所系。

在今天，我们要认真体悟中华文化内在统一性特征，积极探寻以中华文化铸牢中华民族共同体意识的实践路径，凝心聚力，为中华民族伟大复兴团结奋斗。

四、中华优秀传统文化是具有极强包容性的文化

中华优秀传统文化不仅有悠久的纵向历史，绵延数千年而不间断，同时还具有兼容并收的包容性，产生了广泛的横向影响，近及亚洲，远及欧洲，很多国家和地区曾受过中华优秀传统文化的影响。

中华优秀传统文化对于亚洲诸国文化的形成与发展产生了重要影响（见表1-2）。朝鲜是中国的邻邦之一，也是最早接受中华优秀传统文化的国家。早在秦、汉以前，中国的古文献中就有了中朝文化交流的记载；秦、汉之后，中国的儒学、汉字、算学等陆续传入朝鲜，推动了整个朝鲜半岛的文化建设。日本在文化新起之时，就受到中华优秀传统文化的显著影响。东汉以后，尤其是隋唐时期，中国的政治制度、军事、文字、历史、宗教、哲学等内容传入日本，直接推动了日本社会和文化的长足进步。东南亚的越南、泰国、新加坡等国家（和地区），也都在不同程度上受到中华优秀传统文化的影响，是"中华文化圈"的重要成员。

表 1-2　中华优秀传统文化对亚洲诸国的影响 [1]

国家	主要影响
朝鲜	《汉书·地理志》有"箕子去之朝鲜，教其民以礼义，田蚕织作"的记载。中华优秀传统文化大规模传入并影响朝鲜，主要是在朝鲜三国时代、统一新罗时代、高丽王朝、李朝时代等时期
日本（旧称扶桑）	日本在文化新起之时就受到中华优秀传统文化的显著影响，徐福东渡日本的传说就是一个典型例证。中华优秀传统文化中的儒家思想、佛教思想、政治制度、教育制度等对公元 7 世纪至公元 17 世纪的日本产生了巨大的影响
越南（旧称越裳氏、越裳国、交趾、交州、安南）	《四库全书总目·越史略》记载，"安南自汉迄唐，并为州郡"。越南古时是中国的一个郡县，深受中华优秀传统文化的影响。越南胡朝皇帝胡季犛曾作"欲问安南事，安南风俗淳。衣冠唐制度，礼乐汉君臣"一诗，这形象地反映了中华优秀传统文化对越南的影响之广
泰国（旧称暹罗）	中泰两国交往始于 13 世纪末，《元史·暹国传》记载，"暹国，当成宗元贞元年（1295 年），进金字表，欲朝廷遣使至其国"。其后，两国往来频繁，中国的陶瓷工艺、语言文字、戏曲文化、建筑艺术、古典小说等对泰国产生了较大影响

---

[1]　此表根据朱耀廷主编《中国传统文化通论》（北京大学出版社 2005 年版）、武斌《中华文化海外传播史（第二卷）》（陕西人民出版社 1998 年版）有关章节整理而成。

中华优秀传统文化也以其强大的辐射力远涉中亚、欧洲，对推动整个世界文明的历史进程发挥了重要的作用。英国哲学家弗朗西斯·培根（Francis Bacon）在16世纪末就认识到，印刷术、火药、指南针这3种来自中国的发明"已经在世界范围内把事物的全部面貌和情况都改变了：第一种是在学术方面，第二种是在战事方面，第三种是在航行方面；并由此引起难以数计的变化来"[①]。到了19世纪60年代，马克思更是认为这些来自中国的发明推动了西方资本主义现代化的降临："火药、指南针、印刷术——这是预告资产阶级社会到来的三大发明。火药把骑士阶层炸得粉碎，指南针打开了世界市场并建立了殖民地，而印刷术则变成新教的工具，总的来说变成科学复兴的手段，变成对精神发展创造必要前提的最强大的杠杆。"[②]

中国古代文学艺术对欧洲也产生了一定影响。在艺术方面，承载着美术等艺术形式的丝绸、瓷器等器物经由丝绸之路传入欧洲，为西方艺术添加了一抹中国神韵；在文学方面，中国的小说、诗歌、戏曲等获得了外国学者的高度评价，如四大名著被译成了多种文字传播，《赵氏孤儿》等戏剧也被伏尔泰（Voltaire）改成了法文搬上了法国舞台；等等；此外，中国的哲学亦对伏尔泰、莱布尼茨（Leibnitz）、狄德罗（Diderot）等欧洲诸多思想家产生了重要影响，在一定意义上促进了西方启蒙运动的兴起。

五、中华优秀传统文化是具有和而不同的和平性的文化

中华文明向来崇尚"和平"的价值主张。《国语·郑语》有"夫和实生物，同则不继"，中华文明所追求的"和平"意在求"和"，而非一味地求"同"。中华民族奉行的是一种和而不同的精神，追求的是一种和谐共生的境界。

和而不同是提升个人修养境界的必然要求。在儒家看来，君子和小人之间的一个重要区别就是，"君子和而不同，小人同而不和"（《论语·子路》）。和而不同对于涵养"君子"人格、提升个人道德修养有积极的意义。首先，和而不同强调个人应当在多元价值语境中学会尊重他人，包容不同的见解和价值取向。这种宽容的态度有助于培养个人的宽广胸襟和社会责任感，使个人更好地融入社会。其次，和而不同倡导个人在对话和交流中消除分歧，而非通过冲突和对抗消除分歧。这种沟通方式培养了个人的协商能力和解决问题的智慧，有助于个人与他者形成良好的人际关系。此外，和而不同还促使个人审视自身的立场和价值主张，更全面、更深刻地理解道德价值和伦理规范，从而在接纳不同意见的同时更坚定自己的理想信念，不断提升个人的道德修养。

和而不同是促进社会和谐共存的重要前提。和而不同的价值理念潜移默化地影响中华儿女在具有差异性的社会文化语境中寻求共同点，从而有助于中华民族在公共领域形成更加包容开放的社会氛围，使不同风俗习惯、道德价值、文化信念都得到尊重，进而促进多元的社会内部减少冲突和分裂，形成更加和谐、团结的社会结构，为社会和谐共存、繁荣发展提供

① 培根.新工具［M］.许宝骙，译.北京：商务印书馆，1984：103.
② 中共中央马克思恩格斯列宁斯大林著作编译局.马克思恩格斯文集：第八卷［M］.北京：人民出版社，2009：338.

坚实的价值基础。

和而不同是构建人类命运共同体的精神底蕴。中华文明自古以来一直崇尚"以和为贵"，提倡"与邻为善，以邻为伴"之道，这种强调"和"的文化始终流淌在中华文明的历史长河之中，始终贯穿于中华儿女的言行举止。当下，人类社会共同面对着前所未有的世界之变、时代之变、历史之变，习近平总书记提出"构建人类命运共同体"的理念，体现了在多元、复杂的人类社会中寻求共存共融的实践智慧，这种智慧基于尊重、包容和合作的道德原则，旨在通过和而不同的理念来实现人类命运共同体的构建，从而实现国与国之间"各美其美""美美与共"的理想状态。因此，正是基于和而不同的价值理念，我们能够更好地理解和处理多元国际社会中的伦理难题，促进人类命运共同体的建立，推动人类社会走向共同繁荣。

第四节　中华优秀传统文化的主要内容

中华优秀传统文化博大精深，内涵极其丰富，对其主要内容的归纳与把握，往往仁者见仁、智者见智，难以形成完全一致的看法。结合中华优秀传统文化的重大价值、传承要求和发展现状，本节将重点围绕中华优秀传统文化的基本精神、核心理念、文化瑰宝三个方面的主要内容展开介绍。

一、中华优秀传统文化的基本精神

中华优秀传统文化积淀了多样、珍贵的精神财富，对中华儿女的价值观、思维方式、社会心理及审美情趣形成产生了重要的影响，是推动中国传统文化持续发展的内在动力。中华优秀传统文化的内容浩如烟海，其中积淀的基本精神也多如繁星。这里，仅简要介绍中华优秀传统文化具有代表性的 4 种精神。

（一）"天人合一"的整体精神

"天人关系"是中国古代最重要的哲学问题之一。宋代儒学家邵雍曾说"学不际天人，不足以谓之学"[①]，足见这个问题的重要。在中国古代，"天"至少有三种含义：神性之天、自然之天及道德之天。也就是说，中国人理解的"天"不仅仅是自然，也包括在人之外、与人相关联的有机整体。"天人合一"思想认为，人与天不是外在的对立关系，而是相即不离的整体，其主张基于这种整体来思考、处理天人关系，即人与自然的关系。"天人合一"命题的明确提出者张载主张："乾称父，坤称母。予兹藐焉，乃混然中处。故天地之塞，吾其体。天地之帅，吾其性。民吾同胞，物吾与也。"（《西铭》）[②]意思是说，人与万物都是气之聚散，所以，民胞物与，天人合一。"天人合一"思想至今仍具有非凡的价值，其给现代社会最大

---

① 邵雍.邵雍集［M］.北京：中华书局，2010：156.
② 张载.张载集［M］.北京：中华书局，1978：62.

的启示就是，人类必须反思那种把人与自然对立起来的观点，重新思考人与自然的关系，学会与自然和谐相处。

张载（1020—1077），北宋思想家、教育家、理学创始人之一。他的名言"为天地立心，为生民立命，为往圣继绝学，为万世开太平"被称作"横渠四句"，流传广泛，影响巨大。

（二）"贵和尚中"的和谐精神

"贵和尚中"是中华优秀传统文化的精髓之一。"和"就是和合。其中，"和"指和谐、和睦、和平，"合"指合作、融合。自古以来，"和合"思想存在于中国传统文化的各个层面：修身养性，讲究身心和谐；处理家事，追求"家和万事兴"；社会交往，坚持"以和为贵""和而不同"；治理国家，期盼"政通人和"；国际交流，遵循"和平共处"；与自然关系，追求"天人合一"。《中庸》讲："中也者，天下之大本也；和也者，天下之达道也。致中和，天地位焉，万物育焉。""中"就是不偏不倚，无过无不及。要达到"中庸"，一是要"时中"，就是随时根据条件的不同而选取适当的标准；二是要"用中"，就是做事根据情况的不同而采取适当的方法，不走极端。过与不及，都是非中庸的表现。孔子曾感叹："中庸之为德也，其至矣乎！民鲜久矣。"（《论语·雍也》）中庸之德，中庸之难，均由此可见。直至今日，"贵和尚中"思想在中国作为多民族国家的长期繁荣发展过程中仍发挥着重要的作用。

> 这种"贵和尚中、善解能容、厚德载物、和而不同"的宽容品格，是我们民族所追求的一种文化理念。自然与社会的和谐，个体与群体的和谐，我们民族的理想正在于此，我们民族的凝聚力、创造力也正基于此，甚至还可以毫不夸张地说，我们中华民族传统文化的精神也正是在于这种伟大的和谐思想。[①]

（三）"刚健有为"的进取精神

在中国文化中，"刚"即"刚健"，指坚定性；"有为"即"有所作为"，指有历史责任感和时代使命感。孔子十分推崇"刚毅"的品德，他说"刚、毅、木、讷，近仁"（《论语·子路》）。其弟子曾子也认为："士不可以不弘毅，任重而道远。仁以为己任，不亦重乎？死而后已，不亦远乎？"（《论语·泰伯》）在孔子看来，"刚毅"作为一种品德，和"有为"不可分，有志有德之人，既要有坚定的信念，又要有勇于担当的道义和不屈不挠的奋斗精神。儒家学派的后继者们继承孔子的思想，将此进一步发扬光大。随着历史的演变，"刚健有为"的思想为各阶级、各阶层所普遍接受，并不断深化。尤其是在明清之

① 习近平.之江新语［M］.杭州：浙江人民出版社，2007：150.

际，"刚健有为"的精神价值日益彰显，弥补了"贵和尚中"精神在竞争、进取和创新方面的不足之处，激励着此后历代仁人志士为拯救民族危难、实现民族复兴而不懈奋斗，成为中华民族生存和发展的强大精神支柱和动力。

（四）"以天下为己任"的爱国主义精神

爱国主义是中华民族精神的核心，是中华民族生生不息、薪火相传的精神基因。5000多年来，中华民族之所以能够经受住无数难以想象的风险和考验，始终保持旺盛生命力，同中华民族有深厚持久的爱国主义传统是密不可分的。中国古代家国一体，崇尚"亲民如子，爱国如家"[①]。中国人把对父母的孝扩展到对国家的忠，形成了深厚的爱国主义情感。这种爱国主义情感，最直观地体现在中华儿女"以天下为己任""天下兴亡、匹夫有责"的民族忧患意识和历史责任感之中。历史上，屈原的"长太息以掩涕兮，哀民生之多艰"，司马迁的"常思奋不顾身，以徇国家之急"，诸葛亮的"鞠躬尽瘁，死而后已"，顾宪成的"家事、国事、天下事，事事关心"等，都表达了中华民族爱国主义的忧国忧民、以天下为己任的崇高思想和精神，这些事迹为中国人民千古传颂，这些人的爱国精神影响深远，至今仍具有强大的感召力。全社会大力弘扬家国情怀，培育和践行社会主义核心价值观，弘扬爱国主义、集体主义、社会主义精神，提倡爱家爱国相统一，让每个人、每个家庭都为中华民族大家庭作出贡献。这种家国情怀一直伴随着我们民族的生息与发展，是中华民族的民族之魂，是中华民族精神的核心。

二、中华优秀传统文化的核心理念

中华民族在传统文化基本精神的指引下修齐治平、尊时守位、知常达变、开物成务、建功立业，在此过程中培育和形成的中华优秀传统文化的核心理念，是中华优秀传统文化的精华写照，也是中华优秀传统文化的灵魂所在。中华优秀传统文化的核心理念涉及个人、社会、国家各个层面，在不同的时代有不同的理论表达，并且其具体的含义也随着时代的变迁发生相应的改变，这就需要对其进行必要的富有时代特征的归纳与总结。本书的中编将结合社会主义核心价值观凝聚共识、汇聚力量的建设需求，重点分 3 个类别、15 个条目详细介绍中华优秀传统文化的核心理念。为便于读者系统了解相关内容，这里做一概要性的列举介绍。

社会主义核心价值观
富强、民主、文明、和谐
自由、平等、公正、法治
爱国、敬业、诚信、友善

---

① 荀悦. 两汉纪：上册 [M]. 北京：中华书局，2002：72.

（一）个人美德层面

个人美德更多指个人或家庭内部的德行，如个人品性的修习、价值观念的养成、家庭关系的和睦等，主要包含自强不息、厚德载物、仁爱孝悌、居安思危、舍生取义等核心理念。"自强不息"语出《易传·象传》辞："天行健，君子以自强不息。"意谓自然万物运行不止、刚强劲健，而君子之为人处世，也当效仿天道的运行规律，刚毅坚卓、不屈不挠。它既是个人修养功夫的理论指南，也是民族国家励精图治的必由之路。"厚德载物"语出《易传·象传》辞："地势坤，君子以厚德载物。"意谓大地有柔顺的特点，可以承载、包容万物，而作为君子则要效法大地的此种品性。它体现了中华传统文化中的"重德"特质，构筑了儒家在人格塑造和政治实践上的基本方法和路径。"仁爱孝悌"包含"仁爱"和"孝悌"两个层面，前者是中国古代的"重善之源，百行之本"，后者则是包含在"仁爱"中的最低道德要求。"居安思危"语出《左传》："居安思危。思则有备，有备无患。"指的是即使处于安全、稳定的环境中，依然要保持戒备之心，做到慎行笃思，随时警惕各种潜在的危险，并提前准备好应对之策。它体现了中华民族厚重的忧患意识传统，意味着一种积极进取精神、自省精神、责任情怀和前瞻性格局。"舍生取义"语出《孟子·告子上》："生，亦我所欲也；义，亦我所欲也。二者不可得兼，舍生而取义者也。"它体现的是为了理想正义无畏牺牲的勇敢精神，蕴含对人生意义和价值更深层次的认识。

（二）社会公德层面

社会公德侧重强调社会道德、职业道德，涉及各类人群的相处之道及具体学习、工作场景中的行为操守，主要包含勤俭廉政、诚实守信、敬业乐群、尊师重道、守正创新等核心理念。"勤俭廉政"是在政治领域具有指导意义的关键社会公德和政治品格，它构成了中国传统政治德性中的根本要求，是养德养志、家国和谐、政治清明的重要保障。"诚实守信"表达的是遵循天道、真实不欺、言行一致、信守诺言的人生境界和行为规范，是评价个人道德的标准，也是与人交往的准则和社会和谐的基础之一。"敬业乐群"除了是判断学生修学合格与否的标准，也是衡量职业道德和人际关系的一条伦理规范。"尊师重道"意指尊敬教师，重视其所传之道，这自古就是中华民族普遍认同的德行，是人才培育、国家强大的重要保障。"守正创新"一则强调要笃守正道、不阿于世，二则强调要创新发展，核心要义在于要坚持批判继承的原则，既要继承弘扬优良传统，也要实现创造性转化与创新性发展。

（三）国家大德层面

国家大德涉及广大人民的根本利益、社会发展的理想形态及治国理政的基本准则，它不仅限于某一具体国家，更是处理国与国之间关系的重要原则，甚至整个天地之间都需要这种至高的德性来协调万物的和谐相处。其主要包含尽忠报国、以民为本、和而不同、天人和谐、天下大同等核心理念。"尽忠报国"意指竭尽忠诚报效国家，核心要义是爱国。它是中国人安身立命、中华民族继往开来的强大精神支柱和凝聚力来源。"以民为本"强调百姓是国家的根基，根基稳固国家才能安宁。它是中国传统政治的核心价值，影响了我国历代政治家和政治制度的设计，在维护国家稳定、保障人民权益方面起积极的作用。"天人和谐"指的是人与天地万物是一种和谐共生关系。它是中国传统社会一个具有底色性的价值观念，深刻而又普遍地影响着人们的社会生活，人们的生产劳动、衣食住行、社会活动等无不体现着"援天道以证人事"的天人关系。"和而不同"主张通过协调平衡不同要素，继而达到丰富发展的和谐境界。它是历史上民族国家和平稳定、思想文化蓬勃发展、个人境界提升进步的重要保证。"天下大同"以"天下为公"为最高准绳，强调人人平等、各取所需、相处和谐。它是中国很多古代思想家眼中的最高政治理想，在不断引领社会公平正义、推动政治制度改革方面具有积极的作用。

> 需要说明的是，个人美德、社会公德与国家大德这三者之间并不是泾渭分明、截然孤立的，三者之间交叉涵盖，15个条目互相关涉，共同构建起从个人到群体、从国家到国际、从人类到自然的立体网络。3个层面的15个条目是中华优秀传统文化基本精神在道德领域的全面体现，也渗透凝聚在中华优秀传统文化瑰宝的各项成就之中。

三、文化瑰宝

中华优秀传统文化包罗万象，上至天文地理、往圣先贤之学，下至洒扫应对、日用伦常之理，无处不渗透、彰显着中华民族的基本精神与核心理念。了解中华优秀传统文化的主要内容，不仅要关注优秀基本精神、优秀核心理念，也要熟悉积淀这些基本精神和核心理念的科技成就、文学异彩、艺术辉煌、礼俗风情、生活韵味等载体瑰宝。在本书的下编，将详细介绍中华文化瑰宝的内容，这里仅做简要说明。

（一）科技成就

古代中国科技所取得的辉煌成就举世公认，并且曾经在相当长的历史时期内处于世界领先的地位，对整个人类文明的发展进步贡献巨大。享誉世界的四大发明——造纸术、火药、印刷术、指南针是古代中国人最富代表性的科技成就，促进了文化的传播，扩大了思想的交流，加快了社会的变革。概而言之，中华优秀传统文化中的科技成就在天文、数理、医药、工艺等领域均有突出表现。天文领域包括天象记录、观天仪器、天文历法和宇宙理论。数理领域体现为数学的起源、发展、兴盛及融合，物理学的萌芽、鼎盛及会通。医药领域的发展创新分为医学和药学两部分，还留下了独特的医学体系和宝贵的抗疫经验。工艺领域凸显于农业水利、生活交通、国防军事等诸多工程技艺之中。本书的第六章详细介绍了中国古代的天文、数理、医药、技艺等内容，以便读者更好地掌握中华优秀传统文化的灿烂科技成就。

（二）文学异彩

中国古代文学历史悠久，几乎与中华文明同源。在几千年的发展过程中，诗、词、曲、赋、散文、小说等文学形式高峰迭起、佳作频出，产生了李白、杜甫、韩愈、欧阳修、苏轼、关汉卿等有世界影响力的杰出作家和涵盖经、史、子、集各领域的经典名著，在人类文学史上留下了光辉灿烂的一笔。中国古代文学不仅艺术成就斐然，而且具有重要的文化传承和教化育人功能。中华民族自强不息、仁义礼让、孝悌忠信、天人和谐等价值观念，朝代兴替、政治得失、风俗流变、悲欢离合等生存经验，凝萃、渗透在文学作品的每一句吟诵、每一个故事、每一段议论之中。这些优秀作品又通过人们喜闻乐见或感人肺腑的方式，将此种种价值观念和生存经验潜移默化地传入一代代中华儿女的心田，熏陶着他们的品格，指导着他们的生活。本书的第七章详细介绍了中国古代的诗词、散文、小说、戏曲等内容，以便读者更好地把握中华优秀传统文学的璀璨异彩。

（三）艺术辉煌

中华优秀传统艺术是中华优秀传统文化的重要组成部分，是一座文化宝库，其历史悠久、内涵丰富、成就辉煌。中华传统艺术中的书法、绘画、雕塑、建筑等，无一不体现了中国古代先民的惊人智慧，展示了文明古国深厚的文化底蕴。中华传统绘画用中国特有的绘画工具，塑造出山水、人物、花鸟等形象，其所具有的色彩搭配、画面构图、笔墨形式等要素，如今仍具有强大的生命力。中华传统书法以其独特的笔墨语言，在让中国独有的汉字展现出疏密得当、浓淡相宜、大小得体的形体美的同时，也让传统诗、词、赋的内涵美得以流露。中国古代雕塑凭借对空间的占有和扩张，展现雕塑家的内心情感和时代风貌。中华传统建筑伴随人们生产生活技术水平的提高而不断发展，并形成了成熟且独特的体系，其设计方法、施工技术等方面对现代建筑的建设仍有借鉴意义。本书的第八章详细介绍了中国古代的绘画、书法、雕塑、建筑等内容，以使读者更好地体味中华优秀传统艺术的美韵绵长。

（四）礼俗风情

中国素有"礼仪之邦"的美誉。在中国古代社会，人们的日常起居、衣食住行都离不开传统礼俗。礼俗是礼仪和风俗的合称，它们是一个人在社会上立足的基础。礼更多地用于正式、重要的场合，具有很强的仪式性和形式化的特征；而俗更多地应用于非正式的场合，具有一定的地方性和随意性。但二者也非截然分开，而是经常聚合于同一事上，礼多表现为传递某种人生价值的仪式，而俗多表现为生产生活方面的某些约定和习惯。中国传统文化中的家礼、社交文化，规定着个人在家庭内外应该遵循的礼仪规范；而节日文化，承载着个人对民族和国家的记忆与认同。历史地看，古代的礼俗风情有其优秀的一面，也有不少固陋之处，需要我们甄别良莠，批判地继承和弘扬。本书的第九章详细介绍了中国古代的家礼、社交、节日、民俗等文化内容，以使读者更好地领略中华优秀传统文化的礼俗风情。

（五）生活韵味

中国文化是"生命的学问"，这个"生命"不是抽象孤悬的，而是具体活动着的、活泼的生命存在。真实的生命贯通于两端：一端在日用生活，即人赖以生存发展的衣食住行、生老病死、婚姻家庭等现实生活的具体内容；另一端在超越智慧，即人在提升生命境界过程中所追求的真理、价值与美。然而，这并非意味着生命绝然分隔成形上、形下的两层，与之相反，真实的生命恰恰将日用生活与超越智慧贯通为一。《周易·系辞上》说："百姓日用而不知，故君子之道鲜矣。"生命的历程即是"道"的历程，而"道"无所不在，即在饮食、服饰、视听言动、举手投足之间。中国文化以饮食为生活根本而注重文明礼节，以衣冠为护体服饰而象征秩序审美，以武术为止戈之术而体现忠勇信义，以茶水为日常饮料而讲究清雅俭德。日用生活以通大道，这是中国文化生命智慧的含蓄意味。本书的第十章详细介绍了中国古代的食味、美服、武术、茶香等文化内容，以便读者更好地体味中华优秀传统文化的生活韵味。

2

第二章
传承与弘扬中华优秀传统文化

　　一个国家、一个民族的强盛，总是以文化兴盛为支撑的，中华民族伟大复兴需要以中华文化发展繁荣为条件。对历史文化特别是先人传承下来的道德规范，要坚持古为今用、推陈出新，有鉴别地加以对待，有扬弃地予以继承。中华优秀传统文化是中华民族的突出优势，必须大力弘扬中华优秀传统文化。

第一节　文化自信是更基础、更广泛、更深厚的力量

　　文化是一个国家、一个民族的灵魂。在5000多年的文明发展进程中，中华民族创造了灿烂的传统文化，形成了富有特色的思想体系，积淀了厚重质朴的精神追求，构建了独特的民族标识。中华优秀传统文化历久弥新，华夏文明生生不息，优秀传统文化的养分已经深深浸润于中华儿女的血脉之中，是中华民族自信地屹立于世界东方的信念支撑，也是中国人民坚定文化自信的精神力量。古希腊哲学家苏格拉底（Socrates）曾说："一个人能否有成就，只要看他是不是有自尊心和自信心这两个条件。"对于一个民族、一个国家来说，自信尤为重要。党的二十大报告指出："全面建设社会主义现代化国家，必须坚持中国特色社会主义文化发展道路，增强文化自信，围绕举旗帜、聚民心、育新人、兴文化、展形象建设社会主义文化强国，发展面向现代化、面向世界、面向未来的，民族的科学的大众的社会主义文化，激发全民族文化创新创造活力，增强实现中华民族伟大复兴的精神力量。"[①]可见，文化自信是一个民族强大的精神指引，是一个国家重要的精神力量。中华优秀传统文化作为我们坚定文化自信的精神支撑，为促进社会主义文化强国建设，为中华民族的生存和发展，为培育和践行社会主义核心价值观提供了精神力量。

一、文化自信的内涵及重要性

　　文化自信是一个国家发展进步的不竭源泉，是一个民族最动人的精神底色。坚定文化自信，是走中国特色社会主义道路、建设社会主义文化强国、实现中华民族伟大复兴的思想基础和先决条件；也是提升国家文化软实力、展示大国气度和风范、塑造良好国家形象的精神力量。坚定文化自信，是事关国运兴衰、事关文化安全、事关民族精神独立性的大问题，文化自信的重要性不言而喻。

　　第一，坚定文化自信是推进社会主义文化强国建设的重要前提。2021年3月11日，十三届全国人大四次会议通过的《中华人民共和国国民经济和社会发展第十四个五年规划和2035年远景目标纲要》明确提出，到2035年建成文化强国，这标志着我国文化建设在"两个一百年"奋斗目标接续推进中进入一个新的历史阶段。建设社会主义文化强国，文化自信既是思想基础和前提条件，也是根本要求和最终目标。历史和现实表明，一个国家和民族要自立自强，首先在文化上要实现自信自觉。文化自信关系到国运兴衰、民族沉浮，中华民族就是在保持对中华优秀传统文化的价值、生命力和创造力的高度

《中华人民共和国国民经济和社会发展第十四个五年规划和2035年远景目标纲要》

---

① 习近平.高举中国特色社会主义伟大旗帜 为全面建设社会主义现代化国家而团结奋斗——在中国共产党第二十次全国代表大会上的报告［N/OL］.人民日报，2022-10-26［2024-07-22］.

信心的基础上，实现从站起来、富起来到强起来的伟大飞跃。在新的历史起点上推进文化强国建设，就是要牢牢把握中华民族伟大复兴战略全局，增强文化自觉，坚定文化自信，弘扬中华优秀传统文化，继承革命文化，发展社会主义先进文化，不断铸就中华文化新辉煌，建设好中华民族共有精神家园，增强全民族的凝聚力、向心力、创造力，以坚定的文化自信建设文化强国，以文化强国建设不断增强文化自信。

第二，坚定文化自信是增强国家文化软实力的强大动力。"软实力"是美国学者小约瑟夫·S.奈（Joseph S. Nye, Jr.）在20世纪90年代初提出的一个概念。他认为，一个国家的综合国力由"硬实力"和"软实力"两个部分构成，"硬实力"体现在经济、科技、军事实力等方面，"软实力"则体现为文化和意识形态吸引力。文化软实力集中体现了一个国家基于文化而具有的凝聚力和生命力，以及由此产生的吸引力和影响力。当今世界，文化软实力的较量与竞争比以往更为突出，文化软实力越来越成为衡量国力的重要标准。提高国家文化软实力要"形于中"而"发于外"，切实把我们自身的文化建设搞好，朝着建设社会主义文化强国的目标不断前进。要用中华文化自信力推动和引导人民立足本国又面向世界，在实践中将中华美德、中国精神和当代中国文化的创新成果传播出去。这就要发挥中华优秀传统文化作为我们最深厚的文化软实力的坚实力量，发挥文化自信对增强国家文化软实力的推动力，从而更好地构筑中国精神、中国价值、中国力量。

第三，坚定文化自信为中华民族的生存和发展提供了精神力量。中华民族自古以来就是一个自信的民族，传统文化已深深烙入中华民族的基因，在民族血液中流淌。文化兴则国运兴，文化强则民族强。中华民族的发展不是一帆风顺的，其经历了无数苦难。近代中国，中华民族在内忧外患的境地中饱受磨难，然而中华民族却从未屈服，奋起抗争，一步步实现了民族的独立和人民的解放。其依靠的就是文化自信中强大的精神力量与坚韧不屈的民族力量。文化自信不仅是一句口号，更是一种实践的方法和指导。它夯实了中华民族的根基，增强了中国人的骨气和底气，为中华民族傲然挺立于世界激荡浪潮中提供了源源不断的精神力量和前行勇气。

二、中华优秀传统文化与文化自信的关系

中华优秀传统文化在实现中华民族伟大复兴中国梦中具有重要作用，要实现"两个一百年"奋斗目标，我们不仅要坚定道路自信、理论自信和制度自信，更要始终不渝地坚定文化自信，实现中华优秀传统文化的价值最大化。那么，中华优秀传统文化为什么能够坚定我们的文化自信呢？从历史和现实两个角度进行审视可以发现：一方面，中华民族生生不息、发展壮大到如今，中华文明绵延几千年而不中断的根本原因就在于有中华优秀传统文化持续不断的丰厚滋养，这对形成和维护中国团结统一的政治局面，对形成和巩固中国多民族和合一体的大家庭，对形成和丰富中华民族精神，对激励中华儿女维护民族独立、反抗外来侵略，对推动中国社会发展进步、促进中国社会利益和社会关系平衡，都发挥了十分重要的作用；另一方面，中华优秀传统文化历久弥新，蕴含着解决当代人类面临的难题的重要启示，它与时俱进，不断吸收最新人类文明成果来补充和丰富自己。中华优秀传统文化是文化自信的水之源、木之本，深刻把握传统文化与文化自信的关系，才能够进一步实现民族复兴的中国梦。

首先，中华优秀传统文化是文化自信的重要基础和精神支撑。中华优秀传统文化是中华民族在漫长发展历程中凝聚的思想精华，造就了中华民族的优良品质，影响着中华儿女的精神价值和理想追求，为当今中华民族彰显文化特性、增强文化认同、促进文化自信等方面提供着强有力的支撑。第一，中华优秀传统文化的凝聚力是文化自信的力量源泉。传统文化是民族发展的核心，是凝聚民族精神、增强民族认同、促进民族崛起的关键力量。第二，中华优秀传统文化的丰富内涵是文化自信的坚实保障。作为绵延数千年而未有中断的中华优秀传统文化，其中深厚的文化底蕴、睿智的文化思想、先进的文化理念，始终指引着中华儿女前进的方向。第三，中华优秀传统文化的世界影响力是文化自信的重要动力。中华优秀传统文化有悠久的纵向历史和广泛的横向影响，始终在延续和发展中华文明、促进人类文明进步等方面发挥着重要作用。因此，中华优秀传统文化将不断激发中华民族内心深处的文化认同与文化自觉，不断坚定中国人对本民族的文化自信与文化自豪。

其次，文化自信为传统文化注入强劲的生命力与创新力。在强调中华优秀传统文化对文化自信影响的同时，还应当看到文化自信作为一种精神力量对传统文化的作用和影响。文化自信的内涵丰富，它涉及的领域包罗万象，具有极强的渗透力、创造力、感染力和活力，是一种内在的精神动力和力量支撑。于是，文化自信能够促进对传统文化的发掘和阐发，使传统文化中的文化内涵与当代文化相适应，与现代社会相协调；能够辨别具有当代价值的文化资源，推动传统文化的创造性转化、创新性发展；能够推动传统文化的繁荣兴盛，激发传统文化的强大生命力，使传统文化符合时代潮流，在世界文化激流中乘风破浪，勇往直前。这对于延续中华文脉、全面提升人民群众文化素养、维护国家文化安全、增强国家文化软实力和话语权等方面具有重要意义。

最后，中华优秀传统文化的繁荣发展源于文化自信的支撑，文化自信的强大信念植根于中华优秀传统文化的辉煌成就，二者相辅相成，相得益彰。中国传统文化博大精深，在哲学、史学、文学、艺术及科学技术等领域都曾创造出辉煌灿烂的成就，留下了丰硕的文化成果。其中蕴含着中华民族宝贵的精神内涵、崇高的价值追求、坚定的理想信念、丰富的思想精髓，使中华民族拥有取之不尽、用之不竭的文化宝库，推动着中华民族历经艰难却生生不息，为中华儿女增强文化自信和民族自信提供了重要保障。而中华民族的文化自信和文化自觉始终贯穿于传统文化的发展进程中，为传统文化赋予了时代的内涵与精神力量，从而促进中华优秀传统文化的进一步繁荣与发展。因此，中华优秀传统文化与文化自信之间是相互依存、相互支撑、相辅相成的。优秀传统文化是一个国家、一个民族传承和发展的根本，如果丢掉了，就割断了精神命脉。同样，文化自信是一个国家、一个民族的精神力量。有了"自信人生二百年，会当水击三千里"的勇气，我们就能毫无畏惧面对一切困难和挑战，就能坚定不移开辟新天地、创造新奇迹。①

三、从中华优秀传统文化中汲取坚定文化自信的力量

中华民族自古以来就是拥有文化自信的民族，正是这种文化自信使中华文化孕育了深厚

---

① 中共中央党史和文献研究院.十八大以来重要文献选编：下册［M］.北京：中央文献出版社，2018：348.

的文化根脉，显现了独特的文化优势，使中华民族获得了坚守正途的定力、砥砺奋进的动力，以及开拓创新的活力。传承中华优秀传统文化与树立社会主义文化自信之间的关系不言而喻。在新的历史起点上，坚定文化自信，建设社会主义文化强国，就要深刻认识和理解中华优秀传统文化的内涵，将中华优秀传统文化中的精髓同马克思主义立场观点相结合，就要坚守中华文化立场，充分阐释中华优秀传统文化的当代价值，从而弘扬中华优秀传统文化，增强文化自觉与文化自信，不断铸就中华文化新辉煌，发出中国特色社会主义先进文化的时代强音。

第一，深刻认识和理解中华优秀传统文化的内涵。不忘本来才能开辟未来，善于继承才能善于创新。只有深刻认识和理解中华优秀传统文化的内涵，才能增强文化自信的信念和力量。中华优秀传统文化沉淀了中华民族最深刻的精神追求，蕴藏着中华民族最重要的文化基因，深含着中华民族最丰富的道德资源，是中华民族的"根"和"魂"。中华优秀传统文化的底蕴丰厚，如"大道之行也，天下为公"的社会理想，"天下兴亡，匹夫有责"的爱国理念，"以和为贵，和而不同"的处世哲学，"天人合一，道法自然"的生命境界，"革故鼎新，与时俱进"的改革精神，"己所不欲，勿施于人"的道德规范，等等。其中所具有的哲学思维、人文精神、道德理念、教化思想等历久而弥新，至今仍闪耀着恒久的思想光芒。"抛弃传统、丢掉根本，就等于割断了自己的精神命脉。"因此，我们必须"振叶以寻根，观澜而索源"，深刻认识和把握中华优秀传统文化的丰厚底蕴，坚定中华民族的文化自信和文化认同。

第二，将中华优秀传统文化同马克思主义立场观点相结合。将中华优秀传统文化与马克思主义立场观点相结合，是推进马克思主义中国化的客观需要，也是中华优秀传统文化在新时代实现创造性转化与创新性发展的必然要求。在新时代下，我们需要同时发挥马克思主义与中华优秀传统文化各自的特点与优势，使理论自信与文化自信相得益彰。在马克思主义立场和观点的支持和指导下，中华优秀传统文化的价值和意义将不断彰显，这是中华民族在世界文化激荡中站稳脚跟、坚定文化自信的坚实根基和突出优势。只有将继承发展中华优秀传统文化与马克思主义立场相结合，才能进一步促进中华优秀传统文化的与时俱进与创新发展，才能不断增强中华民族的文化自信。

第三，坚守文化立场，充分阐释中华优秀传统文化的当代价值。立场决定目标和方向，文化立场是一个国家、一个民族对不同文化的理解方式，影响人们认识和处理文化问题时所持有的态度。面对当前世界多元文化交融、交流、冲击、碰撞的关键历史阶段，如何对待外来文化，如何运用本民族文化，以何种文化立场去丰富人们的精神世界，正确引领人们强化文化认同、坚定文化自信显得十分重要。中华优秀传统文化是中华民族在历史积淀中传承下来的宝贵财富，深深扎根于民族土壤中。坚定文化自信，不仅肯定了中华优秀传统文化的当代价值，也反映出中华民族对自身文化的认同与肯定。坚定文化自信，不是意味着封闭和保守，而是在面对外来文化时，要善于汲取其有益部分，不断丰富和发展中华文化。要始终坚持中华优秀传统文化观点，积极应对世界多元文化格局，维护国家文化安全，实现文化自觉，从而更深入地理解与阐释中华优秀传统文化的当代价值。

第二节　讲好中国故事、传播好中国声音

如果一种文化或文明对世界产生影响或作出贡献，那么它至少具有 3 种重要特性。一是独特性，即该文化所具有的意蕴与资源是其他文化所匮乏的，该文化是独树一帜、与众不同的。二是包容性，即该文化具有的开放性是其他文化所没有的，该文化是求同存异、兼收并蓄的。三是普及性，即该文化具有的影响力和覆盖力是其他文化所欠缺的，该文化是通达古今、博大精深的。"文明圣火，千古未绝者，唯我无双。"中华文明存续于世界 5000 多年从未中断，一脉相承，薪火相传，在世界文化史上自成体系，独具风格，也是世界文明的重要组成部分。在世界历史发展的进程中，中华优秀传统文化对人类文明进步和发展产生了重大影响，为世界文化的丰富性作出了巨大贡献，对当今及未来世界文明发展具有持续性影响。

一、世界文明发展需要中华优秀传统文化

近代以来，西方文化一直在世界范围内占据主导地位。一些西方学者曾片面地认为，西方文明是世界文明中唯一正确的，是世界文明的中心，亚非拉则处于文明和文化的边缘，需要通过征服、教化才能得到开发与开化。此种西方中心论的观点和倾向是对世界文明和世界历史极大的误解与误读。事实上，中华文化无论在古代、近代或当代，始终在世界文化史上占据极其重要的地位。不过，同西方国家主张的世界仅有一种文明、一种制度、一种文化、一种价值的理念不同，中国自古以来尊重世界文明和文化的多样性，认为世界上没有一成不变的发展，也不能千篇一律地发展。作为四大文明体系中唯一未有间断的文明，中华文明极具世界意义。中华优秀传统文化也极具世界意义。世界文明的发展和人类文明的进步需要中华优秀传统文化不断贡献文化智慧和文化力量。

事实上，西方开始关注中国传统文化最早始于 16、17 世纪。1698 年，第一艘法国商船首航中国，不少法国思想家和文人发现并开始探索中国传统文化，同时对中国传统文化做出了中肯的评价与热情的颂扬。其中最具代表性的西方思想家当属法国启蒙思想家伏尔泰。

伏尔泰在多部作品（如《风俗论》《哲学辞典》《路易十四时代》等）和多封书信中都曾提到中国并赞美中国，欧洲人甚至称他为"欧洲的孔夫子"。他对中国文化作出了高度的评价，率先将中国文化写进世界文化史。在他眼中，中国是崇尚道德、奉行法律的"理想国"，是拥有悠久历史和灿烂文化的文明古国。他认为："作为一个哲学家，要知道世界上发生之事，就必须首先注视东方，东方是一切学术的摇篮，西方的一切都是由此而来的。"[①]虽然伏尔泰对中国文化存在一些误读，不过他却敏锐地觉察到中华优秀传统文化对世界文明发展的重要性与独特性。与伏尔泰同时代的另一位启蒙思想家孟德斯鸠（Montesquieu）对中华民族与中华优秀传统文化同样给予了高度关注。他一生用了 40 余年的时间钻研中国问题，其多

---

① 利奇温．十八世纪中国与欧洲文化的接触［M］．朱杰勤，译．北京：商务印书馆，1962：81.

中华优秀传统文化（慕课版 第2版）

30

部著作都涉及中华优秀传统文化，特别是《论法的精神》一书中有关中华优秀传统文化的内容多达 21 章，堪为"中国专集"。孟德斯鸠虽然与伏尔泰颂扬的态度不同，不过，他从中华优秀传统文化的宝库中汲取了大量资源，并使其成为他思想理论体系的组成部分。由于此时西方学者只能通过典籍、游记等形式了解中国，未曾真正到访中国，因此，不免存在片面的认识与误解。不过依然可以发现，中华优秀传统文化在几百年前就已经对西方文明乃至世界文明产生了影响。

进入 20 世纪，西方学者对中华优秀传统文化的认识更为深入与全面，在长期研究中华优秀传统文化的过程中，已经能够做出较为准确的判断和评价。阿诺德·约瑟夫·汤因比（Arnold Joseph Toynbee）是整个 20 世纪最具世界性影响力的西方历史学家和历史哲学家之一，他曾提到"高度评价中国"的理由：与其说是由于中国在现代史上比较短时期中所取得的成就，毋宁说是由于认识到中国在这以前 2000 年期间所建立的功绩和中华民族一直保持下来的美德。[1] 汤因比基于对绵延不绝的中华优秀传统文化的高度礼赞，成功预言了当时正处于低谷的中国在 21 世纪的伟大复兴。中华优秀传统文化所拥有的崇高世界历史地位，由此可见一斑。

近年来，国外学者越来越意识到中华优秀传统文化对世界文明发展的重要作用，并高度肯定了中华优秀传统文化对世界文明的影响。印度学者谭中（Tan Chung）教授表示，"中国传统文化对世界文明作出了杰出的贡献。中华文化是一盏从未熄灭并永远照亮人类的明灯。在人类文明发展史上，中华文化是一种特殊而巧妙的融合中外的文化"。瑞典学者林西莉（Cecilia Lindgvist）教授认为，"中国文化具有独特的人文价值，这些特点在当今世界犹自散发着独特的人文光辉"[2]。世界开始承认并意识到中华优秀传统文化的独特性、包容性、丰富性及其影响力，并相信中华优秀传统文化将继续且持续为世界文明的发展发挥惊人的文化力量。

二、中华优秀传统文化的世界影响力及包容力

在五千年的历史长河中，中华文化多次经历外来文化的传入甚至大规模入侵，不过在中华优秀传统文化的坚强护卫下，中华民族不仅维护了自身的文化独立性，而且对外来文化实现了创造性转换，促进了中华文化的创新性发展。正是中华优秀传统文化所具有的开放包容、兼收并蓄、融会贯通的特质，使中华文化在世界文明多元的格局下依然保持着特殊的影响力。历史和现实都证明，中华优秀传统文化一直保持着生生不息的世界影响力和吸纳外来文化的包容力。

海纳百川，有容乃大。自古以来，中华优秀传统文化在与世界其他民族文化进行交流互通时，一直秉持并传达着两种立场：一是求同存异与兼收并蓄；二是和谐交流与共同繁荣。公元元年前后，诞生于古印度的佛教传入中国，至魏晋南北朝时期，佛教在中国获得巨大发展，不仅对本土宗教文化产生了巨大影响，甚至对当时封建王朝的政治统治都构成了一定的

① TOYNBEE A J，IKEDA D. Choose life：a dialogue［M］. Oxford：Oxford University Press，1976：231.
② 李舫. 外国学者眼中的中国文化［N］. 人民日报，2011-10-14（17）.

威胁。不过，就像我们今天看到的那样，佛教并没有取代中华文化正统，而是被中华优秀传统文化吸收、借鉴，融合创新出了以禅宗、净土宗等为代表的本土化的中国佛教。我们可以发现，从古至今，中华优秀传统文化不仅没有在外来文化的影响下被削弱，反而在吸收借鉴外来文化精华的基础上进行了本土化的转化，将外来文化打上了中国的印记。正是中华优秀传统文化的这种求同存异与兼收并蓄的包容力，使中华文化发展至今，依旧保持着强大的生命力与创造力，使中华民族在西方文化传入的背景下依旧坚守着文化阵地。当然，我们在借鉴融合外来文化的同时，同样在向世界传播中华文化的精华部分。正如季羡林先生所言，在坚持鲁迅先生"拿来主义"的同时，还应提倡"送去主义"，以履行大国责任，彰显大国本色。中华优秀传统文化的世界影响力已经在"拿来"与"送去"结合的过程中显现出来。

"拿来主义"与
"送去主义"

第一，推动了世界文明的进步。事实上，中华优秀传统文化不仅滋养着中华儿女，还深深影响着整个东亚，乃至世界文明的进步。以日本为例，曾有日本学者表示，中华优秀传统文化对日本的影响巨大，中国的文字、文学、宗教，以及造纸术、印刷术等的传入，为日本文化发展奠定了坚实的基础。汉唐以后，中国的儒释道思想传入日本，对日本宗教信仰体系的形成起到了推动作用。其中，程朱理学与陆王心学在日本形成了朱子学与阳明学。在朝鲜，儒家思想成为对其影响巨大的文化内容，李退溪、曹南冥、李栗谷等哲学家的思想深受儒学影响，若仅看他们的著作内容甚至难以判断其国籍。中华文化逐渐形成了世界公认的中华文化圈，为世界文明的进步贡献着中国力量。

第二，促进了世界和平与发展。和平与发展是当今世界的主题，自古以来，中华民族的血脉中始终流淌着"和"的基因，崇尚"以和为贵""和而不同"的理念。儒家将"和"作为至高理想社会状态，"仁"与"礼"是其核心概念，其中，"仁"是和谐之内容，"礼"是和谐之构成。孔子曾周游列国传播他关于"和"的理念，就是希望各国之间和平共处，构建和谐社会。"亲仁善邻，国之宝也"（《左传·隐公六年》），"救灾恤邻，道也"（《左传·僖公十三年》），中国素来重视与邻国间的和睦互助也正是受到"四海之内，皆兄弟也"（《论语·颜渊》）等传统文化的影响。《弟子规》曰"泛爱众而亲仁"，儒家文化中和谐交流、共同繁荣的理念影响着人与自然、人与社会、人与人乃至国家与国家之间的关系，随着中华优秀传统文化的全球性传播，"以和为贵"的相处之道、"和而不同"的相处原则，越来越成为世界的共识。可见，中华优秀传统文化为促进世界和平与发展提供了重要的智慧与方法。

第三，促进了世界文学与艺术的繁荣。中华优秀传统文化中的"文"与"艺"同样对世界文学与艺术的发展产生了重要影响。在世界文学艺术中，中国的诗词、文赋、小说、戏曲等文学体裁以其独特的魅力吸引并影响着世界，其中的韵律、风格、文体、节奏等所具有的文学与美学意义，成为世界文化瑰宝中浓墨重彩的一部分，对日本、朝鲜、越南、新加坡等亚洲国家和地区的文学艺术的形成和发展产生了重要影响。18世纪，中国戏曲《赵氏孤儿》经改编后传遍欧洲；19世纪末，西方戏剧家甚至直接用中国题材创作剧本。此外，在世界的艺术殿堂中，中华优秀传统文化中的书法、绘画、雕塑、建筑等也同样占据着重要位置。

这些辉煌的艺术成就既影响着中国，也影响着亚洲及欧洲，世界各国对中国传统艺术充满了歆慕与赞誉，对中国传统艺术进行了多样的收藏与研究。可见，中华优秀传统文化的文学与艺术价值，为世界文化的多样化与繁荣发展起到了重要的推进作用。

三、讲好中国故事，提供中国借鉴

讲好中国故事，这是党的十八大以来思想工作的重要理论创新。讲故事是国际传播的最佳方式，展形象就是要推进国际传播能力建设，讲好中国故事、传播好中国声音，向世界展现真实、立体、全面的中国，增强国家文化软实力和中华文化影响力。中华优秀传统文化是中华民族精神和民族智慧的结晶，是中华民族生活方式与思维方式的体现。讲好故事重要的是解决讲什么和如何讲的问题，讲的内容就是中国精神、中国价值和中国梦，讲的方式就是要不忘本来、吸收外来、面向未来，实事求是，发出好声音、传播正能量，从而提供中国智慧和中国借鉴，展现大国担当，为世界文明繁荣和发展贡献中国力量。

第一，加强对中华优秀传统文化的挖掘和阐发，展现中国特色与时代风采。讲好中国故事，就要深入理解中国故事的内涵，讲好中华优秀传统文化的故事。毛泽东提出："中国历史遗留给我们的东西中有很多好东西，这是千真万确的。我们必须把这些遗产变成自己的东西。"[1]如何阐发中华优秀传统文化？最重要的就是"以古人之规矩，开自己之生面"，深入挖掘中华优秀传统文化的思想观念、人文精神与道德风范，结合当代中国具体实际与时俱进，推动中华优秀传统文化创新性发展，从而讲精彩中华故事，尽展中华优秀传统文化之特色，尽显中国时代之风采。

第二，推动中华优秀传统文化走向世界，传播当代中国价值观念。讲好中国故事，就要古为今用、洋为中用，辩证取舍、推陈出新，要下大气力加强国际传播能力建设，加快提升中国话语的国际影响力，让全世界都听到并听清中国声音。中华文化是拥有5000多年深厚历史的文化，我们应当继续发挥传统文化的优势，加强与世界文化之间的交流互鉴，既积极推动中华优秀传统文化走向世界，亦主动促进各国优秀文化传入中国。近年来，我国不断加强对外文化交流与合作，通过各种形式增强中华优秀传统文化的国际传播效力，不仅使形式多样的传统文化技艺得以保留，更扩大了中华优秀传统文化在世界范围内的发展空间。"一带一路"倡议更进一步促进了中华文化与世界文化的交流。推动中华优秀传统文化的国际传播，就要探索中华优秀传统文化国际传播的新模式、新方法与新策略，努力构建起全方位、多层次、宽领域的中华优秀传统文化传播格局，传播当代中国价值理念，增强中华优秀传统文化的世界影响力。

第三，尊重世界文明，维护世界文化的多样性。讲好中国故事，就要尊重各国和各民族的文化差异，反对文化霸权，维护文化的多样性，构建"各美其美，美人之美；美美与共，天下大同"的国际文化新秩序。不同国家、民族的思想文化各有千秋，只有姹紫嫣红之别，而无高低优劣之分。每个国家、每个民族不分强弱、不分大小，其思想文化都应该得到承认和尊重。只有尊重世界各国文化，才有利于本国文化的传播进步；只有维护世界文化的多样性，

---

① 毛泽东文集：第三卷［M］.北京：人民出版社，1996：191.

才能推动本国文化的繁荣发展。"和而不同""求同存异"是世界文化发展的主题，任何破坏文化差异的做法，都会给世界文明带来灾难。在文化全球化发展的今天，不仅要讲好中国故事，更要提供中国智慧，为推动世界文化的繁荣发展，解决世界文化面临的各种挑战作出贡献。

第三节　中华优秀传统文化传承与弘扬的指导思想与基本原则

21世纪以来，国内不断涌现传承与弘扬中华优秀传统文化的热潮。随着中国综合国力的不断增强和世界影响力的日益提升，中华优秀传统文化不仅会越来越热，而且会越来越具世界影响力。但是，随着中华优秀传统文化的热度不断上升，一些错误的观点和思潮也出现了，对社会大众特别是当代青少年学生正确认识、对待中国优秀传统文化造成某种消极影响。这就要求必须坚持正确的指导思想与基本原则，必须积极引导社会大众特别是青少年学生以正确的方式认识、对待中华优秀传统文化。

第一，正确传承与弘扬中华优秀传统文化，必须坚持把马克思主义基本原理同中华优秀传统文化相结合。 "两个结合"是习近平总书记提出的重要论断，即坚持把马克思主义基本原理同中国具体实际相结合、同中华优秀传统文化相结合。这一重要论断，尤其"第二个结合"为我们在新时代如何传承与弘扬中华优秀传统文化指明了方向，"第二个结合"是又一次思想解放，为我们在更广阔空间探索中华优秀传统文化的宝贵资

中共中央办公厅　国务院办公厅印发《关于实施中华优秀传统文化传承发展工程的意见》

源提供了行动指南。历史已经证明，马克思主义是科学的世界观和方法论，是经过中国革命、社会主义建设和改革实践证明的先进理论，代表着人类未来文化的发展方向，能够为中华优秀传统文化教育提供世界观和方法论的指导。马克思主义的中国化，也是马克思主义基本原理与包括中华优秀传统文化在内的中国历史与实际相结合的产物，是已经吸收了中华传统文化中精华部分的、中国化的马克思主义，其能够承接传统，立足当下，具有强大的开放性和包容性。"第二个结合"站在新的历史高度对中华文化进行再诠释，并将中国式现代化道路与具有深厚底蕴的中华文化深度融合，以传承与弘扬中华优秀传统文化来推进社会主义文化强国建设，让中国特色社会主义道路有了更加宏阔深远的历史纵深，拓展了中国特色社会主义道路的文化根基。

第二，正确传承与弘扬中华优秀传统文化，必须牢牢把握社会主义先进文化的前进方向。必须明确，传承与弘扬中华优秀传统文化是在中国特色社会主义伟大实践中进行的，中华优秀传统文化是中国特色社会主义先进文化的思想源泉和文化基因，因此，中华优秀传统文化的传承与弘扬必须与中国特色社会主义的理论体系与实践道路紧密结合，中华优秀传统文化的现代发展必须以中国特色社会主义的核心理念与基本原则作为统领。要牢牢把握

社会主义先进文化的前进方向，警惕文化复古主义思潮。重温中国近现代史，可以明确，仅凭传统文化，既不能解决救亡图存的问题，也不能解决富国强民的问题。用中国传统文化来拒斥马克思主义，走文化复古的路径，不仅不能捍卫传统文化，反而会加速中国传统文化为时代所不容、被历史所淘汰。总之，文化复古主义绝不是复兴中国传统文化的正确途径，我们必须坚持中国特色社会主义文化发展道路，牢牢把握社会主义先进文化的前进方向，取其精华，去其糟粕，从而使中国传统文化与当代文化相适应，与现代社会相协调。

文化复古主义

文化复古主义即认为中国传统文化是十分完美、不存瑕疵的，只有彻底复归传统，才是真正复兴中华文化。

复兴儒学思潮是当前影响最大的一种文化复古主义思潮。这种思潮试图把中国传统文化等同于儒家学说，把重视和弘扬中国传统文化等同于尊孔读经，将儒学经典奉为至上真理，甚至对于一些错误观点都加以粉饰或拔高。更值得警惕的是，这种思潮甚至打着民族文化复兴的旗号公然挑战马克思主义的指导地位，声称马克思主义是一种具有破坏性的外来文化，不能代表中华民族的正统文化，应当用"仁政""德治"，甚至用"三纲五常"等思想来取代马克思主义和社会主义核心价值观的指导地位。这些观点会对社会公众尤其是青少年的人生观、价值观产生负面的引导，造成他们的认知出现严重的片面化；尤其是一些过时的价值观念，甚至是传统文化中的糟粕沉渣泛起，严重妨害当今大学生正确文化观的形成。

第三，正确传承与弘扬中华优秀传统文化，必须坚持以人民为中心的工作方向。文化，即"观乎人文，以化成天下"。"人"是文化的对象，"文化"即"化人"。从广泛意义上看，文化工作只有以"人"为中心，才能最终达成教化育人、成就天下伟业的目标；从具体的中华优秀传统文化传承发展工作来看，只有以历史的真正创造者——人民为中心，才能最终守住中华民族的精神血脉和文化根基。坚持以人民为中心的工作方向，一要明确文化工作的对象是人民，要以满足人民需要为工作出发点，注重人民的文化熏陶和实践养成，把跨越时空的思想理念、价值标准、审美风范转化为人民的精神追求和行为习惯；二要明确文化建设的主体是人民，要以赢得人民支持为工作着力点，坚持依靠人民，不断增强人民群众的文化参与感、获得感；三要明确文化成就由人民来评价，要以获得人民喜爱为工作落脚点，增强人民的认同感，引导人民不断形成向上向善的社会风尚。总之，中华优秀传统文化的传承与弘扬工作，只有坚持以人民为中心的工作方向，才真正立得住根基、护得住血脉，才能真正实现中国特色社会主义的文化自觉、文化自信、文化自强。

第四，正确传承与弘扬中华优秀传统文化，必须坚持创造性转化和创新性发展。中华优秀传统文化的继承弘扬与转化创新本质上是辩证统一的，具体体现在 3 个方面。一是继承弘扬是转化创新的根本基础和必然要求。中华优秀传统文化蕴含着中华民族的精神特质和文化基因。这意味着，只有继承弘扬中华优秀传统文化，才能在文化上真正成为中国人，才能真正肩负起维系中华民族的民族血脉、守护中华民族的精神家园、实现中华民族伟大复兴的历史使命。二是转化创新是继承弘扬的实现方式和内在动力。中华优秀传统文化本身就是在历史演进过程中不断顺应时代的要求而发展变化着的。转化创新也是中华民族的优秀品质。我们只有继承并发挥这种优秀品质，才能保证中华优秀传统文化基因的薪火相传，才能保持中华优秀传统文化的鲜活性和时代性，才能增强中华优秀传统文化的影响力和感召力，真正实现对中华优秀传统文化的继承和弘扬。三是中国特色社会主义实践是继承弘扬与转化创新的内在尺度和根本原则。中华优秀传统文化必须在继承弘扬中转化创新，在转化创新中继承弘扬，两者是同一过程的两个方面，缺一不可。回顾中华优秀传统文化的历史发展过程，我们看到，无论是继承弘扬还是转化创新，都需要一个共同的前提，那就是当今时代的特点和要求。时移世易，在新时代、新时期，中华优秀传统文化的继承弘扬和转化创新必须以中国特色社会主义的伟大实践为内在尺度和根本原则，因为中国特色社会主义是实现中华民族伟大复兴的必由之路。

第五，正确传承与弘扬中华优秀传统文化，必须坚持交流互鉴、开放包容。文明具有多样性，世界文明因多样才具有交流互鉴的价值；文明具有平等性，世界文明因平等才具有交流互鉴的可能；文明具有包容性，世界文明因包容才有交流互鉴的动力。文明因交流而多彩，文明因互鉴而丰富，文明因丰富而繁荣。文明交流互鉴，是推动世界文明进步和促进世界和平发展的不竭动力。要维护世界文明的多样性，正确处理传统文化与世界文明的辩证关系。首先，要从世界历史的高度来认识中华优秀传统文化，对它的独特性和当代价值树立坚定的文化自信和价值自信。其次，要明确中华优秀传统文化的源远流长、生生不息不仅得益于其自身的深刻智慧和独特价值，更得益于其对世界文明精华的兼收并蓄和中国化，它本身就蕴含着兼收并蓄、理性借鉴的基因和传统。最后，中华优秀传统文化是民族的，也是世界的，要积极推动文化交流互鉴，传播当代中国理念，使中华优秀传统文化成为联系世界各国人民、共建人类命运共同体的精神纽带。

第六，正确传承与弘扬中华优秀传统文化，必须坚持统筹协调、形成合力。传承与弘扬中华优秀传统文化是建设社会主义文化强国的重大战略任务，必须在党的领导下统筹协调各方力量广泛参与，推动形成有利于传承发展中华优秀传统文化的体制机制和社会环境。首先，要充分加强引导，通过树立道德规范、倡导公序良俗、建立法律法规等刚柔并济的方式，从组织领导、政策保障、法治制度等角度将中华优秀传统文化传承发展工作纳入国家总体规划，使之进入政府议事日程、成为法律法规。其次，要充分调动社会传承力量，通过文艺研究创作、文化产业创新等方式，推动中华优秀传统文化融入生产生活各方面，营造良好的传承氛围，实现社会效益与经济效益的有机统一。最后，要充分发挥家庭和个人的主体作用，充分利用中华优秀传统文化中的孝老爱亲思想、家训家风文化、乡里规约习俗等资源，服务当前的家庭美德培育、社会风尚建设和乡村振兴等，将中华优秀传统美德、伦理道德内化为人民群众的个人价值观，外化为日常交往的伦常准则。

第四节　中华优秀传统文化传承与弘扬的重点任务

近年来，在全社会的共同关注和努力下，中华优秀传统文化事业得到快速推进，产业得到迅速发展。尤其是在教育领域，学习中华优秀传统文化业已成为一个重要组成部分，中华优秀传统文化教育形成了良好的发展态势。

但与此同时，随着我国经济社会深刻变革、对外开放日益扩大、互联网技术和新媒体快速发展，各种思想文化交流交融交锋更加频繁，迫切需要进一步深化对中华优秀传统文化重要性的认识，迫切需要深入挖掘中华优秀传统文化价值内涵，构建中华优秀传统文化传承发展体系。如何才能切实做好中华优秀传统文化的传承工作呢？那就必须坚持以人民为中心，以满足人民群众对美好生活的需要为根本导向，围绕教育、融入生活、深入人心等重点任务展开工作，构建全社会共同传承和弘扬中华优秀传统文化的良好氛围。

中华优秀传统文化教育是中华民族伟大复兴的深厚力量，要坚持以人民为中心开展中华优秀传统文化的传承与弘扬工作，结合人民需要、时代需求进行创造性转化与创新性发展。最根本的就是要把握"中国特色社会主义进入新时代，我国社会主要矛盾已经转化为人民日益增长的美好生活需要和不平衡不充分的发展之间的矛盾"这一重要论断，抓住主要矛盾，以满足人民群众对美好生活的需要为中华优秀传统文化传承与弘扬工作的根本导向。

第一，要抓住"关键"，推动中华优秀传统文化传承和弘扬工作融入教育。文化传承，教育先行。教育决定未来，国家的前途和民族的希望都寄托在青年一代的身上，寄托在立德树人的教育事业中。推动中华优秀传统文化的传承和弘扬工作，要抓住"教育"这个关键变量，立足认知需求满足教育供给。因此，有必要在坚持马克思主义指导地位不动摇、不放松的基础上，围绕立德树人教育根本任务优化中华传统文化教育内容，建构中华优秀传统文化教育的全程、全方位、全员育人体系，推动中华优秀传统文化融入教育，贯穿国民教育始终。就"全程"育人而言，就是要使中华优秀传统文化贯穿启蒙教育、基础教育、职业教育、高等教育、继续教育等领域；就"全方位"育人而言，就是要使中华优秀传统文化融入思想道德教育、文化知识教育、艺术体育教育、社会实践教育等环节；就"全员"育人而言，就是要激发个人自学、家庭和学校领学、社会助学的动力，营造人人要学、人人在学、人人助学的良好育人氛围。

第二，注重"落实"，推动中华优秀传统文化传承和弘扬工作融入生活。文化从根本上来说是一种整体性的生活方式。推动中华优秀传统文化的传承和弘扬工作，最终的落脚点是推动人民文化自觉的养成，并为人民提供行动的遵循。因此，要注重"知行合一"，推动文化传承工作落于实践，融于生活。具体来说，一是要打造具有传统文化美感的居住环境，通过提炼精选一批凸显传统文化特色的经典性元素和标志性符号，将中华优秀传统文化元素融入城市规划设计、美丽乡村振兴、文化遗产保护等。二是要营造具有传统文化底蕴的市场氛围，充分发挥市场作用，鼓励文化产业创新，支持一批文化特色浓、品牌信誉度高、有市场竞争力的传统民族品牌做大做精做强，通过市场运作来提高文化产品的可欣赏度，实现社会效益与经济效益相统一。三是要营造充满文化气息的生活氛围，通过深入实施中国传统节日振兴工程，实施中华节庆礼仪服装服饰计划，推动历史文化景点旅游发展，推动传统休闲文化拓展等形式，丰富文化内涵、增强文化共鸣，实现中华优秀传统文化润物无声但影响至深的传承效果。

第三，强调"收效"，推动中华优秀传统文化传承和弘扬工作深入人心。文化工作要做好，深入人心最为关键。推动文化传承工作深入人心，可以从文化内容与传播载体两方面发力。首先，在文化内容上，要守正创新，开发人民群众喜爱的优质文化产品。文化消费与其他生活必需品消费的一大区别在于，爱好在很大程度上影响着人民群众的文化消费行为，甚至有时起着决定性作用。近年来，《我在故宫修文物》《如果国宝会说话》《衣尚中国》《上新了·故宫》等一大批与传统文化元素相结合的作品在全社会引起了强烈反响，正是因为节目内容有内涵、有质量、有能量，呈现形式有新意、有美感、有震撼。守正与创新并举，以创新的形式推动传统的内容为大众所知，是推动文化传承工作深入人心的必由之路。其次，在传播载体上，要统筹开发，结合时代趋势拓展人民群众喜爱的传承路径。比如，可以贴合人民群众需求，在保护利用好古籍、文物、古迹等传统文化瑰宝的基础上推动图书馆、文化馆、博物馆等公共文化机构扩大开放，探索文化资源的"共享共赏"供给路径；可以结合互联网发展趋势，创新"科技＋文创"的传承方法，让陈列在广阔大地上的文化遗产、书写在古籍里的文字等所承载的中华优秀传统文化"开口说话"，以时代精神激发中华优秀传统文化的生命力；可以结合文旅融合的部署探索"旅游＋文创"的弘扬路径，让人民群众在休闲生活中随处可见、可感传统文化的魅力与价值。

中编 导言

千百年来，中国人在"修身、齐家、治国、平天下"的思维方式下创造了以重伦理、讲道德为主要特质的中华优秀传统文化，形成了以个人美德、社会公德与国家大德为主要内容的伦理型文化样态。

一般来说，个人美德主要涉及个人或家庭内部的德行，包括个人品性的修习、价值观念的养成、家庭关系的和睦等。社会公德则主要指社会道德、职业道德，涉及各类人群相处之道及具体学习、工作场景中的行为操守。国家大德主要涉及民众的根本利益、社会发展的理想形态及治国理政的基本准则，这种大德也不仅限于某一具体国家，更是处理国与国之间关系的重要原则，甚至在整个天地之间，都需要以之来协调万物的和谐相处。

但是，个人美德、社会公德与国家大德这三者并不是截然孤立的，相反，它们呈现复杂的交叉与互动。例如，自强不息、厚德载物，既是个体为人、修学、处世的德行，也是一种民族精神，并且是在效法天地自然运行之道的基础上形成的，也体现了天人和谐的理念。又如勤俭廉政，主要是对官员在政治实践场域中的品德要求，但勤俭本身就是个人的优良品德，而廉政又是关系到整个国家存亡的大事，所以这是一个兼具私德、公德与大德的理念。个人美德、社会公德与国家大德，互相涵盖关涉，形成了从个人到群体、从国家到国际、从人类到自然的整体关联，并渗透凝聚在我国历史上的科技、文学、艺术、礼俗、生活等诸层面的成就之中。

中华优秀传统文化的核心理念在不同的时代有不同的理论表达，并且其具体含义也会随着时代的变迁发生相应的改变。在当代中国，要特别重视挖掘中华文明中的精华，将之与马克思主义的立场、观点、方法相结合。中华传统美德能提升公民对社会主义核心价值观的认同感，也有利于人们从思想感情上拉近与社会主义核心价值观的距离。深入挖掘和准确阐释中华优秀传统文化中各家典籍论述与历代典型事迹，将为当前社会主义核心价值观的培育及民族、国家、人类的未来发展提供思想资源和有益借鉴。

3

第三章
中华优秀传统文化中的个人美德

中华优秀传统文化中的个人美德，是指通过个体自觉道德修养和社会道德教育而形成的一种较为稳定的心理状态和行为习惯。个人美德通过道德认识、道德情感、道德意志和道德行为表现出来，是一个人学习、选择、实践和修养的结果。个人美德是中华优秀传统文化中尤为重要的组成部分，这是因为任何一种道德的实现最终都要付诸个体的道德实践，只有个体充分践行道德要求，才能真正建构起理想的社会秩序。反之，如果个体不能领悟道德或者知而不行，整个社会的道德建设就难以达到理想的效果。本章从自强不息、厚德载物、仁爱孝悌、居安思危、舍生取义5个方面对个人美德进行概括：自强不息是从主观能动性方面概括个人美德；厚德载物揭示了道德主体所具有的兼容并包的担当精神；仁爱孝悌是个体将道德关怀推及他人乃至世间万物的精神品质；居安思危是个体展现出的对于未知事物的忧患意识；舍生取义彰显了特殊道德境遇中个体的道德抉择。中华优秀传统文化中个人美德的内涵极为丰富，本书难以面面俱到，本章尝试择取具有代表性的几点来展现个人美德的概貌。

第一节　自强不息

"自强不息"出自《易传·象传》，所谓"天行健，君子以自强不息"，意思是自然万物运行不止、刚强劲健，而"君子"为人处世也应效法天道，刚毅坚卓，不屈不挠。在我国历史的发展过程中，自强不息不仅是一种奋发向上、开拓进取、锲而不舍的个人美德，甚至已经成为具备形上内核意义的一种民族品质。换言之，这是一种具有根本性和稳定性的民族品质。自强不息在中华优秀传统文化中是为人、修学、治国的内在动力与实践指南，也将持续激励中华儿女变革创新、勠力前行，助力实现中华民族伟大复兴的中国梦。

一、自强不息的思想内涵

"自强不息"被广泛用于社会各个行业和领域的精神价值追求之中。著名的思想家、哲学家张岱年将自强不息和厚德载物视作中华民族精神的典型表现，给予大力赞扬。[①]自强不息注重的是自身自力的奋斗，强调永不懈怠、持之以恒地发展。

从语源角度看，"自强不息"一词出自《易传》，但自强不息的精神在更早的中国历史中就有所体现。《尚书·无逸》记载了周公诫教成王的事，周公对成王的要求是："君子所其无逸。"他列举了殷代的3位君王作为正面典型，认为他们"不敢荒宁"，所以才享国日久。而之后的一些君王，"不知稼穑之艰难，不闻小人之劳，惟耽乐之从"，因而执政的时间就短得多。《无逸》强调贪图安逸是无道的，应当以周文王为榜样："文王卑服，即康功、田功，徽柔懿恭，怀保小民，惠鲜鳏寡。自朝至于日中、昃，不遑暇食，用咸和万民。"这是说，文王从事过卑贱的劳作，他心地仁慈、态度和蔼，使百姓安居乐业，并施恩惠于鳏寡孤独。他终日忙碌得无暇吃饭，用辛勤劳苦的精神治理国家，使万民安乐地生活。可以看出，《无逸》虽侧重于君王治国层面的讨论，但其精神实质与自强不息一脉相通。

《论语》中也有诸多与自强不息相关的材料。《述而》中"发愤忘食，乐以忘忧，不知老之将至"与"学而不厌，诲人不倦"等言论，都与"君子以自强不息"的内涵相通。孔子这种"知其不可而为之者"的精神也影响了他的弟子和后人，曾子说："士不可以不弘毅，任重而道远。仁以为己任，不亦重乎？死而后已，不亦远乎？"（《论语·泰伯》）士大夫的这种坚韧不拔、奋发刚毅的献身精神就是对自强不息的最好诠释。孟子所言"天将降大任于是人也，必先苦其心志，劳其筋骨，饿其体肤，空乏其身，行拂乱其所为，所以动心忍性，曾益其所不能"（《孟子·告子下》），也表明能承担天下之大任之人，必是顽强进取、不屈不挠之人。荀子则提出"积善而不息"的思想。他说："不积跬步，无以至千里；不积小流，无以成江海。""锲而舍之，朽木不折；锲而不舍，金石可镂。"（《荀子·劝学》）这表明对于知识、道德的追求要保有一种锲而不舍、永不放弃的精神。朱熹说："盖学者自强不息，则积少成多；中道而止，则前功尽弃。其止其往，皆在我而不在人也。"（《论语集注》）这同样是强调除了自强，还要有不息的精神。

---

① 张岱年.张岱年全集［M］.石家庄：河北人民出版社，1996：168.

曾子（前505—前435），名参，字子舆，春秋末年鲁国的思想家，与其父曾点同师孔子，为孔子和思孟学派中间的重要儒家学者。

随着汉代实行"罢黜百家，独尊儒术"的文化政策，儒家的政治地位获得大幅提升，其自强不息、刚健进取的思想进一步为社会普遍接受，并不断加以丰富发展，这使其从个体的德行，跃升为一个国家和民族的独特品格，成为一种民族共同意识。

自强不息精神在近代以来的中国社会中体现出了显著的实践意义。晚清救亡图存的士人从传统文化中汲取"自强"精神，比如魏源认为非自强不能自立，在自强思想的指导下，他提出"师夷长技以制夷"的口号，提倡积极采用和吸收西方国家的先进技术，创办新式的军事工业、民用工业，建立新式的陆军、海军，加强沿海的国防建设，这都在一定程度上推动了中国现代化的进程，起到了抗击侵略、民族自强的作用。而以康有为、梁启超等为代表的改良派，也从自强不息的民族精神中找到了社会改良的根据。比如康有为认为应"取日新以图自强，去因循以厉天下"①。他们将自强不息与民族命运联系起来，并将之作为重要武器，尝试向顽固腐朽的思想和制度宣战。改良派虽未能彻底改变旧中国的面貌，但却成为呼唤政治革命与民族自强的先声。

魏源（1794—1857），原名远达，字默深，号良图，清代启蒙思想家、政治家、文学家，是近代中国最早"睁眼看世界"的知识分子之一，开启了了解世界、师法西方和民族自强的时代潮流。

总结来说，自强不息的实质可归结为：第一，奋发进取的拼搏精神；第二，改革创新的开拓精神；第三，锲而不舍的坚持精神。

二、为何要提倡自强不息

首先，从个人道德修养层面来说，自强不息是为人乃至成圣应当秉持的基本态度。王守仁有一位学生叫邹守益，是明代著名的理学家，他曾说："自强不息，学者之所以希圣也。"这是说自强不息是为学之人应当追求的境界，故曰："君子不动而敬，不言而信，戒慎乎其所不睹，恐惧乎其所不闻，则无须臾之息而天德纯矣，天德纯而王道出矣。此千圣相传之心法也。"（《康斋日记序》）他所说的这个心法就是贵在戒慎恐惧的自觉，是个人道德修养达到一定境界的前提条件，也是古今中外学有所成之人在成长过程中都会秉持的理念。个人道德修养的内容虽是客观的，但其培养的过程却是主观的。所以，个人道德修养的境界高低，很大程度取决于个人主体的自觉性。"无须臾之息"的说法就道出了个人道德修养过程中的核心与规律，这恰与自强不息精神契合。

其次，从个人功业的层面看，只有自强不息方能成就学业、事业。孔子提倡要"发愤忘

---

① 康有为.康有为全集：第二卷［M］.北京：中国人民大学出版社，2007：65.

食，乐以忘忧"乃至"不知老之将至"（《论语·述而》），学习的过程是循序渐进的，因此，要不断积累、不断更新，方能有所成就，所以朱熹才说"中道而止，则前功尽弃"（《论语集注》）。朱熹本人的为学过程就是贯彻自强不息精神的经典实例，据传，他的《四书章句集注》前后花了40年，七易其稿方成。他正是以自强不息作为学者人格境界的理想状态，才最终开创闽学并成为理学的集大成者。纵观古今，取得事业成功者，无不是自强不息精神的践行者。在当代，为了赶超世界先进水平、建一个中国人自己的大型射电望远镜，天文学家南仁东23年如一日，踏遍西南大地，历经近百次失败，为科学发展和祖国建设事业以命相搏，终于在贵州建立起"中国天眼"这一国之重器——500米口径球面射电望远镜。在取得首批成果前一个月，南仁东因病逝世，他的同事评价说："他离去的时候心里一定非常清楚，他毕生的事业已经成功了。"

最后，自强不息既是个人道德修养的思想指引，也是民族国家励精图治的必由之路。尤其是在国家积贫积弱的时期，自强不息的拼搏理念成为振兴民族、复兴中华的精神源泉。中国共产党成立之后，领导全国人民长期开展艰苦卓绝的斗争，在饱经蹂躏、贫穷落后的大地上，建立起一个崭新的国家。艰苦奋斗是中国共产党人的"政治本色"。在井冈山上缺衣短食、生活艰苦，但将士坚定乐观、战力顽强；在长征路上环境险恶、战斗惨烈，但红军患难与共、不畏牺牲。这种在不利的环境中坚定意志、持续奋进的精神正是自强不息理念的体现，因此，中国革命的胜利就是自强不息民族精神的胜利。中共中央于2001年印发的《公民道德建设实施纲要》已把"勤俭自强"列入公民基本道德规范之中，至此，自强不息成为与时代发展紧密融合的道德规范。[①]自强不息对培养爱国主义精神、提升民族凝聚力和忧患意识具有重要意义。

所以，只有自强不息，才能尽到做人的责任，才能在有限的生命中实现人生追求，养成高尚的品德情操，成就不朽的学业和事业。也只有自强不息，才能不断推动国家富强繁荣，使中华民族屹立于世界民族之林。

三、自强不息的当代价值

自强不息具有深厚的内涵，对民族国家的影响异常深远。在历史上，各个时期的中华儿女奋力抵抗外来侵略、孜孜不倦探索真理、艰苦奋斗创作生产，充分体现了自强不息的民族精神，他们的所思所想和所作所为，已融入中华文化之中，为后世树立了榜样，成为全民族宝贵的精神财产。当前，虽然中国已度过民族存亡的最危急时刻，但是，处在中国特色社会主义发展的新时代，发展建设任务同样艰巨，仍然需要始终不渝地践行自强不息的精神，诠释这一精神的新内涵，发扬这一精神的新价值。

第一，应该终日乾乾、进德修业。《易经》中的乾卦强调"君子终日乾乾，夕惕若厉，无咎"，说的就是一个人要想拥有理想人格，就必须白天勤勉于事，夜晚惕惧省思。孔子认为勤勉的目标就是增进美德和修养功业。只有做到居高位而不骄横、时时反省，在下位而不忧愁、勤勉发奋，方可有危而无害。

---

① 中国共产党中央委员会. 公民道德建设实施纲要［N］. 人民日报，2001-10-24（1）.

第二，必须遵道而行、不暴不弃。所谓"天行健，君子以自强不息"，表明自强不息的前提是效法、遵循天道运行，使自己的进退、动静都合于正道，不可落入邪门歪道。如果一个人终日追求的不是正道，愈积极努力就愈偏离轨道，最终可能害己害人。所以儒家强调"遵道而行"，十分必要。

　　第三，只有积善不止，方能成就圣人。从《易传》的卦爻辞中不难发现，君子处世之道，必须因时因地而变。人的知识、道德、功业的取得和崇高目标的达到，也不是一朝一夕就能实现的，而是有一个长期反复、积累的过程。人积善为善，终成圣人；人积恶为恶，终为小人。因此，必须逐步累积、循序渐进、因势制宜。

　　第四，提倡革故鼎新、至诚不息。宇宙中的万事万物都是在运动中产生、形成、发展的，不论是"自强不息""终日乾乾"，还是"遵道而行""积善不止"，都涉及运动变化的问题，没有运动变化，就没有新旧事物的交替，也就没有"日日新，又日新"的世界。因此，无论是个人还是国家，都应该顺应时代潮流，不断地变革创新，当然这种变革创新必须是顺天应人的变化。

　　从《易传》对乾卦的解释中可以看到，实践自强不息需要勤勉奋进、遵道而行、循序渐进、革故鼎新。从古代到现代，自强不息精神不断被传扬和践行，其中既有传承相继的内涵，也有新时代的意义。为什么中华民族能够在几千年的历史长河中生生不息、薪火相传、顽强发展呢？很重要的一个原因就是中华民族有一脉相承的精神追求、精神特质、精神脉络。自强不息就是这种精神追求、精神特质和精神脉络中的核心内容。要发扬为民服务孺子牛、创新发展拓荒牛、艰苦奋斗老黄牛的"三牛"精神，在全面建设社会主义现代化国家新征程上奋勇前进。"三牛"精神集中诠释了自强不息要求的遵道而行、敢于拼搏与革故鼎新的时代意涵。近几年，在中国大地上，世界上最长的跨海大桥、世界上最大的光伏电站群、世界最大单口径的射电望远镜、大深度载人潜水器、航空航天科学探测器，以及大型港口码头、高速铁路网等一个个超级工程相继问世，并且我国拥有了大量相关自主知识产权和核心技术，在很多方面超越了欧美发达国家，实现了从由外引进到向外输出的转变，体现了新时期大国工程的自强与自信。

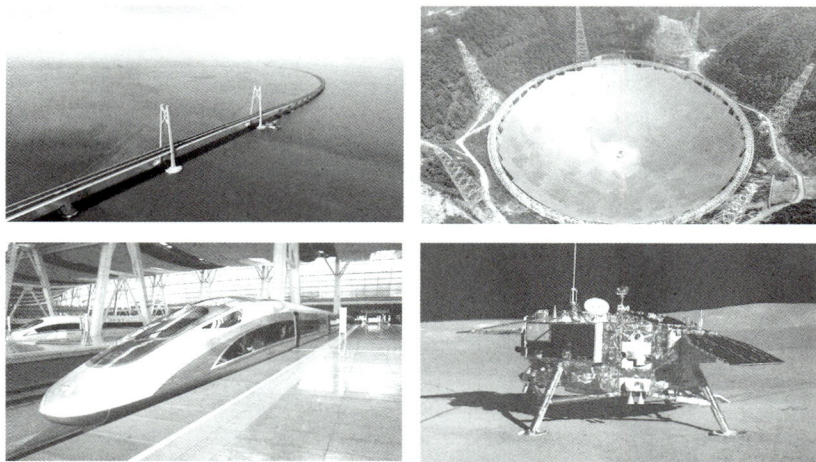

▲ 港珠澳大桥、500 米口径球面射电望远镜、复兴号动车组列车、嫦娥五号月球探测器等大国工程和
高新技术正是自强不息的民族精神在当代中国的体现

"天行健，君子以自强不息"，这是古人受自然规律的启发而形成的思想，经过几千年的积淀与发展，已成为中华民族刚健有为、奋发进取的伟大民族品质。这一精神激励着中国人民变革创新、敢闯敢拼，创造出了辉煌灿烂的中华文明，也使中国人民面对任何艰难困苦都能矢志不渝、砥砺前进。在日常生活学习中始终保持危机意识和前进动力，在不断积累中循序渐进、积善不止，在追寻正道之路上勤勉不息，是实践这一精神的主要途径。个人的自强不息，最终汇聚成整个民族的共同品质，在实现中国梦的伟大征程中，必将继续发挥其精神引领作用。

第二节　厚德载物

"厚德载物"语出《易传·象传》："地势坤，君子以厚德载物。"《易传·彖传》中说："坤厚载物，德合无疆。含弘光大，品物咸亨。"原意谓大地的特点是柔顺，并有兼容并包、承载万物的性质，而万物身处其中得以发扬光大、亨通和顺。这简单4字，承载着传承至今的中华文明中最为重要的基因密码和精神资源。厚德载物与自强不息一样，是中国人个人生命进程和中华民族发展历史中最核心的理念之一，是推动和维持国家社会进步的重要思想资源。

图中为清华大学校训：自强不息，厚德载物。二者同为古人对乾、坤二卦的解释，也常被认为是中华民族精神品质的重要表现，在当代社会中仍然激励着中华民族不断奋勇前行。

一、厚德载物的思想内涵

可以从3个层面把握厚德载物的思想内涵。首先，这一理念最初体现了古人对于大地和阴性特性的认知。厚德载物是《易传》对坤卦的解读，"地势坤"点出了大地与女性两重象征。早在夏商周三代之前，人类就认识到了大地的特点，因为生活生产都对土地有极强的依赖性，故人们对土地寄予了情感和期待，并将之作为崇拜的对象。《礼记正义》说"地载万物者，释地所以得神之由也"，讲的就是这个道理。后来，《易传》中强调君子要厚德载物，就是从人的层面来说，要效法大地滋生万物、宽裕广大、厚重能载的品性。老子也曾说"人法地，地法天"（《道德经》），同样明确指出了人应效法大地之道。宋明理学家如朱熹认为大地"至顺极厚，而无所不载也"。土地的生发包容功能又使人将之与女性的能力和特征联系起来，坤卦六爻皆为阴爻，象征的也是女性极大的承受力和柔顺度。《周易》中明确说："乾，天也，故称乎父；坤，地也，故称乎母。"坤卦至阴的特点要求人们处事柔和顺承、低调谨慎。

其次，厚德载物奠定了中华民族重视道德的传统。人效法大地承载万物，道德秩序的建构是其重要方面。在夏、商时期，人们多认为天命具备恒常不变的特性，也就是说天命的发展不会以人的意志为转移。商纣王就说："呜呼，我生不有命在天！"（《尚书·西伯戡黎》）但最后还是落得国亡身死的结局。到了西周初期，因为经历了武王克商的重大历史事件，人们开始逐步产生"天命转移"的思想。《尚书》云"惟命不于常"（《尚书·康诰》），又说"皇天无亲，惟德是辅"（《尚书·蔡仲之命》），由此可见，天命逐渐丧失了作为当时人们理解世界的终极原则和依据的地位，而人的道德则成了政权变迁、祸福凶吉的决定因素。这就是人的主体性的觉醒和人文理性精神的抬头。厚德载物体现的道德准则主要表现在仁爱、谦和、诚信等方面。先秦时期孔子、孟子等思想家均主张以德为先、为政以德，无论是亲亲、仁民、爱物还是仁、义、礼、智四德，都是厚德载物的体现。汉代董仲舒进一步提倡道德至上，并指出"国之所以为国者，德也"（《春秋繁露·保位权》）的以德治国理念，主张"尊德卑刑""厚德简刑"。宋明的理学家们吸收了《易传》的思想，将仁及万物的思想纳入人的德性之中，进而提倡一种道德理性。

最后，厚德载物中的"载物"层面，是对勇于担当、兼容并包精神的提倡。对个人来说，厚德强调的是对内在道德的重视，载物则侧重对外在担当的要求。两者的结合就是"内圣"和"外王"两个层面的综合，是儒家对于做人和成圣的基本要求。另外，大地载物的性质也具备包容的特点，因此，君子也应当谦虚平和、虚怀若谷，善于接纳他人的意见。对国家和社会来说，同样要有这种兼容并蓄的气度。例如，唐代社会文化心态开放、多元文明融合，推动经贸、文学、艺术、宗教等各领域呈现包罗万象的繁荣气象，这本身就是厚德载物理念的直接呈现。

1914 年，梁启超在清华学堂发表了题为《君子》的演讲，很好地诠释了通过厚德载物达致理想人格的途径。他这样向学子们解读"厚德载物"："坤象言，君子接物度量，宽厚犹大地之博，无所不载。君子责己甚厚，责人甚轻……盖惟有容人之量，处世接物坦焉无所芥蒂，然后得以膺重任，非如小有才者，轻佻狂薄，毫无度量，不然小不忍必乱大谋，君子不为也。当其名高任重，气度雍容，望之俨然，即之温然，此其所以为厚也，此其所以为君子也。"[1] 也就是说，君子应如大地的气势厚实和顺、容载万物，责己严、责人轻，以博大之襟怀吸收新文明，改良社会、促进政治，以宽厚的道德担负起历史重任。后来，"厚德载物"的精神激励了一代代青年学子成长成才。

> 梁启超（1873—1929），字卓如，号任公，又号饮冰室主人，清光绪年间举人，中国近代思想家、政治家、教育家、史学家和文学家，"戊戌变法"领袖之一，中国近代维新派代表人物，著述颇丰，合编为《饮冰室合集》。

二、为何要提倡厚德载物

中国历史传统中的厚德载物理念，在天人合一的思维模式和价值取向下，强调内在德性

---

[1] 清华大学校史研究室.清华大学史料选编：第一卷［M］.北京：清华大学出版社，1991：260-261.

的修养和外部事功的实践，追求人与天地精神的合一，是一以贯之的思想主流。其在国家层面、社会层面和个人层面均有重要的意义，这也是厚德载物之精神能够长期被国人认同并践行的原因。

在国家层面，《周易》从"天人合其德"的观念出发，将宇宙不断变化的常则引申到人类社会领域。在国家政治领域，行仁政、用王道、以德治国的观念一直是帝王明君和社稷良臣所提倡的统治良策。比如，孟子就曾说："惟仁者宜在高位。不仁而在高位，是播其恶于众也。"（《孟子·离娄上》）对为政以德的推崇在历史上成就了不少盛世王朝，对壮大国力、归顺民心起到了推动作用。例如，"贞观之治"很大程度上是因为李世民以儒治国、以民为本，又有勇于纳谏、兼听则明的包容气度，而这些恰是厚德载物精神的题中之义。

在社会层面，厚德载物思想实质上包含和体现着《周易》之中"太和"的和谐思想，涵盖了人际关系的和谐统一，亦即具备"和合意识"。例如，先贤认为提升道德有助于促进社会和谐，比如《管子·兵法》中说"畜之以道，则民和，养之以德，则民合"，意为百姓需有良好的道德修养基础，有和合的氛围，百姓才能友好相处、和谐共力。

在个人层面，厚德载物思想包含了丰富的伦理道德规范。厚德载物思想实际上内含"宽柔以教"的意蕴，其柔顺品格之中承载的理解和宽容的文化精神，潜移默化地影响着当代中国民众的思想观念和品性情感，支配着人们的行为方式和价值追求，成为中华民族独特的精神信仰根基。厚德载物思想体现出以宽厚之德包容万物的文化元素，为中国民众精神信仰的多层次交错提供了深厚的文化积淀。

对伦理道德的重视和对担当、包容意识的推崇，是一个国家强盛繁荣、社会和谐发展和个人自我实现的重要保证，也正是在这个意义上，厚德载物才会被视作整个中华民族品质的体现。

三、厚德载物的当代价值

厚德载物，是中华文明史上极具代表性的价值理念，其在当代社会的发展中必然有值得挖掘、继承和创新的方面，可以为国家、社会和个人发展提供不竭的资源和动力。

首先，站在国家立场，治国理政要有仁民爱物的德行、宽广博大的胸襟，能如大地一样生养万民。行仁政、重德治一直是我国传统政治理念中的主流思想，它与厚德载物的精神旨趣是相契合的。如何在道德教化的引领下保障最广大民众的切身利益，是历代明君努力的方向。2021年，经过全党全国各族人民共同努力，我国脱贫攻坚战取得了全面胜利，现行标准下9899万农村贫困人口全部脱贫，832个贫困县全部摘帽，12.8万个贫困村全部出列，区域性整体贫困得到解决，完成了消除绝对贫困的艰巨任务。脱贫攻坚战的全面胜利，充分表明国家承载着祖国大地上全体人民幸福生活的美好愿望，是中国共产党以人民为中心的执政理念的鲜明体现。此外，大国还应有兼容并蓄、海纳百川的气度和智慧，勇于、善于接纳不同的价值理念和文明传统，并融会创新、为我所用。我们应该秉持平等和尊重的态度，摒弃傲慢和偏见，加深对自身文明和其他文明差异性的认知，推动不同文明交流对话、和谐共生。同处地球之上的国家与文明，都应该秉承大地的宽厚包容之德，互相学习借鉴，而非彼此猜忌斗争。

其次，在面对具体的社会问题时，应当善用中华优秀传统文化的道德资源予以解决。厚德载物对当前各种社会行为具有重要的规范作用。例如，在义利之辩中，古人一贯强调重视追求财富过程中的正当性问题，孔子说过"富而可求也，虽执鞭之士，吾亦为之。如不可求，从吾所好"（《论语·述而》），又说"贫而无谄，富而无骄，何如？未若贫而乐，富而好礼者也"（《论语·学而》），"不义而富且贵，于我如浮云"（《论语·述而》）等。这些都是孔子阐释义、利关系的重要观点，对于当代商品经济发展中的诸多道德失范问题有着直接的启发意义。作为一个"重德"的文明传统，应该加强对传统美德的提炼、宣扬和教化，通过创造性的转化和创新性的发展，积极引导民众树立良好的道德品质和价值取向，重视以德治国和依法治国的结合。例如，21世纪以来涌现出一批全国道德模范，为全国人民树立了道德榜样，在营造良好的社会道德氛围过程中发挥了重要作用。

全国道德模范的评选活动，用真实案例向全国人民弘扬了"助人为乐""见义勇为""诚实守信""敬业奉献""孝老爱亲"等道德理念。

最后，对于个人而言，厚德载物和自强不息一样，都是实现理想人格的重要途径。厚德载物所提供的启示是，为人应当效法大地之特性，厚植道德以承载万物，柔顺谨慎以利贞得常。这与刚健奋进、开拓进取的自强不息精神互为补充，成为理想人格的两个面向。具体来说，每个人都要注重从自身的道德修养培养做起，进而扩充到家庭，重视良好的家风、家训的传承。在新时期实施的《中国共产党廉洁自律准则》《中国共产党党内监督条例》也明确规定，党员领导干部要带头树立良好家风，这从党性要求的高度重新诠释了个人与家庭中的道德准则。历史和现实都充分证明，修身、齐家是有机统一的，是构建全社会良好秩序和共同价值观的前提。而治国、平天下的志业，更体现了"载物"所包含的担当意识和社会责任感。因此，可以说，传统文化中个人从"内圣"到"外王"价值的完满实现，就是对厚德载物精神的极佳诠释。

厚德载物体现了中国传统的人文理性精神和"重德"特质，也彰显了儒家"内圣"和"外王"的结合。"厚德"追求的内在德性的积累及由此催生的自身生命境界的提升，是"内圣"层面；"载物"体现的利他精神的包容胸怀和担当意识，则是"外王"层面。因此，厚德载物的理念可以说构筑了儒家在人格塑造和政治实践上的基本方法和路径，对于国家兴盛、社会和谐及个人价值的实现有着积极意义。在当下的社会实践中，厚德载物不是口号，个人应当从自身道德修养培养做起，进而形成家庭、社会的良好风气，提升整个国家民族的道德水准和精神活力。

全国道德模范

第三节　仁爱孝悌

仁爱孝悌，是重要的中华传统美德，至今仍然具有深远的影响。孝悌是家庭关系中的一种规范，仁爱则超出家庭，指我们对于他人乃至他物都要有同情和关爱之心。在中国儒家的思想体系中，仁爱孝悌在道德范畴中居于核心地位，其对于个人修养、家庭和睦、社会和谐、国际和平乃至生态环保均有正面意义。仁爱孝悌的精神酝酿于传统宗法社会，随着社会形态变迁，有些不合乎时代精神的内容，比如父兄在家庭关系中的绝对权威等，需要加以摒弃，但对这一理念的核心主旨与社会功用，仍需以正确的方式加以把握和推广。

一、仁爱孝悌的思想内涵

"仁"在中国古代典籍中出现得很早。《尚书》里有"予仁若考"，《诗经》中有"洵美且仁""其人美且仁"，《国语》中有"爱人能仁""爱亲之谓仁"等用法。但"仁"作为一种独立的哲学思想被系统提出，是从孔子开始。孔子对于"仁"的内涵有很多论述，其要义包括"仁者爱人""克己复礼谓仁"及忠恕之道等。这包括了泛爱众人、以内在情感为依托遵循礼制及推己及人的思想。另外，孔子还从外在的行为准则和道德规范上界定了"仁"，他说："能行五者（即恭、宽、信、敏、惠）于天下，为仁矣"（《论语·阳货》），又说"刚毅、木讷，近仁"（《论语·子路》）、"巧言令色，鲜矣仁"（《论语·学而》），这都表明"仁"在孔子思想体系中居于一种全德或基础德行的地位，其他诸多德行都是仁的表现。

孟子对孔子"仁爱"的思想又有发展，他秉持孔子一贯重视的亲亲孝悌原则，将之作为仁爱的首要内容。孟子说，"亲亲，仁也""仁之实，事亲是也"。在孟子看来，亲亲孝悌是仁的根本，但也只是一个开端，还需要由此向他人和外物扩充，正所谓"仁者以其所爱及其所不爱"（《孟子·尽心下》）、"君子之于物也，爱之而弗仁；于民也，仁之而弗亲。亲亲而仁民，仁民而爱物"（《孟子·尽心上》）。仁爱需要从亲亲扩大到仁民，进而到爱物。而这种观念落实在政治层面，由君王的仁爱向外推广，就形成"仁政"。此外，孟子还追溯了仁爱的起源，认为"恻隐之心，仁之端也"，正是这种不学而能、不虑而知的内在道德良知生发了仁爱，也促成了仁政。

仁爱的起源

除了儒家传统外，先秦墨子的思想也涉及"仁"的观念。墨子提倡"兼爱"，他认为"兼即仁矣，义矣"。墨子用"兼"释"仁"，主张爱不分亲疏远近，这是其思想与儒家仁爱思想最大的区别。秦汉以后的思想家们均有对仁爱思想的新诠释，例如《吕氏春秋》将仁限定为对人类之爱。董仲舒则强调仁是对他人的道德，义是对自我的规范。与董仲舒不同，杨雄把仁界定为爱己，认为自敬自爱才是获得他人敬爱的前提。宋明理学家则把仁上升到本体地位，以"理"释"仁"。作为内在本体的仁，其外在发用则为爱，换言之，仁是"爱之理"，二者有所区别。理学家们还把仁阐发为一种至高精神境界。程颢即说："学者须先识仁。仁者浑然与物同体。"（《二程遗书·识仁篇》）正因为仁是理的体现，所以为仁就可与万物合而为一。清代的戴震则反对将仁置于高悬的理体之位，而以生生之德解释，把仁的情感拉

中华优秀传统文化（慕课版 第2版）

回到日用饮食之间。一直到近代，仁爱思想依旧受到重视，康有为、谭嗣同等知识分子将西方自由、平等、博爱之精神，以及近代自然科学之成果，融入对仁的诠释中，希望以此为基础启发现代价值观念。

> 戴震（1723—1777），字东原，又字慎修，号杲溪，清代著名语言文字学家、哲学家、思想家，治学广博，音韵、文字、历算、地理无不精通，在对传统经典的考据和重新诠释的基础上建构了自己的义理之学的思想体系，批判了程朱理学"存理灭欲"的观点，肯定了个体存在的价值。其思想对晚清以来的学术思潮产生了深远影响。

孝悌思想与仁爱密切相关。《说文解字》对"孝"的解释是"善事父母者"，孝的含义大致有几个层面。一是赡养、尊敬父母。事亲有多层标准，首先是不违背父母的意愿，以礼待之；其次是照顾、赡养父母，为其提供基本的生活保障；最后是事亲要有敬意在其中，如果不敬，则与犬马之孝无区别，只有做到发自内心的恭敬、和颜悦色地照顾，方可称为大孝，否则只是能养。二是继承父母遗志。孔子说"父在，观其志；父没，观其行；三年无改于父之道，可谓孝矣"（《论语·学而》），《中庸》则说"夫孝者，善继人之志，善述人之事者也"（《礼记·中庸》），说的都是这层意思。三是祭祀先祖。《逸周书·谥法》云"协时肇享曰孝"，就是要求按时祭奠先祖。《说文解字》对"悌"的解释是"善兄弟也"，主要指对兄长的敬爱。"孝"和"悌"作为家庭成员间的伦理规范，常常连用，如《论语》中说："孝弟也者，其为仁之本与"（《论语·学而》），"弟子入则孝，出则弟，谨而信，泛爱众，而亲仁"（《论语·学而》）。

对孝悌观念进行了系统阐述和理论总结的，是成书于秦汉之际的《孝经》。《孝经》将"孝"的观念上升到天经地义的地位："夫孝，天之经也，地之义也，民之行也。"这样孝就成了一切德行和教化的根源，其重要性不再限于家庭伦理，甚至可以用来治天下。并且，《孝经》也把"孝"的范围与政治上的"忠"相结合，所谓"君子之事亲孝，故忠可移于君"，这就把家庭伦理与政治伦理统合在一起，形成了中国传统文化中的忠孝一体的观念。

《孝经》摘录

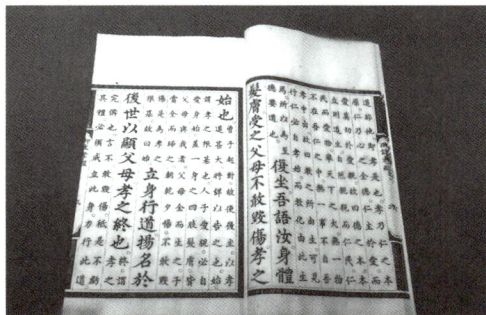

▲ 清顺治帝《御注孝经》

总体而言，仁爱和孝悌都体现了"爱人"的要求。孝悌体现了仁爱的精神，是仁爱的发端及其圈层最内核的部分；一般情况下，仁爱的精神从孝悌实践开始，进一步扩充到他人和外物。仁爱孝悌作为一种道德范畴和伦理规范，对后来中国的社会道德和政治制度都有深远的影响。社会道德方面，中国人讲"百善孝为先"，把道德典范称为"仁人君子"。制度设计方面，从汉武帝开始，中国统治者一直强调"以孝治天下"，其目的在于使"天下归仁"，好的政策被称为"仁政"，好的君主被称为"仁君"。仁爱孝悌的观念在中国社会文化中根深蒂固，连佛教在中国化的历程中也特意强调慈悲、孝亲的思想，可以说这一理念成了全体国人和各文化传统皆认可的共识。

二、为何要提倡仁爱孝悌

仁爱孝悌作为人的基本心理情感，是个人突破自我、完善人格的途径，对于和睦家庭关系、融洽人际交往、维护社会和谐乃至促进生态保护，均有积极意义。

从心理层面而言，孝悌在儒家思孟学派中，被塑造成一种天经地义、不学而能的道德情感，认为人天然具备赡养、报答亲人的本能。思孟学派认为，从孝悌进一步扩大到对家人之外的仁爱动机，也有心理层面的本能性。比如孟子认为人皆有"不忍人之心"，这种"见孺子将入于井"时的"恻隐之心"，是排除一切外在功利因素考虑而瞬时产生的，这就是仁爱的发端，并且是人之为人必须保存和不断扩展的情感，否则便与禽兽无异。

从个人修养角度而言，仁爱孝悌是突破小我局限、实现理想人格的重要途径。虽然每个人都有"仁"的善端、萌芽，但却容易在生活中丧失自我，为欲望和私利所迷惑。养护、扩充我们本有的善端，克服私欲的诱惑，成就"仁人"是儒家传统对理性人格的设定。"杀身成仁""舍生取义"等都是志士仁人在面对理想与利益乃至生命的冲突时应有的态度。正是在这种意义上，才能理解理学家把"仁"提高到天地万物一体、民胞物与的至高境界。

从人际相处、社会治理角度而言，仁爱孝悌有利于维护和谐的人际关系与稳定的家国秩序。孝悌理念是维持父慈子孝、兄友弟恭这样和睦家庭关系的前提，推而广之，仁爱思想则从忠恕之道出发，要求对他人怀有爱心和保持宽容，以爱己之心爱人，以责人之心责己，由此可以营造和谐的相处氛围。而具有仁爱孝悌思想之人，会自觉遵守社会规则。孔子说："其为人也孝弟，而好犯上者，鲜矣；不好犯上，而好作乱者，未之有也。"（《论语·学而》）中国历史上孝道与尽忠思想的结合，更是起到了稳定国家与政局的目的。

从政治战乱、生态环境的角度而言，仁爱孝悌对减少杀伐、保护环境起到了助推作用。孟子提倡仁政、德治，正是从仁爱角度出发，以此作为治理内政、平息争端的原则，而不是依靠武力或霸道来解决冲突。而当"仁"的对象由"仁民"扩大到"爱物"时，更产生了爱惜生命、保护环境的要求。仁爱意味着要泛爱万物，对山林草木禽兽要取之有时、用之有节，保持生态资源的可持续发展。《礼记·月令》中就详细记载了各时节斩伐、田猎等活动的合理方式，以在保护生态和积聚财货间维持良性平衡。这种人类发展与环境保护间的和谐关系，在孟子、荀子的思想中均已有论述，体现了传统仁爱思想在天人合一思想影响下向人类社会之外的有益延伸，对今天的经济生产活动和生态环境维护有启发意义。

《二十四孝》是中国古代宣扬儒家思想及孝道的一种通俗读物。据考证，元代郭居敬将24位古人孝道的事辑录成书，并请人绘制插图，从此《二十四孝图》流传世间。"二十四孝"包括孝感动天、戏彩娱亲、鹿乳奉亲、百里负米、啮指痛心、芦衣顺母、亲尝汤药、拾葚异器、埋儿奉母、卖身葬父、刻木事亲、涌泉跃鲤、怀橘遗亲、扇枕温衾、行佣供母、闻雷泣墓、哭竹生笋、卧冰求鲤、扼虎救父、恣蚊饱血、尝粪忧心、乳姑不怠、涤亲溺器、弃官寻母。

仁爱孝悌是在传统宗法社会中诞生的价值理念，在环境和文化发生急剧变迁的今天，爱护他人和敬爱父兄的精神在家庭与社会中的价值并未丧失，但其践行的方法需要进行与时俱进的变革。如民间流传的"二十四孝"的故事，很多具体的孝亲实践在今天看来已不合时宜。

三、仁爱孝悌的当代价值

近年来，社会上出现了一些质疑仁爱孝悌的声音。有观点认为"各人自扫门前雪，莫管他人瓦上霜"才是应对当下社会应有的态度，对于不了解、不熟悉的人付出情感和提供帮助很可能受到欺骗。还有观点认为，传统的"孝悌"提倡对父母和兄长的绝对敬爱并不合理，因为很多父母和兄长并不值得我们去敬爱。这些问题都涉及今天如何看待或践行仁爱孝悌的理念。

仁爱孝悌的核心是爱人。爱一个人，意味着按照适当的礼节或适当的原则去无私地帮助他，而不仅仅把他当作实现自己利益的手段。没有对仁爱孝悌观念的正确认识，会出现两种情况：一是反对仁爱孝悌，崇尚以自我为中心的生活；二是以错误的方式践行仁爱孝悌，或用错误的标准去评判别人的行为。

首先，不应把仁爱孝悌作为实现自己利益的工具。很多人乐于助人、讨好父母，但动机却是自私的，是希望从他人或父母那里获得更多回报。面临没有回报或可能使自身利益受损的对象，则很难生起仁爱之心。莎士比亚的戏剧《李尔王》就讲述了这样一个故事：国王李尔有3个女儿，年老时，李尔宣称哪个女儿最爱他，分得的封地就越大。长女和次女为求得最大的封地，都用甜言蜜语讨好父亲。唯独小女儿不为利益所动，讲了实话："我爱你只是按照我的名分，一分不多，一分不少。"李尔年老昏聩，觉得小女儿不孝，一怒之下将她远嫁法国，把国土平分给了其他两个女儿，结果自己却受到这两个女儿的冷漠对待。我们应该批评这种以"孝慈"来获取利益和名声的虚伪行为。

威廉·莎士比亚（William Shakespeare，1564—1616），英国文学史上最杰出的戏剧家，欧洲文艺复兴时期重要的作家，流传下来的作品包括37部戏剧、154首十四行诗、2首长叙事诗等。《李尔王》《奥赛罗》《哈姆雷特》《麦克白》并称为莎士比亚的"四大悲剧"。

此外，如果因为惧怕没有回报或利益受损而不能行孝或爱人，其本质也是将仁爱孝悌作为获利的工具，最后会变成自私之人。只有充分认识到他人、他物与自我相同的价值，深入了解世间万物一体的相同性，以忠恕之道推己及人，不断破除私我、小我的观念，方能真正践行仁者爱人理念，也才能成就自我的完美人格与崇高境界。2020年被授予"人民英雄"国家荣誉称号的武汉市金银潭医院院长张定宇，不顾自身渐冻症的病情，毅然决然地投入治病救人中，日夜坚守、不计回报，展现出一颗无私无畏的医者仁心。

其次，真正的爱人不是无原则地满足别人的需要，而是以适当的方式去爱。以孝道为例，这是人类共通的基本情感，但尽孝却需讲求方法和原则。孝顺父母意味着敬爱父母，但这不等同于无原则地讨好父母。《孔子家语·三恕》记载子贡曾问孔子：儿子总是顺从父亲的要求是否算孝？孔子认为这种看法十分浅薄，国家要有诤臣，方能社稷无危、禄位常保，同样，家庭要有诤子，才可避免使父亲陷于无礼。真正的孝子，要"能审其所从"，即视父亲的要求是否合理再决定是否顺从。《孝经·谏诤》表达了相同的观点："故当不义，则子不可以不争于父；臣不可以不争于君；故当不义则争之。从父之令，又焉得为孝乎？"在当代家庭关系中，因为代际价值观念差异较大，父母与子女间意见常不能统一，只要不违反原则，子女仍应该以礼相待、不违父母。而如果父母的想法有误，还是应该采取合理的"谏亲"态度，即《礼记》所说的"父母有过，谏而不逆"。

在另一种情境下，如果亲人犯了错误，出于孝敬或仁爱的情感，为其隐匿罪行不报，这在儒家传统中被称为"亲亲互隐"。《论语·子路》即说："父为子隐，子为父隐，直在其中矣。"这一原则既有个人情感因素，也有维护宗法家庭制度的考虑。因此，中国历代律法均有对该原则的体现，西方法律中也有与古人的这一认知相合之处。当然，古代这种对亲人违法的容隐本身亦有限制，例如有重大社会危害的犯罪或是家庭内部的犯罪，均不在容隐可接受的范围内。在我国现有的刑法体系中，并未设立亲亲相隐的条文，而且规定知道案情之人有作证义务。《中华人民共和国刑事诉讼法》第一百九十三条也仅免予被告人的近亲属出庭作证，并不认可包庇、窝藏行为。因此，儒家的亲亲互隐原则，虽是出于仁爱孝悌之情，但本身对于"隐"的对象和行为均有限制，在当代更应以国家法律为准则协调亲属关系。

最后，不应用错误的"仁爱孝悌"标准去评判、规范他人的行为。清人戴震在《孟子字义疏证》中说："酷吏以法杀人，后儒以理杀人……人死于法，犹有怜之者；死于理，其谁怜之？"戴震所谓的"以理杀人"，就是指用错误的道德规范去贻害他人，比如"君要臣死，臣不得不死；父要子亡，子不得不亡"，这种愚忠愚孝的观念在当代社会已经没有存在的基础。如果社会上很多人坚持错误的道德规范，那么后果会非常严重。因此，正确认识仁爱孝悌的内涵并对其进行恰当的实践是非常重要的。

仁爱孝悌的理念对中华民族的传统价值取向影响深远。仁爱孝悌是人之为人的根本准则，它既是个人修养和境界提升的保证，也涉及自我与家庭、他人、万物的关联，因而成为协调个人与自身、与他人乃至世间万物之关系的重要准则，对当前中国的社会主义精神文明建设具有重要的借鉴意义。

第四节　居安思危

居安思危是根植于中华民族灵魂深处的一种宝贵意识。《左传·襄公十一年》记载："《书》曰：'居安思危。'思则有备，有备无患。"这是说，即使处于安全、稳定的环境中，依然要保持戒备之心，做到慎行笃思，随时警惕各种潜在的危险，并提前准备好应对之策。居安思危的精神品质背后是中华民族厚重的忧患意识传统，意味着一种积极进取精神、自省精神、责任情怀和前瞻性格局。这里的居安思危和忧患意识，既有对国家安危、天下兴亡的考虑，也有对自己个人处境和安身立命问题的考虑，彰显了浓厚的治理智慧和人生哲学。

一、居安思危的思想内涵

中华民族 5000 多年的历史就是一部不断与磨难抗争的历史，中华民族在磨难中不断成长，在磨难中奋起。居安思危的忧患意识正是中华民族在砥砺磨难中塑造出的宝贵的精神品质。现代新儒家学者徐复观将"忧患意识"视为中华民族的精神品质，并认为它帮助塑造了中国古代思想与文化的基本形态，生成之初就"蕴蓄着一种坚强的意志和奋发的精神"[①]。

从个人安身立命的角度来说，居安思危表现为对潜在的危险要有高度警觉意识，应该时刻保持谦虚谨慎的态度。《周易》全书的基调就是人的精神自觉与自我自省，以居安思危的忧患意识贯穿全书。《易传·系辞传》云："君子安而不忘危，存而不忘亡，治而不忘乱。是以身安而国家可保也。"乾卦卦辞曰："君子终日乾乾，夕惕若，厉无咎。"孔颖达将此注解为："君子在忧危之地，故终日乾乾，言每恒竟此日，健健自强，勉力不有止息。"《诗经·小雅·小旻》说："战战兢兢，如临深渊，如履薄冰。"这都是在劝告君子应该谦虚审慎、谨言慎行，常怀忧患之心。

从国家兴亡的角度来看，居安思危表现为对历朝政治得失的总结和对统治者的劝诫。《荀子·哀公》记载了一则孔子与鲁哀公的对话："君者，舟也；庶人者，水也。水则载舟，水则覆舟，君以此思危，则危将焉而不至矣。"孔子以水能载舟、亦能覆舟的比喻来劝谏鲁哀公要常怀居安思危之心。

西汉贾谊的《过秦论》《治安策》历来被认为是居安思危的经典代表。西汉立国后，名士贾谊为总结秦朝二世而亡的治乱得失而成就千古名篇《过秦论》，而《治安策》则是贾谊为西汉新兴的封建大一统政权开出的一剂居安思危、未雨绸缪的治国良方，文中提出了汉文帝时期 9 个潜在的社会矛盾，其称之为"可为痛哭者一，可为流涕者二，可为长太息者六"，在此基础上针对政权问题、边防问题、体制问题、粮食问题均提出应对之策。此外，中国从秦代开始陆续在北方及西北边疆修筑长城，这也是中华民族居安思危的典型体现。

古人的居安思危
言论摘编

[①] 徐复观.徐复观文集：第三卷［M］.武汉：湖北人民出版社，2002：33.

在现代社会，依然不乏居安思危的经典案例。2019 年 5 月，美国商务部在毫无实据的情况下，宣布将中国华为公司及 70 家关联企业列入出口管制"实体名单"，禁止华为从美国企业购买技术或配件。这一行动意在切断华为的命脉，阻遏中国高科技的发展，维护美国的全球科技霸主地位。然而，让美国意想不到的是，华为公司迅速启用花费 10 余年投入研发的备用方案，从而确保了华为大部分产品的战略安全与连续供应。面对美国商务部的这一行为，华为凭借长期以来居安思危、未雨绸缪的战略远见和奋斗创新精神，打了一场漂亮的反击战。面对超级大国挥出的封杀大棒，华为早在十几年前就有预判，并为如何"极限生存"做了长期艰苦和充分的准备。备用方案的启用，显示出其居安思危的战略远见、未雨绸缪的底线思维，以及坚忍不拔、攻坚克难的奋斗豪情。

反观全球胶卷行业巨头柯达，其破产正是因为缺乏这种未雨绸缪的居安思危意识。柯达是一家拥有 100 多年历史的著名企业，曾经是世界上最重要的现代科技公司之一。柯达为了维护传统胶卷产业优势，一直迟迟未进军数码业务，导致在迅速崛起的数码行业失去先机，最终在行业竞争中破产，成为一个因未能居安思危而由盛至衰的典型。在人类历史上，由于不能居安思危而失败的案例比比皆是，小到个人生存发展，大到朝代政权更迭，那些案例无不验证了居安思危的重要性。

居安思危的理念应用非常广泛，广涉古今中外，贯穿个人生活、政治生活、经济文化生活等诸多领域，虽然由于个人生存情境及行业领域的差异，居安思危落实的具体方式各不相同，但根本要求是一致的，其要求人们从事任何工作都应该未雨绸缪，时刻保持敬畏之心和忧患意识，警惕那些潜滋暗长的危险因素，从而保证事情顺利开展。

二、为何要提倡居安思危

世界万物总是处于不断的运动、变化和发展中，喜与忧、福与祸、利与害总是相伴而行，而趋利避害、祈福消灾是人类的本性。因此，人类必须提高认识能力与防范意识去认识事物发展规律，并且利用规律做出合理的预测和判断，在此过程中，虽然会受到偶然性、复杂性的影响出现偏差，但是防患于未然是个人、社会乃至国家发现和应对隐患与风险的重要前提。

这是我们在长期的生产和生活实践中总结出来并且得到反复验证的宝贵经验。

此外，很多潜在的危险预兆都是非常细微的，难以被人察觉，久而久之就会积累成大患。《礼记·中庸》说："莫见乎隐，莫显乎微，故君子慎其独也。"王守仁说："破山中贼易，破心中贼难。"（《王阳明全集·与杨仕德薛尚谦书》）在王守仁看来，虽然慎独在道德修养中的地位举足轻重，但要做到这点绝非易事。在众目睽睽下，有社会舆论的监督，碍于情面，自身的行为一般都能够得到控制，一旦独处，这一点必定很难得到保证。王守仁所说的"慎独"就是要求人在独处之时也要"戒慎恐惧"，加强自我道德修养，坚决抵制现实世界光怪陆离、异常复杂的现实表象所产生的诱惑。否则，稍不留意，就会堕落于不道德的境地。

现实道德生活又何尝不是如此，我们常常因为在外部世界的诸多诱惑面前不能把握分寸，从而深陷其中、难以自拔。比如，今天的网络虚拟世界，由于不像现实世界那样有现实的道德主体和道德评价，就极易造成道德责任界限不清晰，道德评价不及时甚至缺失，而这势必会导致网络道德行为的失范。如果网络主体不能够做到"慎独"，那么网络世界势必更加混乱，从一个本来能为人提供便利的"服务工具"变成"欺骗工具"，甚至"犯罪工具"。故此，我们要居安思危，不断地反省，把握自己纷飞的意念，破心中之"贼"，从而防患于未然。

再如，"千里之堤，溃于蚁穴"，讲的是战国时期魏国相国白圭在防洪方面很有成绩，他善于筑堤防洪，并勤查勤补，经常巡视，哪怕发现极小的蚂蚁洞也立即派人填补，不让它漏水，以免小洞逐渐扩大、决口，造成大灾害。后世以此警句来告诫人们要居安思危。

北宋名臣范仲淹也是中国历史上居安思危、先忧后乐的代表人物。他在《岳阳楼记》中写下的千古名句被视为表达中国古代士大夫忧患精神的经典名言，他说："不以物喜，不以己悲，居庙堂之高则忧其民，处江湖之远则忧其君。是进亦忧，退亦忧。然则何时而乐耶？其必曰'先天下之忧而忧，后天下之乐而乐'乎！"景祐三年（1036）五月，时年47岁的范仲淹刚从苏州知州任上迁回京都汴梁（今河南开封），任知府不久，便上奏朝廷关于迁都西京（今河南洛阳）的札子——《论西京事宜札子》，上书中饱含忧患之心，以极敏锐的战略眼光审视东京汴梁面临的地域危险，他建议将洛阳当成第二个汴梁去经营，做好充足准备以便防患未然，"太平则居东京，通济之地，以便天下；急难则居西洛险固之宅，以守中原"。此时距离西夏大肆入侵还有4年，距离北宋徽宗、钦宗被掳灭亡还有91年，足见其未雨绸缪之战略眼光。

范仲淹（989—1052），字希文，祖籍邠州（今陕西彬州），后移居苏州吴县（今江苏苏州）。北宋政治家、文学家、思想家。

历史和现实都在启示，只有居安思危才能够应对那些潜滋暗长的危险，才能保证个人事业顺利进行和国家社稷的安全稳固。

三、居安思危的当代价值

如何做到居安思危是与现实生活密切相关的关键问题，必须在传承历史经验的基础上对居安思危的内涵与方法进行传承创新。

个人要有反省意识、底线思维和自律精神。一个人在生活当中要始终怀有忧患意识，虚怀若谷地倾听别人的指教和批评，不断反省自己以求更加完善。底线就是红线，也是警戒线，是不可逾越的边界。保持底线思维，就是做最坏的打算，防范各种偶然性和必然性带来的危机和风险；同时做最好的准备，防微杜渐、常备不懈，以积极进取之姿态做到有备无患，最大限度地兴利除弊。对个人而言，居安思危告诫人们不要得意忘形、狂妄自大，而是要专注于自身道德修养和思想境界的提高，做事认真有恒心，方可远离祸患。孔子对他的弟子说："德之不修，学之不讲，闻义不能徙，不善不能改，是吾忧也。"（《论语·述而》）如果真能做到这些，对于个人事业大有裨益，居安思危在某种意义上就是在巩固事业的根本，查缺补漏，及时发现漏洞，未雨绸缪，目的是更好地促进事业的发展。

对于企业管理来说，企业应该树立危机意识，营造危机氛围，使危机的溢出、危机的防范成为企业日常工作的组成部分。全体员工保持适度的危机感可以提高企业抵御危机的能力，有效地避免重大危险的发生。此外，要建立预防危机的预警系统。预防危机必须建立一个高度敏感和精确的预警系统。信息监测是早期预警的中心，它从各个方面收集信息，及时分析和处理，并将隐藏的危险消灭在萌芽状态。企业要敢于竞争和创新，从某种意义上来说，一个企业不懂得改革创新，不懂开拓进取，这个企业就会濒临灭亡。创新的根本意义就是勇于突破企业自身的局限，革除不合时宜的旧体制、旧办法，在现有条件下，创造更多适应市场需求的新体制、新举措，走在时代潮流的前面，在激烈的市场竞争中取得胜利。

对于执政党来说，国家治理也需要居安思危。改革开放40多年来，在中国共产党领导下，中国特色社会主义建设取得了令世人瞩目的伟大成就，被称为"中国奇迹"，但同时也面临着前所未有的严峻挑战。当前，世界正处于百年未有之大变局，这既是发展的重要战略期，又是矛盾叠加的风险期。在这种情况下，"生于忧患，死于安乐"的居安思危意识成为中国人民继续砥砺前进的精神指引。

具体而言，新历史时期的特点是经济、政治、科技、生态、意识形态等各层矛盾重重叠加，风险隐患大大增加，呈现前所未有的复杂性、艰难性、危害性和不确定性，"黑天鹅"事件和"灰犀牛"事件时有发生[①]。就国内而言，政治、经济、科技、意识形态、社会、党的自身建设等方面的风险与隐患进一步凸显；在国际方面，中国综合国力快速提升，日益走近世界舞台的中央，面临的国际环境也更加复杂。党的十八大以来，我们以自我革命精神推进全面从严治党，清除了党内存在的严重隐患，成效是显著的，但这并不意味着我们就可以高枕无忧了。党面临的长期执政考验、改革开放考验、市场经济考验、外部环境考验具有长期性和复杂性，党面临的精神懈怠危险、能力不足危险、脱离群众危险、消极腐败危险具有尖锐性和严峻性，这是根据实际情况做出的大判断。党的二十大报告指出："我们必须增强

---

① "灰犀牛"是与"黑天鹅"相互补足的概念，"灰犀牛"事件是过于常见以至于人们难以察觉的风险事件，"黑天鹅"事件则是罕见的、出乎人们意料的风险事件。

中华优秀传统文化（慕课版 第2版）

忧患意识，坚持底线思维，做到居安思危、未雨绸缪，准备经受风高浪急甚至惊涛骇浪的重大考验。"在中华民族伟大复兴的战略全局和世界百年未有之大变局相互交织的关键时期，我们更需要时刻以居安思危的意识，沉着应对未来的机遇与风险。"凡事预则立，不预则废。"无论是个人、政党还是国家，都应该时刻保持谦卑之心、警惕之心、忧患之心，唯其如此才能获得长久的发展和进步。

第五节　舍生取义

舍生取义是中国"重德"文化精神所蕴含的生命价值观之一，这一观念是儒家的义利观在特定极端情境下的体现。儒家所倡导的舍生取义并非将生命与道德对立起来，而是指当二者面临严重冲突时，个人应当为了公义而放弃小我，从而实现更高的人生价值。

孔子曾说："志士仁人，无求生以害仁，有杀身以成仁。"（《论语·卫灵公》）孟子则继承了孔子的思想，他说："鱼，我所欲也；熊掌，亦我所欲也。二者不可得兼，舍鱼而取熊掌者也。生，亦我所欲也；义，亦我所欲也。二者不可得兼，舍生而取义者也。生亦我所欲，所欲有甚于生者，故不为苟得也；死亦我所恶，所恶有甚于死者，故患有所不辟也。"（《孟子·告子上》）实际上，孔、孟的观点与春秋以来追求价值不朽的一贯思想立场有关，在当时，中国人的心中已存在某种高于生命的道德理想与精神价值。

在儒家看来，人的生命可以分为肉体生命和精神生命，肉体生命是短暂的，会随着时间的流逝而消亡，相较而言，精神生命所创造的崇高价值却可以历经千秋万代并随着人类的发展获得永生。先秦儒家舍生取义的价值观念对后世的中国人产生了深远影响，历史上许多志士仁人正是在这一理念的感召下奋勇捐躯，如谭嗣同等先贤，无不因其舍生取义的英雄壮举而留名青史，为后世传颂。近代以来，舍生取义的传统价值观念随着历史进程的推进被不断赋予新的含义，个人命运与国家命运交织更加紧密，个体生命观也得到新的诠释，传统伦理思想经历了深刻的转变。

舍生取义的价值观念之所以能在中国历史上被充分肯定，与其在维护国家民族利益与个体人格尊严方面的积极意义有关。首先，就国家民族利益来说，舍生取义的价值观念在关键时刻能够凝聚民族力量，唤起爱国精神。中华民族之所以能够历经磨难而发展壮大，正是因为在灾难面前，千万普通人能在舍生取义道德理想的感召下挺身而出、慷慨捐躯。其次，就个体生命价值而言，舍生取义在特定情况下能够维护人格尊严，实现主体超越死亡的永恒价值。

在价值观念日益多元化的现代社会，生存和发展是人类最基本的权利，有些观点就以保护人的生命权为优先而质疑舍生取义的价值观念。在当今社会，应将什么作为最高价值的大义，以及在什么样的情况下这种大义值得我们放弃生命去维护，这些问题都涉及如何践行舍生取义的价值观念。首先，要培养正确的生命价值观。一方面，只有充分尊重生命、保障生命，才能实现人类社会的繁盛与长久；另一方面，生命的价值和尺度并不局限于生物学意义上的肉体生命，还需要辩证地结合精神价值和社会意义。其次，要正确认识舍生取义的含义。舍生取义并不是让人面对任何情况时都要放弃自己的生命，而是当"义"与"生"发生不可调和的冲突时做出的一种不得已而为之的选择。最后，除了要从个人德行的层面树立正确的舍生取义观念，还需要加强社会整体价值标准建设。

总之，舍生取义是中国传统文化中一个重要的行为观念，在价值观念多元化的当今社会，正确践行舍生取义的价值观念，既需要树立生命价值的正确认识，也需要充分了解不同道德观念的价值含义，根据不同情境权衡利弊做出正确的选择。除了提高个人的道德水平之外，更为重要的是构建良好的社会制度，通过体制的道德合理性，保障每个公民在维护自身权利的同时能够发扬道德精神。

舍生取义

4

第四章
中华优秀传统文化中的社会公德

　　中华优秀传统文化中的社会公德，指的是人们在社会公共生活中应该遵循的行为规范。中国传统社会在长期发展过程中，孕育了丰富的社会公德理念。本章尝试从勤俭廉政、诚实守信、敬业乐群、尊师重道、守正创新 5 个方面呈现中华优秀传统文化中的社会公德。勤俭廉政主要论述政治生活中的公共道德；诚实守信涉及人际社会关系层面的交往道德；敬业乐群指的是中国传统社会一般性的职业道德要求；尊师重道讲述中国历史上处理师生关系的道德要求；守正创新则综合性地概括了中国传统社会公德的根本价值追求及其因时变革的原则。需要说明的是，无论传统社会还是现代社会，个人美德与社会公德总是紧密联系在一起的，个人美德是社会公德的能动基础，社会公德是个人美德的社会化延伸，这就使得在讲述社会公德的时候不可避免地会涉及个人美德。本章从上述 5 个方面概括社会公德的核心内容，以点带面，展示中国传统社会公德的丰富内涵。

第一节　勤俭廉政

　　勤劳节俭，是中华民族一贯的优良传统，这既是个人美德和家庭风气，落实到政治管理层面，也是一种政治品格。而廉政，则更多从政治角度出发，要求廉洁奉公、不谋私利，是从政的基本道德品质。勤俭廉政是养德养志、家国和谐、政治清明的重要保障。在当代的政治实践中，必须以人民的根本利益作为勤俭廉政的最终归宿，妥善处理勤政与节俭和廉洁的关系。

一、勤俭廉政的思想内涵

　　"勤俭"的观念可追溯到《尚书·大禹谟》，其中提到"克勤于邦，克俭于家"，意为能够勤劳于国、节俭于家，是对大禹品性的称赞。勤与怠惰相对，俭则与奢侈相对。《左传》中记载"俭，德之共也；侈，恶之大也"，所谓"德之共也"就是"德之洪也"，是把节俭作为一种至大至高的德性。勤强调积极进取，俭主张使用有度，勤俭既可以是个人品格、家族训条，也可以是政治品格，因为除了个人生活需要勤奋和节俭外，在政治环境中也讲求勤政与节用。

　　"廉"从个人道德来说表示的是一种不贪的高尚品行。《楚辞·招魂》云："朕幼清以廉洁兮。"东汉王逸在其注释中说："不受曰廉，不污曰洁。"《吕氏春秋》说："临大利而不易其义，可谓廉矣。"这些皆表明廉洁就是不受不义之财，以保持高洁。《孟子·离娄下》中提到"可以取，可以无取；取，伤廉"。这是说取了不义之财，就会损害公正与廉洁。"政"是古代典籍中的常见字。在《论语·颜渊》中，孔子对"政"做了一种解释，他说："政者，正也。子帅以正，孰敢不正？"意思是如果君主带头做到公正无私、恪守道义，其他人就不敢以权谋私了，这说明政治的根本原则正与"廉"的精神相契，因此，"廉政"一词除了是一种对个人品行的描述外，还具有更多政治德性的内涵。

　　勤俭与廉政并列，更多是作为一种政治德性，主要包含两种价值：其一是最小的花费；其二是最公正的管理。具体来说，最小的花费意味着做一项工作，可以有多种方式，应该选择花费最少的那种方式，必须力戒奢靡之风，崇尚节约，因为节省下来的金钱与资源可以用来做其他事，以保持社会的可持续发展。这一点本来是常识，但勤俭易与吝啬、抠门儿混为一谈。吝啬、抠门儿的人是"守财奴"式的拜金主义者，为了敛财而不择手段，把金钱当作人生的终极目标。《大学》说："仁者以财发身，不仁者以身发财。"守财奴就是"以身发财"，而非"以财发身"。勤俭则不同，其虽也强调节用财富，但这并非勤俭的最终目标。财富必须使用，并且使用得当，才能帮助人民实现目标。如果官员或政府一味追求积累财富，却不懂得合理使用，这并不符合勤俭的要求，更谈不上公正有效的政治治理。清代作家吴敬梓所著的《儒林外史》一书中讲述了这样一个故事：严监生临死前都要等其妾将灯里点的两茎灯草挑掉一茎，方肯断气。严监生临死之前还不忘节省，生动刻画出他的爱财性格。但是，这也仅能反映他的吝啬，却不能与勤俭廉政等同，因为他的这种吝啬并不会为国家和百姓带来利益。

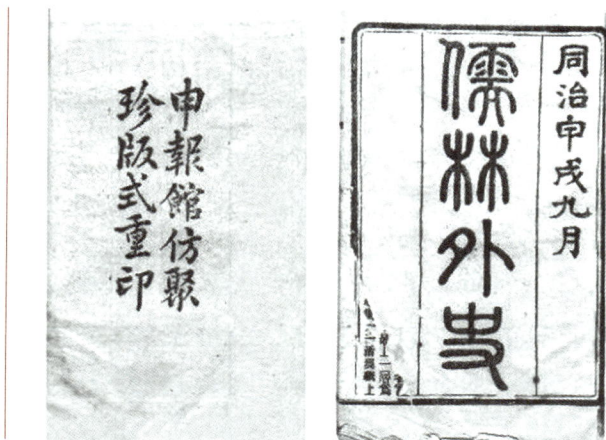

吴敬梓（1701—1754），字敏轩，号粒民，晚年自号文木老人，清代小说家，著有《文木山房诗文集》《文木山房诗说》等。其最为著名的《儒林外史》成书于乾隆年间，全书56回，以写实主义手法描绘各类人士对"功名富贵"的不同表现，对当时吏治的腐败、科举的弊端、礼教的虚伪等进行了深刻的批判和嘲讽。

勤俭廉政涉及的另一个重要价值是清廉公正的管理。勤俭与廉政紧密相关，但勤俭了不一定就能够达到廉政。廉政既要自身清廉，也要让周围的人做到清廉。此外，仅仅做到不贪腐并不意味着能够避免懒政，而懒政也难以与廉政共存。廉政意味着公正透明的管理，历史上"公"和"廉"常被相提并论。明代北直隶（今河北省）无极县县令郭允礼在《官箴》中说："吏不畏吾严而畏吾廉，民不服吾能而服吾公；公则民不敢慢，廉则吏不敢欺；公生明，廉生威。"[1]意思是说，民因官公正而不敢轻慢对待，吏因官廉洁而不敢有所欺瞒，唯有廉洁公正，方是为官正道。

二、为何要提倡勤俭廉政

勤劳是中华民族的传统美德，"业精于勤荒于嬉"，尽心尽力、不断发奋于职事，是成就学业、事业的重要保证。而"俭"的意义也不限于金钱或物资的节约，所谓"静以修身，俭以养德"，俭的实践可以养德养志，有助于防止奢靡的行为及其对个人心志的腐蚀。勤与俭，一个从正面角度强调奋进努力，一个从反面角度提示节用淳朴，是个人提升修养的重要实践方法。勤俭的具体标准虽然会因时代变迁而不断变化，但勤俭在任何时期都是一种优秀品德，人民的勤俭对社会繁荣稳定具有重要意义。

克勤克俭，是心性修养的要求，更是关系到家国发展的大事。李商隐的《咏史》一诗写道："历览前贤国与家，成由勤俭破由奢。"《大宋宣和遗事》则说："常叹贤君务勤俭，深悲庸主事荒淫。"这都表明勤俭不但是家族维持兴旺的关键，也是一个朝代兴盛的重要因素，而怠惰奢靡则是国家衰亡的主要原因。历史上的王朝覆灭，往往都与统治者怠惰奢靡有密切关系；而社会的繁荣，又往往开创于统治者克勤克俭之时。

廉洁奉公是维持政治清明、国泰民安的另一保障。国家和社会资源除了要通过勤俭来合理获取和使用，还面临分配的公正性问题，而廉洁是保证公平公正的基本条件。中国历史上最广为人知的良吏，都是清廉的典型。比如，北宋的包拯一生清廉简朴，从不讲究排场，即使做了大官，平时的穿着仍与布衣时一样。他对贪污深恶痛绝，在给仁宗的奏疏《乞不用赃吏》

---

① 无极县地方志编纂委员会. 无极县志［M］. 北京：人民出版社，1993：704.

中说："廉者，民之表也；贪者，民之贼也。"他在端州（今广东肇庆）任知州时整顿吏治、打击贪污，深受百姓欢迎。离任时当地精制一好砚相送，他都婉言谢绝，"不持一砚归"。包拯清廉的形象后来家喻户晓，他也由此成为后代为官从政者的榜样。管子曰："礼义廉耻，国之四维，四维不张，国乃灭亡。"（《管子·牧民》）如果寡廉鲜耻、贪污无度、胡作非为充斥社会，必然导致国家矛盾激化、动荡不安。

要正确认识勤俭廉政与经济发展的关系。一方面，勤俭廉政作为一种政治德性，包含了"公正"这个重要的维度。有些制度方案，也许能促进经济的发展，但经济发展不是唯一和最终的目标。据研究，美国实行奴隶制期间，经济高速发展，远超过后来的经济增长速率。但这种制度违背了正义的原则，阻碍了人类道德文明的进步，显然不可实行。另一方面，勤俭廉政的精神并不与经济发展对立。这一理念的最终目标是人民长远利益的最大化，通过勤劳节俭积累财富，通过廉洁公正合理分配财富，这是实现人民长远幸福的手段。获取财富的方式不当或分配财富的手段不当，都不是真正的勤俭廉政。

还有少数人反对勤俭廉政，认为清官多酷吏，比贪官更可怕。如在晚清小说《老残游记》第六回中，作者刘鹗将小说中的酷吏玉贤与《史记·酷吏列传》中的酷吏们相提并论。在小说第十六回中，刘鹗说："'赃官'可恨，人人知之；'清官'尤可恨，人多不知。盖赃官自知有病，不敢公然为非；'清官'则自以为不要钱，何所不可，刚愎自用，小则杀人，大则误国。吾人亲目所见，不知凡几矣。"[①]

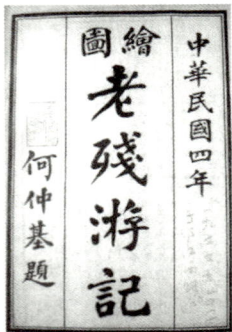

刘鹗（1857—1909），清末小说家。其代表作《老残游记》是晚清四大谴责小说之一，流传甚广。这部小说以一位走方郎中老残的游历为主线，对社会矛盾开掘很深。

这一观点也不能成立。清廉的品格之所以受到崇尚，是因为它是确保公正的一个必要条件。如果贪污受贿，就必然会对某些人有偏向，不能秉公办事。但清廉不是确保公正的充分条件，所以历史上才会出现两袖清风但刚愎自用、昏聩残暴的官员。不过这不构成反对勤俭廉政的理由，因为不清廉通常都会导致不公正。此外，如果一个不事贪腐的官员刚愎自用、独断专行，便与勤俭廉政的最终目标相背离，我们便不能说他很好地践行了勤俭廉政的德行。

三、勤俭廉政的当代价值

首先，要充分认识勤俭精神对于个人和社会发展的重要性，继承这一中华民族优良传

① 刘鹗.老残游记［M］.北京：人民文学出版社，1957：182.

64

统。勤劳奋进与自强不息的民族精神一脉相通，是个人学业、事业成功的首要条件。俭省节制则是培育个体德性、防止心志丧逸的重要手段。勤俭作为一种社会风气，能够有效优化社会资源配置，有利于全社会良性发展。这种风气的形成需要每个人在日常生活中贯彻勤俭精神，提倡绿色低碳生活。例如，吃饭问题是与百姓息息相关的大事，保证粮食安全既需要在生产环节勤于钻研、勤于耕作，也需要遏制餐饮浪费现象。要加强立法、强化监管，采取有效措施，建立长效机制，坚决制止餐饮浪费行为。要进一步加强宣传教育，切实培养节约习惯，在全社会营造浪费可耻、节约为荣的氛围。

其次，政策的制定要基于人民的根本利益，因为这是勤俭廉政的最终目的。何种事当勤做，何种花费该节俭，都需深谋远虑。历史上有些政治人物，崇尚节俭、反对奢靡，也不徇私枉法，但所推行的一些政策却对人民的长远利益并无帮助。以王莽为例，他是西汉外戚王氏家族的重要成员，族中之人多为高官，生活侈靡腐败、互相攀比，但王莽本人却生活简朴、勤于政事。然其推行的政策（如井田制）却不合时宜，并未使百姓受益，推行4年便令民怨沸腾。《晏子春秋》记载了齐景公与晏子的一段对话，齐景公问晏子曰："廉政而长久，其行何也？"晏子对曰："其行水也。美哉水乎清清，其浊无不雩途，其清无不洒除，是以长久也。"公曰："廉政而邀亡，其行何也？"对曰："其行石也。坚哉石乎落落，视之则坚，循之则坚，内外皆坚，无以为久，是以邀亡也。"晏子区分了两种廉政：一种是像流水一样的廉政，能滋润百姓的生活；另一种则是像石头一样的廉政，将自己异想天开的政策向老百姓强硬地推行。后一种"廉政"，只会伤害老百姓的利益，不可能长久。

> 晏子（前578—前500），名婴，字仲，谥号"平"，春秋时期齐国著名政治家、思想家、外交家，以"节俭力行、善于荐贤、敢于直谏"和"数奉命出使诸侯，未尝屈辱"显名于诸侯。其思想以和同、民本、忠君、尚贤、以礼治国为核心。

最后，应当辩证看待政治实践中"勤""俭"和"廉"的关系。勤俭节约是中华民族的传统美德，是中国共产党的优良传统，也是新形势下加强干部作风建设的一个重要方面。政府工作人员和领导干部应从自身做起，带头发扬节俭的精神，在各项工作中贯彻节俭原则，做到"权为民所用、情为民所系、利为民所谋"。与此同时，不能因为节俭和廉洁的要求而放弃勤政的追求。节俭做事、廉洁奉公与勤政为民在根本目标上是一致的。在新形势下，党员干部要勇于挑重担子、敢于"啃硬骨头"、善于接烫手山芋，不能因为节俭、廉洁等要求而推诿扯皮、不思进取、怠惰懒政。

勤俭廉政，是培育个人品德、提升个人修养的重要条目，更是在政治领域具有指导性意义的关键社会公德和政治品格。勤俭廉政是打破历史周期律，确保党和国家长治久安和人民生活幸福的重要保障。也只有勤政、节俭、廉洁，方可维持社会和谐永续发展，做到治国理政的高效务实与公平正义，党才能够始终保持先进性，进而团结带领全国人民实现中华民族伟大复兴的中国梦。

第二节　诚实守信

诚实守信是数千年来中国人所积极提倡和践行的道德传统与伦理准则，也是社会主义核心价值观的组成部分。"诚"与"信"均是中华传统价值观的核心概念，诚信从内外两个方面界定了人们的道德标准和行为规范。诚实守信对于为政治国、社会发展和个人身心修养皆有积极意义。面对当代社会出现的各种诚信危机，一方面要使个人从伦理道德的内在要求出发，在日常生活中践行诚实守信；另一方面要从制度建设层面铸牢诚实守信的外部约束防线。

一、诚实守信的思想内涵

"诚"的观念历史悠久，在上古时期，氏族部落和国家之间的盟誓就体现了诚信的基本意涵。到春秋战国时期，"诚"的观念进一步明晰，"诚"主要是指言行一致，也就是古人所说的"诚于中，形于外"（《大学》），"毋自欺"也"不欺人"。"诚"有两层基本意思：一是有常而不已，二是自然与当然之合一。诚的本义是言行一致，可以引申为自然历程之前后一致，自然变化是有常而不息的，这就是天道的诚；又可以引申为现实与理想的一致，就是自然与当然的合一。自然有常变化而有条不紊，所以自然是合理的，也即自然合于当然①。《中庸》所说"诚者，天之道也；诚之者，人之道也"，实际就展现了天道"诚"的自然属性，以及人道应追寻的理想的当然状态。

"信"作为道德要求，强调一个人要"言而有信"。"诚"和"信"从字形上说皆从"言"，二者有相通之处。东汉的许慎在所著的《说文解字》中说"诚，信也"，又说"信，诚也"。由此可见，"诚"和"信"，无论是单独使用还是相连使用，表示的大体是同一个意思。

诚信首先是一种做人准则和社会道德的外在要求。"信"侧重指遵守诺言，言行一致。孔子就认为，在社会生活中，"信"是一个人的立身之本，如果不讲诚信，也就失去了做人的基本条件，所谓"人而无信，不知其可也"（《论语·为政》）。他把"信"列为对学生进行教育的 4 个条目之一（文、行、忠、信），也是达到"仁"的 5 种德行（恭、宽、信、敏、惠）之一，指出只有讲"信"，才能得到他人"信任"，即"信则人任焉"（《论语·阳货》）。孟子讲到"父子有亲，君臣有义，夫妇有别，长幼有序，朋友有信"（《孟子·滕文公上》）的"五伦"规范，"信"在其中成为人际交往的伦理准则。西汉董仲舒的《春秋繁露》则倡导三纲五常之说，"信"同样是五常的内容之一，成为与"仁、义、礼、智"并立，对后世有深远影响的重要道德准则之一。一直到今天，诚信依旧是民众道德教育中的基本德目。

---

① 张岱年.中国哲学大纲［M］.南京：江苏教育出版社，2005：545-546.

中华优秀传统文化（慕课版 第2版）

訦 燕代東齊謂信訦从言冘聲 是吟切
誠 信也从言成聲 氏征切
誡 敕也从言戒聲 古拜切
誋 誡也从言忌聲 渠記切
諱 誋也从言韋聲 許貴切
誥 告也从言告聲 古到切 古文誥
詔 告也从言从召召亦聲 之紹切
誓 約束也从言折聲 時制切
譣 問也从言僉聲周書曰勿以譣人 息廉切
詁 訓故言也从言古聲詩曰詁訓 公戶切
說文三上 言部 七
藹 臣盡力之美从言葛聲詩曰藹藹王多吉士 於害切
誎 餔旋促也从言束聲 桑谷切
諝 知也从言胥聲 私呂切
証 諫也从言正聲 之盛切
諫 証也从言柬聲 古晏切
諗 深諫也从言念聲春秋傳曰辛伯諗周桓公 式荏切
課 試也从言果聲 苦臥切
試 用也从言式聲虞書曰明試以功 式吏切
諴 和也从言咸聲周書曰不能諴于小民 胡毚切
䚻 徒歌从言肉 余招切

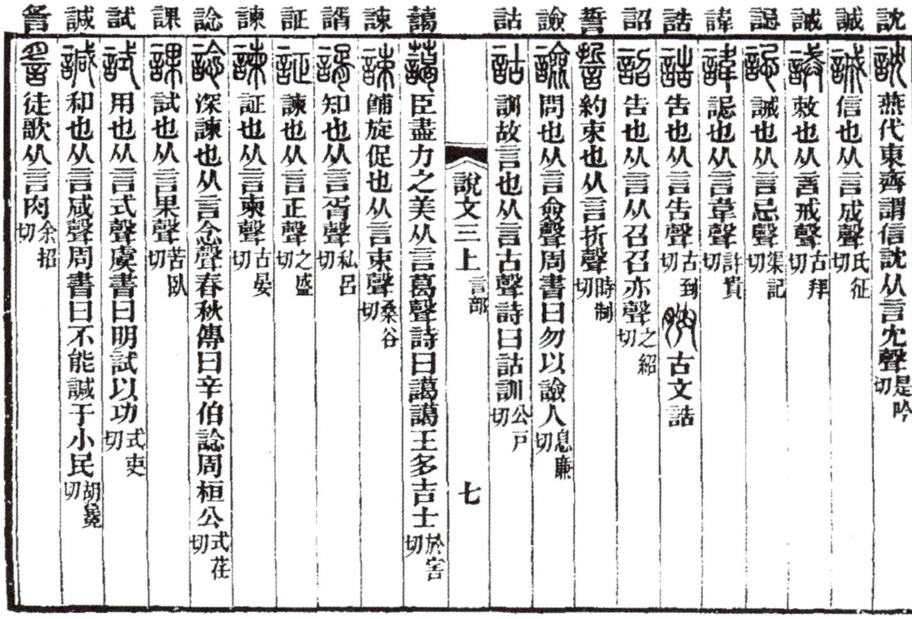

▲《说文解字》中对于“诚”的解说与“信”互通

诚信在中国文化中除了有外在的规范意义，还具备更深层的内在境界意涵。国与国、人与人之间的交往要讲求诚信不欺，这更多是在社会发展过程中形成的外在规范，但先贤对于“诚”的理解已经超越了行为准则的意义。《中庸》将“诚”理解为人生的最高境界：“唯天下至诚，为能尽其性；能尽其性，则能尽人之性；能尽人之性，则能尽物之性；能尽物之性，则可以赞天地之化育；可以赞天地之化育，则可以与天地参矣。”这是说，天道唯诚，然后有物，一切物之存在，皆由于天道之诚，通过这种真实不妄的“诚”可以知人性、物性，进而赞助自然化育，与天地并而为三。孟子说：“是故诚者，天之道也；思诚者，人之道也。”（《孟子·离娄上》）这就将“诚”上升为天道本然具备的性质，以及人道应追求的目标。宋明理学家亦重视“诚”的地位，周敦颐在《通书》中将“诚”理解为“至实而无妄之谓，天所赋、物所受之正理也”，也是“圣人之本”“五常之本，百行之源”。

《论语·卫灵公》
引文详解

由此可见，诚信在中国传统文化中表达的是遵循天道、真实不欺、言行一致、信守诺言的人生境界和行为规范，是评价个人道德的标准，也是与人交往的准则和社会和谐的基础之一。而且，诚信几乎是世界各种文明共同认可的价值，正如孔子所言：“言忠信，行笃敬，虽蛮貊之邦行矣；言不忠信，行不笃敬，虽州里行乎哉？”

二、为何要提倡诚实守信

诚实守信对于国家、社会和个人而言均有积极意义，所以成为古今中外皆提倡的价值理念。诚信之道的本质是求真务实之道，关系到政治稳定、社会和谐与个人声誉，是"为政之本"，也是"立人之道"。

在国家层面，诚信是维护政权的重要保障。《管子》有言："先王贵诚信。诚信者，天下之结也。"表明自古圣王就懂得诚信是凝聚人心之关键。反之，如果一个政权对老百姓不讲诚信，就必然得不到拥护。子贡曾问政于孔子，子曰："足食，足兵，民信之矣。"子贡曰："必不得已而去，于斯三者何先？"曰："去兵。"子贡曰："必不得已而去，于斯二者何先？"曰："去食。自古皆有死，民无信不立。"（《论语·颜渊》）可见，孔子认为就为政来说，百姓的信任比粮草和军备都更重要。历史上，商鞅的"立木取信"和周幽王的"烽火戏诸侯"，从正反两方面说明了诚信对一个国家的兴衰存亡有着非常重要的影响：前者获得民心，变法成功，国强势壮；后者自取其辱，身死国亡。此外，在国与国的交往过程中，也应当遵守基本的诚信原则，出尔反尔、不守规约、唯利是图往往会酿成冲突或战乱。

在社会层面，诚信是维持日常经济、文化、生活的重要保障。假如人与人、团体与团体之间无法建立信任关系，那么贸易合作、文化交流乃至最基本的家庭生活都无法顺利展开。以与诚信最为相关的商业活动为例，中国传统的商道讲求的是"市不豫贾"的文化，从义利之辩的角度指出必须在"义"的前提下追逐"利"的最大化，而"义"的集中体现就是诚信。所谓"贪贾三之，廉贾五之"，真正能够获利的成功商人无不是重视诚信的。除了经商活动外，在家庭关系、团体运作、社会治安等各方面，诚信都是维系其和谐稳定的重要力量。

在个人修养和人际交往层面，诚信的价值非常重要。《大学》将"诚意""正心"作为个人的修身之本，荀子也说"养心莫善于诚，致诚则无他事矣"（《荀子·不苟》），可见诚信是完善道德修养、达致天人和谐的重要前提。《春秋榖梁传·僖公二十二年》中记载："人之所以为人者，言也。人而不能言，何以为人？言之所以为言者，信也。言而不信，何以为言？"意思就是，一个人如果不能信守诺言、言行一致，则失去了成为人的基础，也不可能被他人所信任和尊重。秦末的季布，一向说话算数，信誉非常好，许多人都同他建立起深厚的友情。当时甚至流传着这样的谚语："得黄金百，不如得季布一诺。"后来，他因得罪刘邦被悬赏捉拿，结果他的旧友不仅不被重金所惑，而且冒着被灭九族的危险来保护他，使他免遭祸殃（《史记·季布栾布列传》）。个人的诚信，能够赢得他人的尊重并为自己赢得良好信誉。反过来，如果因贪图一时的便宜而失信于人，表面上可能得到了实惠，但却毁了比物质更重要的声誉，得不偿失。

诚信是社会发展的基本要求，但在实际生活中也存在失信问题，这不仅破坏了正常的社会交往秩序，还会给人们的生产生活造成严重困扰。从短期来看，面对尔虞我诈的小环境，个人诚实守信可能被人利用，蒙受损失；而如果随波逐流、顺应小环境，似乎能够控制损失甚至谋取利益。但从长期来看，不诚信的风气对整个社会的公平正义不利，如果所有人都变得不讲诚信，那么所有人的利益都会受损。因此，唯有不懈地讲求诚信，努力地营造诚信的社会环境，方能引导社会发展走在良性循环的轨道上，创造共赢局面。

三、诚实守信的当代价值

诚实守信是中华民族的传统美德，也是现代社会规范健康运行的重要保障。构建诚实守

中华优秀传统文化（慕课版 第2版）

信的社会环境，既要注重继承中华传统价值观，又要注重发扬社会主义核心价值观的重要内涵。诚信既是对个人的要求，又是对整个社会的要求，因此，在当下实践中，一方面要重视从个人内在精神层面加强约束；另一方面，还需要从法律、法规和制度层面预防和治理失信行为，构建良好的社会风气和人文环境。

　　诚信作为重要的道德准则，一直都被广泛地宣扬。从个人角度而言，诚信绝不仅仅是外在规范，而且是个人内在的重要品质，所以不论有无外在约束，个人都应做到不自欺、不欺人，无愧于天地。在新时期，诚实守信具有诸多体现时代精神的新内容，其现实意义更加显著。这要求人们在一言一行中培养诚信的作风，去除虚假欺人的习气。全国诚实守信道德模范们就是用行动诠释诚信的当代典型："当代愚公"黄大发历时36年凿出一条总长近10千米的"生命渠"，解决了全村人的喝水问题，为的是坚守对自己的承诺；"守边老人"魏德友50多年来义务巡边近20万千米，被誉为边境线上的"活界碑"，坚守的是履行为国戍边的承诺；"良心秤"传人江玉珍、江远斌姐弟信守祖辈200多年做秤"准确公道、分毫不差"的祖训，不为利益所动，诚信做秤，美名传扬。

　　此外，国家还需注意从制度建设层面倡导诚信的风气。商鞅在秦国变法时即强调："国之所以治者三，一曰法，二曰信，三曰权。"（《商君书·修权》）完善法制与树立权威、维持信用是相辅相成的。当代社会仍然需要加大法治建设的力度。2014年中央精神文明建设指导委员会发布《关于推进诚信建设制度化的意见》，勾画了推进诚信建设制度化的目标任务和实现路径，以制度的力量培育诚信自觉，用制度的笼子关住失信行为，成为建设"诚信中国"的重要指南[①]。2016年召开的原中央全面深化改革领导小组第二十五次会议强调，加快推进对失信被执行人信用监督、警示和惩戒建设，有利于促使被执行人自觉履行生效法律文书决定的义务，提升司法公信力，推进社会诚信体系建设。这些举措都表明我国正着力建立健全跨部门协同监管和联合惩戒的机制，构建"一处失信、处处受限"的信用惩戒大格局，让失信者寸步难行。例如，近年多次出现的高铁"霸座"现象造成社会不良反应，对此，各地铁路公安公布了很多失信乘客"黑名单"，限制其乘坐公共交通工具的部分权利。

　　孔子曰："人而无信，不知其可也。大车无輗，小车无軏，其何以行之哉？"（《论语·为政》）政府无信，则权威不立；社会无信，则人人自危；企业无信，则难求发展。营造履约践诺、诚实守信的社会氛围，是全社会的共同期盼。

　　诚，是真实无妄，是道德的根本，是人间之常道。信，是言必由衷、守诺不欺。诚信之道，是"立人之道""为政之本"，是经济健康发展和社会稳定和谐的重要基石。从个人层面而言，诚信是个人美德；从社会层面而言，诚信是公序良俗；从国家层面而言，诚信是重要的软实力。在新时代，除了需要在个人涵养上不断加强诚信意识的培育，也需要在全社会形成不能失信、不愿失信、不敢失信的制度环境，营造守信光荣、失信可耻的良好氛围，如此方能夯实社会经济发展的信用根基，迎来一个相互信任、和谐共容的美好社会。

---

① 中央精神文明建设指导委员会. 关于推进诚信建设制度化的意见［N］. 人民日报，2014-08-02（6）.

第三节　敬业乐群

敬业乐群是中华民族传统集体观念和职业观念的重要体现。这一观念最早出自《礼记·学记》，其中说学生入学，"一年视离经辨志，三年视敬业乐群，五年视博习亲师，七年视论学取友"。敬业乐群是古代学子入读3年后的一项考核标准，即能否心无旁骛、专注学业，能否和乐他人以共同探讨切磋。后来，这一观念的指涉范围进一步扩大，敬业乐群成为一种公民职业道德。在社会主义核心价值观中，敬业关系着国家与社会的发展进步、团队与组织的目标实现，以及个体人生的意义呈现；乐群则旨在培养交流合作的精神以促进群体和谐。在新形势下继承发扬敬业乐群的精神，需要树立合理的职业理想、永葆强烈的工作热情、倡导深度的团队交流。

一、敬业乐群的思想内涵

根据《礼记》的记载可知，敬业乐群原是秦汉以前儒家对学生学习的一种具体要求，是为达到"安其学而亲其师，乐其友而信其道"这一最终学习目的而进行的一种必要的实践。"敬"在中国传统文化中指一种内心肃慎的状态，所谓"敬以直内，义以方外"。《孔子》曰"居处恭，执事敬，与人忠"（《论语·子路》），表明做事时内心要恭敬、专一、有奉献精神。而"群"则表明中国传统文化中对"敬业"的要求并不局限在个人，还需在群己关系中理解个人职业的价值和意义，进而将个人对事业的恭敬、专一扩充到群体的和谐与社会的责任，使完善小我与造福苍生、济世利民结合起来。

《礼记》摘录

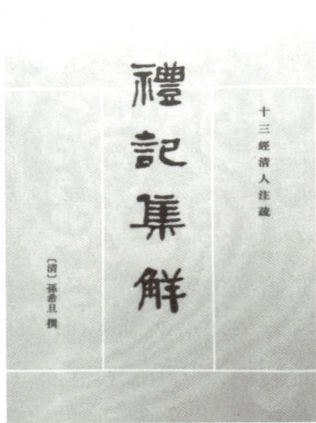

《礼记》相传为西汉戴圣所编，是中国古代一部重要的典章制度选集，共20卷49篇。《学记》是《礼记》中的一篇，对先秦的教学制度、原则、方法等进行了理论的总结。汉代郑玄的注本称："学记者，以其记人教学之义。"

唐时孔颖达在《礼记正义》中对敬业乐群的解释是："敬业，谓艺业长者，敬而亲之。乐群，谓群居，朋友善者，愿而乐之。"即，敬业是尊重且亲近艺业优秀的人，乐群是乐于同朋友和谐相处。宋代大儒朱熹认为："敬者，主一无适之谓。"（《论语集注》）也就是说，凡做一件事，便忠于一件事，将全部精力集中到这件事上，心无旁骛，便是敬。

所以，敬业就是全身心地投入事业。而所谓"乐"，指一种人际交往中的情感体验；"群"则被认为是人与动物的重要区别，荀子说"力不若牛，走不若马，而牛马为用，何也？曰：人能群，彼不能群也"（《荀子·王制》），因此，"乐群"就是乐于与群体和谐相处。敬业和乐群，一个指向个体知识技能的习得，另一个指向群体和谐共赢的达成，它与离经辨志、博习亲师、论学取友、知类通达等观念，共同构成了《礼记》中完整的人文教育目标。

朱熹（1130—1200），字元晦，号晦庵，南宋著名的理学家、思想家、哲学家和教育家，理学的集大成者，被后世尊称为"朱子"，著述颇丰，有《四书章句集注》《太极图说解》《通书解说》等，后人辑有《朱子大全》《朱子语类》等。

敬业乐群最初的含义主要指向学生的学习过程，后来敬业的范围扩展到学业之外的事业、职业等，而乐群的对象也不局限在同学，而是包括朋友、同事等更广的群体。因此，敬业乐群除了是判断学生修学合格与否的标准，也成为衡量当代社会职业道德和人际关系的一条伦理规范。比如，近代著名的教育家黄炎培等所创办的中华职业学校的校训就是"敬业乐群"，他们将"敬业"解读为"对所习之职业具嗜好心，所任之事具责任心"，将"乐群"解读为"具优美和乐之情操及共同协作之精神"。[1]

黄炎培（1878—1965），号楚南，字任之，我国近现代著名的政治家和教育家，我国近代职业教育的创始人，曾于 1918 年创建中华职业学校，校训即为"敬业乐群"，由教育家江恒源题写。

在现代西方文化中，敬业精神（Professional Dedication Spirit）就是一种基于挚爱的对工作和事业全身心投入的精神境界。具体地说，敬业就是人们应该充分认识本职工作在社会经济活动中的地位和作用，认识本职工作的社会意义和道德价值，具有职业的荣誉感

---

[1] 潘文安. 最近之中华职业学校 [J]. 新教育评论，1927，3（18）：8.

和自豪感，在职业活动中具有高度的劳动热情和创造性，以强烈的事业心、责任感从事工作。

根据研究，现代意义上的敬业包括职业理想（即对所从事之职业的向往和对期待之成就的追求）、立业意识（即确立职业方向和实现目标的愿景）、职业信念（即对职业的热爱与坚守）、从业态度（即从事工作的主观心态）、职业情感（即对所从事职业的情绪体验）、职业道德（即在职业实践中形成的行业规范）等几个层面。而乐群也成为学习与工作中的重要素养。乐群的人一般外向、热情、开朗，通常表现为待人和蔼可亲，与人相处融洽，合作与适应能力特别强，愿意参加或组织各种社团活动，心胸豁达，乐于接受他人的批评，等等。这些品质对于当代社会所强调的团队协作的精神来说至关重要。

当代意义上的敬业乐群，不必局限在古人的为学之道上，从某种程度上说，学业也是学生从事的职业。但亦无须仅将之视作工作过程中才具备意义的美德，敬业乐群的精神应当适用于学业、职业、事业等各个层面。

二、为何要提倡敬业乐群

从个人的从业态度而言，一方面，敬业乐群是获取基本生活保障的需求，通过对事业的不懈追求及与团体的合作共赢，个人得以获取事业的成功；另一方面，敬业乐群也是体现个体生命价值的途径，职业没有高下之分，每个人都应当将自己的职业视为神圣的志业，并可以从中获得满足感和幸福感。传统文化中的敬业乐群，是通过"志于道"的虔敬之心达到群体之乐，绝不仅以牟利谋生为目的，而是将"业"本身视为值得个人努力和奋斗终身的对象。

从团体或企业的效益与发展而言，敬业乐群的精神也非常重要。盖洛普（Gallup）公司经过调查统计认为，敬业度对企业的经营业绩指标影响最大，具体包括效率、顾客忠实度、员工保留率、安全和产值等指标。具有高敬业度的员工创造了企业的绝大多数利润和顾客忠实度，他们是企业利润增长的主动力。所以，敬业能够产生实实在在的社会效益，不应将其意义局限在个体自身的发展上。[①]

从国家和社会的前景而言，敬业乐群的作用十分重大。个人工作的态度、团体合作的效率决定了整个社会经济发展的速度乃至国家的命运。在古代社会，敬业乐群要求从君王到臣子到黎民都各安其位、兢兢业业，专注于自己的本业，从而营造良好的政治、经济、社会关系与秩序。在近代，国家处于生死存亡的关头，敬业精神则体现在实业救国的运动之中。著名的实业家、教育家和民族工业的先驱张謇在面对晚清中国的落后局面时认为，只有发展民族工业，才能抵制帝国主义的侵略和外国资本的入侵。正是凭借强烈的敬业情怀和一腔的爱国热情，张謇推动了近代中国民族工业的发展进程。张謇以实业为手段，服务于强国富民，"张謇精神"就

张謇精神

---

① 参见 2013 年盖洛普公司《全球职场环境调查报告》，转引自：苏兹曼. 工作的意义：从史前到未来的人类变革[M]. 蒋宗强，译. 北京：中信出版社，2021：303.

是敬业品质的一个缩影，也说明敬业对于民族和国家的重要性。

尽管敬业乐群在中国有悠久的历史，但是近年来随着社会工作方式、劳动关系特点的不断变化，我国员工的敬业度却一度处于偏低水平，这似乎与中国人勤劳奋进的一贯形象不符。此外，在乐群的方面，信息时代的到来一方面使知识的获取、习得异常便利，另一方面也使得很多人沉迷于网络和手机，催生了"低头族"和"宅文化"，使其丧失了与人交流沟通的欲望和能力，更遑论在学习与工作中与他人和合相处、切磋讨论、共同进步了。这些现象都表明，在新的社会环境中，敬业乐群的价值观念仍有必要大力提倡。

社会中存在几种关于敬业乐群理念的反对或怀疑意见。一种观点认为从事学业、事业仅仅是一种手段或途径，而获得知识或生存资本才是根本目的，因此，不必对自己所从事的学业、事业抱有崇敬之情，只需重视最终结果即可，尤其当这份学业、事业看起来不那么重要和崇高时。这种观点的谬误较为明显，因为学业、事业不仅是工具，其本身应该成为更高的精神追求的载体。还有一种观点认为，即便我们以一种崇敬的心态从事学业、事业，但未必要通过团队合作的形式来达成，尤其是在当下这个知识信息获取极为便利的时代。这种观点其实是对"乐群"的必要性产生了质疑。甚至有观点认为，乐群可能会抹杀个性的自由。事实上，先贤之所以将"乐群"与"敬业"并列，就是清楚地看到了乐群对于敬业有非常重要的推动作用，两者不可偏废。不论在哪个时代，同学、同事之间开展良性的交流、合作，一般都能带来很多超越个人能力范围的创意和洞见。至于乐群与个性自由的问题，孔子曾说："君子和而不同，小人同而不和。"（《论语·子路》）儒家推崇的正是承认、容纳和肯定"不同"的个体，在此基础上才能成就"和"的整体。"乐群"虽然没有从字面上将群体中的个体性突显出来，但由一个"乐"字，可以推知这种团体间的关系绝不是抹杀个性自由的、强制性的求同存在，而应该是在情感的交互满足中促成个体自由意志的实现。

对于敬业过程中的乐群，有人还担忧会形成"小圈子"，比如在业界拉帮结派、打击异己，影响行业发展的公平性。对此问题，孔子曾说过"君子矜而不争，群而不党"（《论语·卫灵公》），这其实就是在强调群体的聚合作用时，力求避免因情感的偏狭而导致结党营私，从而保持"群"应具备的广大端正的内在精神价值。孔子还说："群居终日，言不及义，好行小慧，难矣哉！"（《论语·卫灵公》）"言不及义"的"群居"，是低级意义上的"群"，是凑在一起显示口才、追求热闹，所以孔子强调以"义"为"群"的内在基础。荀子的观点与之类似。"人何以能群？"曰："分"。"分何以能行？"曰："义"。（《荀子·王制》）内含了"义"的群居，就不会出现营私的局限，不会党同伐异。所以"乐群"不是盲目地合群。

由此可见，敬业乐群完全可以作为提升我们学习、工作效率，乃至提升我们生命价值并推动国家民族复兴的重要行为准则。并且这种准则只要合理实践，不仅不会造成抹杀个性或结党营私等弊端，而且有助于解决当今社会敬业风气缺失、乐群意识淡薄的问题。

三、敬业乐群的当代价值

时至今日，敬业乐群仍然值得提倡，它是推动个人更好融入集体、发挥自身价值的重要观念指导。具体到当下的社会情境，可以从如下 4 个方面展开实践。

首先，应当注重从树立职业理想入手培养劳动者敬业乐群的精神。《尚书》云"功崇惟志，业广惟勤"，这两句话强调了立志的重要性，认为立志是成就一切功业的前提和基础。梁启超曾这样描述这种立志从业的状态："凡做一件事，便把这件事看作我的生命，无论别的什么好处，到底不肯牺牲我现做的事来跟他交换……所以我做事的时候，丝毫不肯分心到事外。"[①]对个人来说，不仅要树立长远的志向，更要将个人志向同国家发展紧紧结合起来，将实现个人价值同实现国家发展结合起来，成为中国梦的筑梦人。

其次，要注重培养劳动者甘于奉献、崇尚劳动、追求卓越的品质。劳模精神、劳动精神、工匠精神是以爱国主义为核心的民族精神和以改革创新为核心的时代精神的生动体现，是鼓舞全党全国各族人民风雨无阻、勇敢前进的强大精神动力。当前，我国正大力提倡劳模精神、劳动精神、工匠精神，这其实反映的都是一种敬业品质，就是尊重每个人所从事的每份工作，对工作的细节和质量一丝不苟。

再次，除了弘扬敬业风气，还应强调乐群精神。在劳动形式不断变革、劳动方式不断升级、劳动联系不断变化的情况下，应全面推动敬业与乐群的结合。人们在投身中国特色社会主义伟大事业的过程中，应充分发扬爱岗敬业、团结协作的集体主义作风，自觉维护安定团结的政治局面。

最后，应在全社会共同营造良好的劳动文化氛围。要充分重视劳动模范对全社会的精神带动作用。时至今日，我们依然需要发扬爱国爱岗、敬业尽责的崇高品质，也需要推动各劳动单位通过改进人才评价方式、完善分配激励机制、健全荣誉表彰制度等办法，不断创造能激发员工的认同感和提升其敬业度的现代工作环境与企业文化，从体制和机制层面共同推进敬业乐群精神的落实。

总体来说，敬业乐群已经从一种历史传统中的具体学习标准，演变成为社会最广泛人群的伦理规范，这种规范对于提升个人能力、提高社会效率、推动国家发展均有积极意义。在当下的实践中，个人要积极树立职业理想，培育甘于奉献、崇尚劳动、追求卓越的品质。全社会要共同努力营造良好的劳动人文环境，形成敬业与乐群相互促进的良性循环。

第四节　尊师重道

尊师重道是中国重要的传统美德，指尊敬老师，重视其所传之道。《礼记》曰"师严然后道尊"，"严"就是"尊敬"的意思，表达的就是尊师与重道的关联。《后汉书》曾记载孔僖与东汉章帝的对话，称"臣闻明王圣主，莫不尊师贵道"。这都表明尊师重道自古就是中华民族普遍认同的德行，有悠久的传统。从古今中外的历史中，可以找到尊师重道的诸多理由和案例。当然，身处社会结构剧变和伦理价值转型的新时期，尊师重道的价值理念在当今中国社会也面临全新的挑战，我们只有在汲取历史经验的基础上重新调整对教师职业和师

---

① 梁启超. 梁启超全集［M］.北京：北京出版社，1999：4020.

中华优秀传统文化（慕课版 第2版）

74

生关系的认知，方能与时俱进地实践尊师重道的理念。

一、尊师重道的思想内涵

　　教师行业在中国有悠久的历史，夏、商、周三代时就开始出现官师合一的师者，以及校、庠、序等教育机构。虽然当时教育的对象主要还是公卿贵族子弟，但尊敬师长的取向却已逐步成为社会共识。《吕氏春秋·劝学》认为"古之圣王未有不尊师者也。尊师则不论其贵贱贫富矣。若此则名号显矣，德行彰矣"。春秋以降，私学开始兴盛，孔子是开办私学的先驱，今天人们通常将孔子称为"至圣先师"。此时，"师"在社会生活中扮演的角色日益丰富和重要，尊师重道的观念也进一步得到强化，并向更具实践性的仪式层面发展。比如当时就出现了释菜、释奠等礼仪，所谓"大学始教，皮弁祭菜，示敬道也"（《礼记·学记》），意思是开学时要穿戴皮弁、供奉菜蔬来祭祀先师，以表尊重。《礼记·文王世子》记载："凡学，春官释奠于其先师，秋冬亦如之。"《管子》一书中有《弟子职》一篇，记载了弟子事师、受业、馈馈、洒扫、执烛、作息、进退之礼，类似今天的"学生守则"，反映了学术活动兴盛的稷下学宫对当时师生关系的认识。

　　战国末的荀子把师与天地、先祖和君王并列，称"礼有三本：天地者，生之本也；先祖者，类之本也；君师者，治之本也"（《荀子·礼论》）。这种观念后来不断深入民心，到《礼记》中就明确把"天、地、君、亲、师"并列，加之汉代有帝王大力倡导尊师重道的风气，此种理念得以在国家层面确立。此后，尊师重道的传统一直为历代官方所提倡，成为维护政治统治和社会秩序的重要基础。

　　荀子（约前325—前238），名况，字卿，战国末期赵国人，著名思想家、文学家、政治家，时人尊称其为"荀卿"，曾3次出任齐国稷下学宫的祭酒。

　　尊师与重道之间关联密切。为人师者在中华文明中地位之所以特别崇高，是因为其任务不限于授业、解惑，更在传道。道的传承在中国传统文化中具有神圣性，《中庸》说"天命之谓性，率性之谓道，修道之谓教"。教育活动不仅是知识的传授渠道，更是传承道体、上达天命的重要中介，道则是连接师生情感的核心纽结。师者受到尊敬的根因正在于"师"是"道"的承载者，所谓"道之所存，师之所存也"（《师说》）。孔子说"志于道，据于德，依于仁，游于艺"（《论语·述而》），表明道德价值体系的传承是教学活动的首要目标。如果教师自身不是道德楷模，又不能传道，就不符合中国传统文化中为人师表的真正标准，也就失去了被尊重的依据。

　　我国古代民间流行的"天地君亲师"牌位，多供奉于中堂。它是传统社会里敬天法祖、孝亲顺长、忠君爱国、尊师重道等价值观念的集中体现。

二、为何要提倡尊师重道

尊师重道的传统何以长期为国人推崇呢？从个人层面而言，尊师重道是提升自我的重要手段。师者承担的是"传道、授业、解惑"的职责，而为学之道则莫重于尊师，因此，《吕氏春秋》说"疾学在于尊师，师尊则言信矣，道论矣"，说明学习的关键在于尊敬师长，师道既尊，则学风自善，进而可以真正获得道德的觉知与知识的积累，所以尊师重道对于提升民众的素质及人才的养成意义重大。

从国家和民族层面而言，教育通过改善个人的素质推进整个社会的发展，这是古今中外共同认可的道理。教育是强国之本，直接关系到民族的未来发展。俄国的别林斯基（Belinsky）说："教育是伟大的事业，人类的命运决定于教育。"[①]法国的巴尔扎克（Balzac）则认为："教育，是民族最伟大的生存原则，是一切社会把恶的数量减少、把善的数量增加的唯一手段。"[②]而教育事业要发展，离不开尊师重道的风气。所以荀子说："国将兴，必贵师而重傅，贵师而重傅，则法度存。"（《荀子·大略》）《礼记·学记》载："师严然后道尊，道尊然后民知敬学。"通过尊师重道发展教育事业，能够提高全民素养、促进国力发展、传承知识文明。

从师者自身层面而言，优秀的教师都应具备良好的道德和专业素养，这是教师职业赢得他人尊崇的内在原因，也是尊师重道的根本前提。师者基本的素质包括师德、师才和师术。师德是师者获得学生和社会敬重的首要前提，所谓"师也者，教之以事而喻诸德者也"（《礼记·文王世子》），师者应当成为学生的道德模范。师才即师者的专业技能，广博的知识背景和精深的专业素养是教师的立身之本。师术则可以理解为正确合理的教育方法，能够将品德和知识有效地传授给每个学生，是师者最终的职责。一位真正的师者要做到融师德、师才、师术于一身，这是尊师重道之风流行的内在根据。

从我国历史来看，上至君王、下至学童，均不乏尊师重道的典型。东汉明帝在做太子时，向桓荣学习《尚书》，登基后依旧尊重桓荣，探望时以师礼相待。桓荣死后，明帝亲自穿上丧服送葬，赐他在首山之阳修筑的坟墓。汉代张良能够拜圮上老父为师，习得《太公兵法》，也与其尊师重道的品行密不可分。他若非为老父取履着鞋，并夜半前往拜师求学，断不能获得老父信任及相授兵法，也就无法在后来建立功业。

东汉明帝刘庄（27—75），光武帝之子，继位后为政苛察，总揽权柄，开疆拓土，治国有方，在文化上崇尚儒家礼制，曾设太学，专聘经师传道授业。

在现代，尊师重道的风气同样盛行。如毛泽东就十分敬重他的老师徐特立。1937年徐老六十寿辰时，毛泽东曾写信祝贺，信中说："你是我二十年前的先生，你现在仍然是我的

① 张庭焕，西方资产阶级教育论著选［M］．北京：人民教育出版社，1979：406.
② 巴尔扎克．人间喜剧［M］．傅雷，译．北京：人民文学出版社，1994：10.

先生，你将来必定还是我的先生。"①

　　新中国成立以来，教育不断普及。1985年，第六届全国人民代表大会常务委员会第九次会议通过了关于设立教师节的议案，确定每年9月10日为教师节。教师节的确立有力地推动了现代教育事业的发展，形成了全社会尊师重道、尊重知识、尊重人才的风尚。只有师者能担起"学高为师，身正为范"的责任，尊师重道的价值理念才能获得长久认同。

三、尊师重道的当代价值

　　尊师重道是一个极具实践指向性的理念，要求人们在生活和学习的过程中将之落到实处。总结历史经验，可以得到不少启发。

　　首先，应该对师者师道抱有崇敬之心。所谓"一日为师，终身为父"，就是要求学生做到"事师之犹事父也"（《吕氏春秋·劝学》）。师者具有崇高的地位，"明师之恩，诚为过于天地，重于父母多矣"（《抱朴子·勤求》）。由此可见，作为学生，至少要比照侍奉父母的恭敬心来对待老师。宋代大儒杨时"一日见颐，颐偶瞑坐，时与游酢侍立不去。颐既觉，则门外雪深一尺矣"（《宋史》卷四百二十八）。程门立雪的故事充分体现出古人对师长的恭敬。

　　其次，尊师重道不应是纸上空谈，而应在具体的生活、学习中亲身实践。东汉末年的魏昭意图拜到郭泰门下，在其左右供给洒扫。后来，郭泰身体欠安，命魏昭煮粥。魏昭做好后呈给郭泰，不料郭泰将杯扔在地上，说："为长者作粥，不加意敬，使不可食。"魏昭另做呈上，郭泰又不满意，如是3次，魏昭始终没有难看的脸色。郭泰看了说："吾始见子之面，而今而后，知卿心耳。"（《资治通鉴》第五十五卷）魏昭的故事说明尊师之道不是体现在口号里，而是在举手投足间自然流露。洒扫庭院、煮粥侍病而不见色难，这背后呈现的正是学生尊师重道的真情实意。

　　最后，师与道从理想层面来说应该是统一的，师者自身的表率及其传授的知识都是道的体现，因此，尊师与重道在逻辑上也应该是一贯的，这就要求师者自身成为"人之模范"。但在具体的历史情境中，对师者的要求和对大道的诠释是不断变化的，而且师者的素质因人而异，因此，可能出现师与道不能统一的矛盾。在这种特殊情况下，应当以崇道为准。西谚有云"吾爱吾师，吾更爱真理"，中国人则说"从道不从师"。当老师的行为不合于道，或学生的见解超过老师时，对于大道和真理的坚守则是在更深层次上体现了尊师重道的精神。

　　传统社会的伦理价值和实践方式在当今社会常面临全新的课题，因而有必要进行创造性转化和创新性发展。随着现代商品经济的发展，昔日被誉为最纯洁、最高尚、最无私的师生关系在一定范围内也出现了某些值得警惕的功利化、商业化现象；极少数教师的职业道德、社会公德和个人素养不健全、不完备，为人师者道德失范的案例也时有发生。可见，在今天同样需要大力弘扬尊师重道的理念。

----

① 毛泽东书信选集［M］.北京：人民出版社，1983：98.

首先，在教育内容方面应重视德育的地位，要警惕实用主义和工具价值将教育效果指标化的倾向。这种倾向往往将师生关系异化为短视的功利模式，一切以学习成绩、升学率、就业率等为标尺，使得尊师的传统被慢慢淡化。传授技术和知识不是教育的唯一目的，升学率和就业率也不应成为学生的终极考量。教师要落实立德树人的根本任务，重视培育学生正确的价值取向和道德观念，引导学生树立高远的人生理想。

其次，教师应以德立身，维护良好的社会形象。消费主义、享乐主义思想的泛滥诱发不少教师出现职业道德失范、学术行为腐败等现象，这进一步损害了整个教师群体在社会上的声誉。新时代的教师是人类灵魂的工程师，是人类文明的传承者，承担着传播知识、传播思想、传播真理，塑造灵魂、塑造生命、塑造新人的时代重任。在社会价值取向的变迁中，师者必须有所坚守，做出表率，以德立身、以德立学、以德施教、以德育德，唯有如此，方能担起新时期人民教师的崇高声誉。

最后，教学活动中应注意师生关系的新特征。当代社会讲求平等，而且在信息时代，知识也不再垄断于少数人手中，教师无须高高在上，也不必要求学生如事父般事师。老师要获得尊重就要"严慈相济，诲人不倦，真心关爱学生，严格要求学生，做学生良师益友；不得歧视、侮辱学生，严禁虐待、伤害学生"。同时，学生也不应将教学活动看作知识购买或商品交易，应投入课堂、专注学业，对老师在教学中的基本权威秉持应有的尊重，对老师合理的惩戒权应当予以认可。惩戒不同于体罚，它是维持教学秩序、提高教学质量的必要保证，也符合"严慈相济"的教学原则。

自古以来，中华民族就有尊师重道、崇智尚学的优良传统，正所谓"国将兴，必贵师而重傅；贵师而重傅，则法度存"（《荀子·大略》）。在古代，孔子被推崇为"大成至圣先师"，被誉为"万世师表"。在中华民族5000多年的文明发展史上，英雄辈出，大师荟萃，这与一代又一代教师的辛勤耕耘是分不开的。党和国家正在持续推动尊师重道社会风气的形成，着力改善新时期教育工作和师生关系中的新问题，要让教师真正成为令人羡慕、受人尊敬的职业。

总之，教师承担着"传道"的重要功能，其授业解惑的辛劳，为人表率的修养，理应得到全社会的尊重。不是每个人都是老师，但几乎人人都有老师。尊师重道作为一种社会公德，是人才培育、国家强大的重要保障。在当今社会，应当继续大力提倡尊师重道的优良传统，同时也要以新的时代要求去积极规范和调整师道的含义及师生的关系。

第五节　守正创新

守正创新是中国传统文化中的核心理念之一，具有丰富、深刻的内涵。在传统儒家语境中，"守正"带有浓厚的道德意蕴，例如被解释为笃守正道，不阿于世，并被认为是儒家政治伦理规范条目之一。《史记·礼书》中较早出现"守正"一词："周衰，礼废乐坏，大小相逾……循法守正者，见侮于世；奢溢僭差者，谓之显荣。"这里说的是周朝末年，礼崩乐坏，王室式微，大小诸侯争相逾僭，正道不行，荣辱失位的情形。《汉书·刘向传》里将"守正"作为君子的道德操守与原则，书中写道："君子独处，守正不挠；众枉勉强，以从王事，则反见憎恶。"所谓"正"者，大道也，正人之道，它既是一种道德操守与道德行为规范，也包含了人类对客观规律的认识，同时还蕴含着对历史经验的总结。简单来说，守正创新就是在恪守正道的基础上实现创新与发展。实际上，守正创新的核心要义就是要坚持批判继承的原则，既要继承弘扬优良传统，也要实现其创造性转化与创新性发展。

一、守正创新的思想内涵

中华民族历来重视守正创新。《诗经·大雅·文王》说："文王在上，于昭于天。周虽旧邦，其命维新。"意思是说，周虽然是旧的邦国，但其使命在革新。商汤在自己洗澡盆刻上铭文以时刻提醒自己，要秉承天命，不断革故鼎新。"苟日新，日日新，又日新。"《康诰》曰"作新民"，意即鼓励民众都振作自新。

《周易》是一部阐述运动、变化与革新的集大成之作。《周易》以阴阳两极之变化作为宇宙化生万物的基始，万物生生不息之"生"就是生发、创造新事物，认为世界总是处于变化的过程中，新旧交替是贯穿天、地、人的普遍规律。《周易·系辞上》说"一阴一阳谓之道""刚柔相推，变在其中矣"，并将这种精神运用于"人之道"，指出人类历史发展遵循"穷则变，变则通，通则久"的规律。《周易》将宇宙万事万物变化的哲学精神融入中国传统文化中，其中闪烁着守正创新的辩证法光芒。

被称为"万世之师"的孔子是中国古代守正创新精神的杰出代表。子曰："温故而知新，可以为师矣。"（《论语·为政》）在孔子看来，温习旧知识而能获得新的理解与体会，从这一点来说就可以为师了。这里的"温故"实际上就是守正，"知新"就是创新，"温故"与"知新"的结合就是守正与创新的结合。面对礼崩乐坏的社会现实，孔子坚持"祖述尧舜""宪章文武"的正统，恪守礼乐制度以教化世道人心，并对"仁"与"礼"进行了新的解释，正是这种守正创新的精神使得孔子成功创立儒家学派。

守正创新在孟子那里表现为经权之辨。《孟子·离娄上》说："嫂溺不援，是豺狼也。男女授受不亲，礼也；嫂溺，援之以手者，权也。"在这里，"男女授受不亲"是"经"，"嫂溺援之以手"是"权"，孟子认为二者不是对立冲突的，要视实际情况衡量轻重，以实现变通，如果丈夫的弟弟看到嫂子掉进水里不去救援，就等同于禽兽所为，礼法固然需要坚守，但是在拯救性命面前也要变通。

《吕氏春秋·察今》也说："世易时移，变法宜矣。"汉代大儒董仲舒的《春秋繁露》分析了前朝各代治乱兴衰之术，他总结出的历史经验与规律是，历代统治者都一方面"奉天法古"，继承前代之"正道"，总结治乱兴衰的历史经验与规律；另一方面也要做到"王必改制"，与现实需要相结合，不断变革制度规范。他说："春秋之道，固有常有变，变用于变，常用于常。"（《春秋繁露·竹林》）意思即是要"守正创新"。

从古至今，中国历朝历代都将守正创新精神视为国家治理的关键，这从中国文化的修史传统中可窥见一斑。在中国历史上，新建立的政权一旦稳固，第一等要事就是为覆灭的前朝修史，目的是在此过程中总结兴亡成败之经验教训。比如，西汉学者贾谊曾作过一篇著名的政论文章《过秦论》，他总结了秦自孝公以至始皇逐渐强大却最终二世而亡的教训，他的结论是"仁义不施而攻守之势异也"，以此来告诫西汉统治者要励精图治、执政为民。应该说，在传统社会2000多年的历史过程中，历代王朝都特别强调要以民为本这个正道并不断演绎创新，它们也是因为背离这个正道而覆灭，最终形成了传统王朝不断更替的历史循环。

二、为何要提倡守正创新

守正创新是天地之道与人道都必须遵循的基本规律。在中国古人看来，天道运行是不以人的意志为转移的，"天行有常，不为尧存，不为桀亡"（《荀子·天论》），天道即常道，常道亦正道。就是说，天道运行的规律就是恪守常道与正道，天道向人间展示的不是歪理邪道，而是启发人们至真向善的道德追求。《庄子·渔父》说："道者，万物之所由也，庶物失之者死，得之者生，为事逆之则败，顺之则成。故道之所在，圣人尊之。"人应该效法天道来安排人事活动，按照季节气候时令以安排农业生产，遵循天地化生万物的至诚仁爱来对待人与事，应该像天地运行那般恒常地遵循正道。

与此同时，天地之道又是生生不息之道。《周易·系辞传》曰："阴阳之谓道。"又曰："生生之谓易。"对此，孔颖达在《周易正义》中疏曰："生生，不绝之辞。阴阳变转，后生次于前生，是万物恒生谓之易也。"又因为"易与天地准，故能弥纶天地之道"，故此"道"即是"易之道"，概言之，"易道生生"。但《周易》又指出"天地之大德曰生""日新之谓盛德"，如此"易道生生"就不仅是宇宙间的生成法则，更具有浓厚的伦理情怀，即"生生之德"。人应该尊重和效法这种日益精进的进取精神和开拓精神，就像《周易·象传》所言："天行健，君子以自强不息；地势坤，君子以厚德载物"，意思是天的运行康泰良好，君子应该效仿天而自强不息；地的形势取法坤相，君子应该效仿地而厚德载物。

守正创新是近代以来中国历史深刻的经验教训总结。到了中国传统社会末期，晚清王朝以"天朝上国"自居，对内大兴文字狱以控制思想文化，对外闭目塞听不了解世界情势，导致整个社会接受新事物的能力和创新能力极度低下。创新能力不足致使清政府在应对外敌入侵的时候始终处于被动地位，师夷长技以制夷、师夷长技以自强等一系列举措在本质上仍然是被动反应，一些有闪光点的创新思维被根深蒂固的保守思维所吞噬。从这个意义上说，守正必须与创新相结合，过于固守传统而缺乏创新意识只会导致落后挨打，与时代脱节。

新中国成立后，中国共产党人很好地处理了守正与创新的关系。毛泽东在著名论著《新民主主义论》一文中提出："中国……创造了灿烂的古代文化。清理古代文化的发展过程，剔除其封建性的糟粕，吸收其民主性的精华，是发展民族新文化提高民族自信心的必要条件；但是决不能无批判地兼收并蓄。"[①]中国在历史上创造了灿烂的文明，但不能因此故步自封，也绝不能因为近代中国没有将技术转化为科学，而对传统文化的守正创新精神全盘否定，这与近代中国社会制度、经济模式及文化观念都有着很大关系。新中国成立以来，中国的科技水平在短短几十年间实现了跨越式的发展，这足以证明中国的实践创新能力。

"不忘历史才能开辟未来，善于继承才能善于创新。优秀传统文化是一个国家、一个民

① 毛泽东.毛泽东选集：第二卷[M].北京：人民出版社，1991：707.

族传承和发展的根本，如果丢掉了，就割断了精神命脉。"①中华优秀传统文化是中华民族的精神命脉与精神基源，只有守正才能创新。中华优秀传统文化的自觉性、包容性、开放性内含着守正创新的要求。中华文明是一种极具内省特质、强调自觉的文明形态，在长期的历史实践中不断批判反思、推陈出新，展现出极强的包容性，并展现出胸怀天下的价值取向和以天下为己任的价值追求。比如，赵武灵王胡服骑射的改革，北魏孝文帝改革，唐朝兼收并蓄、有容乃大的开放格局，等等，不仅促进了各民族融合，而且不断推动了文化创新。可以说，"中华文明的创新性，从根本上决定了中华民族守正不守旧、尊古不复古的进取精神，决定了中华民族不惧新挑战、勇于接受新事物的无畏品格。"②

中华优秀传统文化本身就是在守正创新中不断发展的。比如，儒家文化从先秦原始儒学到汉唐经学，再到宋明理学、清代朴学，在各个历史阶段呈现了不同的时代特色，从而能够不断满足社会历史发展需要，常葆生命活力。因此，只有守正才能不失传统文化命脉，只有创新才能使得传统文化获得新的发展。

三、守正创新的当代价值

党的二十大报告指出："我们从事的是前无古人的伟大事业，守正才能不迷失方向、不犯颠覆性错误，创新才能把握时代、引领时代。"③可以说，创造性转化与创新性发展就是正确处理守正与创新关系的典范。守正与创新是不可分割的，只有守正才能获得进一步发展的深厚根据和正确方向，只有创新才能获得新的发展。

首先，要总结过去的成功经验以助推新的发展。比如，中国传统社会特别注重家风家教，家训是中国历史上一种特有的家庭教化形式，是一个家族成功经验的总结。所谓家训，主要指的是"父祖对子孙、家长对家人、族长对族人的直接训示、亲自教诲，也包括兄长对弟妹的劝勉，夫妻之间的嘱托。"④家训实质上就是儒家伦理价值观念在家庭领域的具象化，同时融入长辈的人生感悟、处世哲学及经验教训，记录下来传承给后人。家训凝聚了儒家基本的道德观念，又把家族特色、人生经验融入其中，对儒家思想有很多创造性的发展和展开，是儒家伦理世俗化的一个重要载体。一个家族之所以如此重视家训，原因就在于让子孙通过学习祖辈为人处世的成功经验以延续家族的兴旺。

大到一个国家也是如此。"在推进中国式现代化新征程上，首先要守好中国式现代化的本和源、根和魂，毫不动摇坚持中国式现代化的中国特色、本质要求和重大原则，坚持党的基本理论、基本路线、基本方略，坚持党的十八大以来的一系列重大方针政策，确保中国式现代化的正确方向。"⑤可以说守好"本和源、根和魂"，就是党和国家在推进中国式现代

① 习近平. 习近平在纪念孔子诞辰 2565 周年国际学术研讨会暨国际儒学联合会第五届会员大会开幕会上的讲话 [N]. 人民日报，2014-09-25（2）.

② 习近平. 在文化传承发展座谈会上的讲话 [J]. 求是，2023（17）5.

③ 习近平. 高举中国特色社会主义伟大旗帜 为全面建设社会主义现代化国家而团结奋斗——在中国共产党第二十次全国代表大会上的报告 [N/OL]. 人民日报，2022-10-26（2024-07-22）.

④ 徐少锦，陈延斌. 中国家训史 [M]. 西安：陕西人民出版社，2003：1.

⑤ 习近平. 推进中国式现代化需要处理好若干重大关系 [J]. 求是，2023（19）6.

化进程中对守正这一思想方法的遵循。

其次，要吸取以往的失败教训以避免同样的错误再次出现。中国历代圣贤都特别重视自我反省。曾子曰："吾日三省吾身：为人谋而不忠乎？与朋友交而不信乎？传不习乎？"（《论语·学而》）孔子则说："内省不疚，夫何忧何惧？"（《论语·颜渊》）言下之意，只有经常自我反省才能让自己沿着正确的修身之道不断增进德行，进而达到更高的道德境界。1945年夏天，毛泽东与民主人士黄炎培讨论到中国历史上"历史周期率"的问题，中国历代王朝统治者在建国初期都能励精图治、吸取前朝灭亡的教训，但随着时间发展，他们又会忘记初心，最终导致王朝覆灭。毛泽东说："我们能跳出这周期率。这条新路，就是民主。只有让人民来监督政府，政府才不敢松懈；只有人人起来负责，才不会人亡政息"[①]。

最后，只有创新才能获得长足发展。比如，我们如今提倡传承和弘扬中华优秀传统文化，一定要坚持守正与创新相结合的方式。传统文化的复兴不等于传统文化的复苏和复古。复兴是从衰落走向振兴的意思，复苏和复古都有着复制的意思。比如，社会上现在有各式各样的"国学班""读经班""童学馆"，很多小孩子都要进入其中学习，但是在学习的过程中，如果刻板地照搬古代模式，便不是真正地复兴传统文化，而只是把一些放进陈列馆里的东西搬出来进行复制。

对此，至少要有如下几点认识。第一，绝不能让传统文化停留于"历史记忆"的层面，要让它"走出历史博物馆"，走向现实生活，找到当今社会生活中合适的载体，让它"活"过来、传下去，既要对其保持敬仰的态度，也要学会让它走下"神坛"与大众结合。第二，复兴传统文化不能搞形式主义的"表演"，不能将传承传统文化简单理解为"汉字简体变繁体""穿上古服行古礼""朗诵古诗说古文"，也不能只是把古代典籍拿出来重新翻印就万事大吉。倡导复兴传统文化，"不是马克思主义基本原理与中华优秀传统文化的简单相加，而是'深刻的化学反应'；不是范畴或术语的简单转换，如把'矛盾'变为'阴阳'、'规律'变为'道'等，而是内在的融合；更不是用中国传统文化去'化'马克思主义，建构所谓的'儒学马克思主义'，这种'化'的结果只能使马克思主义'空心化'。"[②]真正的创新"创的是新思路、新话语、新机制、新形式，要在马克思主义指导下真正做到古为今用、洋为中用、辩证取舍、推陈出新，实现传统与现代的有机衔接"。[③]

近年来，传统文化守正创新方面涌现出很多成功典范。比如，2018年的世界戏剧日，共青团中央宣传部联合抖音App，在抖音平台发起名为"我要笑出'国粹范'"的挑战，让年轻人走近传统的戏剧文化。再如，故宫博物院成为传统文化创造性转化的典范，推出了一系列创新实践，包括上线了每日故宫App，出品了《上新了·故宫》、"爆款"纪录片《我在故宫修文物》等节目。作为重要传播媒体的电视台，在传统文化创新方面取得了丰硕成果，例如《中国成语大会》《中国诗词大会》《朗读者》《经典咏流传》等电视节目取得了巨大的成功，成为深受大众喜爱的综艺节目。

① 中共中央文献研究室. 毛泽东思想年编：一九二一——一九七五 [M]. 北京：中央文献出版社，2011：439.

② 杨耕. 造就新的文化生命体 [N]. 光明日报，2023-06-26（11）.

③ 习近平. 在文化传承发展座谈会上的讲话 [J]. 求是，2023（17）11.

现在是纹理稀疏

▲ 《国家宝藏》节目截图，节目通过真人秀形式打造传统文化的沉浸式体验

　　总体来说，守正创新是中国传统文化中非常重要的价值观念，在现代社会中依然具有重要意义。无论个人、家庭、社会、国家还是整个世界，都需要面向过去以承继传统，面向未来以勇敢创新，唯有如此，才能获得更好的发展。

5

第五章
中华优秀传统文化中的国家大德

　　中华优秀传统文化中的国家大德，是层次最高、内涵最广的一种德行，是维系个人生存、社会繁荣与家国兴旺的总纲，是关系民众福祉、国家兴亡乃至人类命运的道德原则。中华民族是一个多民族融合的国家，集体主义精神是它的一个重要特质。所谓集体主义，就是指个人服从并服务于民族和国家，特别强调集体利益的重要性和优先性。当然，个人利益并非不重要，但本章强调的是在国家民族大义面前个人所表现出的甘愿为国为民的奉献精神和大局意识。

　　本章从尽忠报国、以民为本、和而不同、天人和谐、天下大同5个方面来概括国家大德：尽忠报国是指个体应该具有的为国奉献的品质，以民为本是对为政者的道德要求，和而不同是国家民族求同存异的道德要求，天人和谐则是指对天地之道的规律性把握和运用，天下大同是人们对理想社会状态的美好期待。这5个理念体现的大德，已经超越个人修身的境界，也不仅强调人与人的交往伦理，而是集中探讨人们在国家、自然、宇宙的大格局中应当如何自处，展现了个体所具有的仁民爱物的政治关怀、求同存异的价值追求和与物同体的形上探索，是中华民族几千年屹立不倒的精神支柱，也为未来中国的和谐发展和复兴大业提供了重要的思想资源。

第一节　尽忠报国

尽忠报国是中华民族的传统美德之一，爱国也是社会主义核心价值观中"最深层、最根本、最永恒"的一点。爱国，是人世间最深层、最持久的情感，是一个人的立德之源、立功之本。中华文明传承数千年以来，涌现了无数爱国报国的生动事例，这成为民族精神的重要组成部分。对于中国人来说，国家概念始终有着特殊的含义，它总是能够激发起人们深厚的情感。爱国主义已成为中国人安身立命、中华民族继往开来的强大精神支柱和凝聚力来源。在新时代，全国上下正凝心聚力，向着实现中华民族伟大复兴的中国梦奋勇前进，爱国情怀此时愈加成为一种民族急需的精神品质和时代追求。尽忠报国，须兼具爱国情、强国志、报国行，把爱国情怀转化为实际行动，不断提升建设国家的本领，真正做到情感与行动的高度统一。

一、尽忠报国的思想内涵

"国"字作为"尽忠报国"的落脚点，在中国早期典籍《诗经》《尚书》中就已出现。在先秦诸子的著作中，"国"字出现的频率很高，但其含义与今天的"国"有所不同。在先秦时期，"国"是指王、侯的封地，又叫作"邦"。《说文解字》中说："国，邦也。邦，国也。按邦国互训，浑言之也。周礼注曰：大曰邦，小曰国。邦之所居亦曰国。"天子统治的范围则称为"天下"，大略等于现在所说的"全国"。而所谓"尽忠"，就是"竭尽忠诚"之意，意为忠于国家、毫无二心，甘于奉献、不求功利。

在中国古代，"国"在不同时期有不同的含义。比如《史记》评价屈原"竭智尽忠，以事其君"，屈原自己则在《离骚》中说"岂余身之惮殃兮，恐皇舆之败绩"，表达的就是对楚国的爱，而非对天下的爱。孔子的一些言行则不仅表达了爱邦国，也表达了爱天下的思想。据《史记》记载，孔子听说齐国的田常打算攻打鲁国，劝学生出来抵抗，说："夫鲁，坟墓所处，父母之国，国危如此，二三子何为莫出？"这表达了孔子对父母之邦鲁国的爱。但后来鲁国的君主不断让孔子失望，迫使他离开鲁国。孔子离开鲁国时走得很慢（"迟迟吾行也"），恋恋不舍。孔子的这种态度是"去父母国之道也"，这是对待父母之邦的典范态度。孔子所树立的这个典范其实已经超越了对父母之邦的爱，即当孔子发现他无力改变无道的鲁国国君时，他决定胸怀"天下"。他在《论语·微子》中说："天下有道，丘不与易也。"除了孔子之外，先秦其他思想家如墨子、孟子、荀子等都是以"天下有道"为己任。如《孟子·公孙丑下》说："如欲平治天下，当今之世，舍我其谁也？"荀子则更进一步提出："国，小具也，可以小人有也，可以小道得也，可以小力持也；天下者，大具也，不可以小人有也，不可以小道得也，不可以小力持也。国者，小人可以有之，然而未必不亡也；天下者，至大也，非圣人莫之能有也。"（《荀子·正论》）这段话的意思是说，国家为小，天下为大，国家可以为小人所持而不一定灭亡，但天下则非圣人不能维系。可见，在荀子看来，天下远远比邦国更值得关心。自秦代废除分封制、建立郡县制后，先秦所谓的"天下"变成了一个统一的国家。随后的2000多年，也出现了众多体现爱国主义的重要作品或典故。范仲淹、

中华优秀传统文化（慕课版　第2版）

林则徐等不仅以身作则为后世树立了榜样，还写下了"先天下之忧而忧，后天下之乐而乐"等充满家国情怀的名句，成为中华优秀传统文化和精神的鲜明典范。近代以后，西方殖民主义者侵略中国，中华儿女进一步诠释了爱国主义内涵，涌现出无数可歌可泣的尽忠报国的英雄事迹，爱国主义得到了充分继承。

> 屈原（约前340—前278），战国时期楚国诗人、政治家，早年任三间大夫、左徒，兼管内政外交大事，因遭贵族排挤毁谤，先后被流放至汉北和沅湘流域。秦将白起攻破楚都郢（今湖北江陵）后，屈原自沉于汨罗江，以身殉国。

"尽忠报国"对个人观念和言行都提出了较高的要求。首先，爱国不是口号，而需要付诸行动。真正的爱国者是为了祖国的繁荣昌盛而奋斗，而不是打着"为了国家"的旗号，实现个人利益。不唯现代社会有这种"打着为国家利益的旗号谋取私利"的"伪爱国"现象，古代社会亦有。比如，庄子就曾说过"彼窃钩者诛，窃国者为诸侯"（《庄子·胠箧》），意在讽刺"窃国者"虽可为诸侯，但其本质上的私利性却与"窃钩者"并无二致。这种比喻，揭露了假爱国的实质，是爱国主义教育中的反面教材。

其次，爱国，是不论身处何处，都要始终将祖国的利益放在首位。面对国家利益和个人利益的选择之时，应该以维护国家利益为己任。特别是在面对大是大非问题时，要保持清醒的头脑，不能有任何动摇。海外留学学子要效法中国革命和社会主义建设历史上的大批仁人志士，将爱国之情、强国之志、报国之行统一于中华民族伟大复兴的光荣事业中，燃起真情实感，运用真才实学为祖国的建设添砖加瓦。

二、为何要提倡尽忠报国

中共中央、国务院印发的《新时代爱国主义教育实施纲要》指出，新时代加强爱国主义教育，对于振奋民族精神、凝聚全民族力量……夺取新时代中国特色社会主义伟大胜利，实现中华民族伟大复兴的中国梦，具有重大而深远的意义。在实现中华民族伟大复兴的道路上，更需要每一个中国人发扬尽忠报国的精神，实现自身的价值、贡献自己的力量，建设祖国。

中共中央　国务院印发《新时代爱国主义教育实施纲要》

首先，尽忠报国、建设强大的国家是家庭幸福、个人发展的根本前提。国家是维护社会稳定、国人幸福的根本保障和最有力的工具。在中国历史上，只有国家稳定，家庭和个人才能够正常生活、生产。反之，则会生灵涂炭、民不聊生。建设一个强大的国家，关系到每一个家庭和国人的福祉，既是每一个人最迫切的需要，也是国人共同的、不可推卸的义务和责任。

其次，尽忠报国是中华民族的优秀传统美德。中华文明悠悠5000多年而不中断，这与尽忠报国的精神价值密不可分。尽忠报国理念成为激发全体中国人情感共鸣的巨大力量，确保中华民族在面对各种危难时始终屹立于世界东方。尽忠报国早已成为中华民族在各个时期的共同价值观和共同话语，成为中华儿女抵抗外侵、投身生产建设的精神激励。

再次，国家独立、民族富强，需要人人齐心协力共同实现。历史充分证明，人民才是历史的创造者，是历史变革的最伟大力量，是真正的英雄。建设国家，需要每一个中国人发扬团结精神切实参与。尽管在战争年代或和平年代，尽忠报国的方式方法不尽相同，但是，爱国在任何时期都是民族的首要主题。只要人人尽忠报国，不论在任何时候，面对任何困难，国家都能够形成强大的凝聚力，克服各种艰难险阻，不断取得胜利。

最后，当国家处于发展阶段，很多领域都亟待发展之时，尽忠报国、投身国家建设更能体现出对国家和民族的高度责任感。新中国成立之初，各项事业百废待兴，一大批海外爱国人士纷纷放弃优厚的工作和生活待遇，毅然归国，投身社会主义建设事业，为国民经济迅速恢复和社会主义事业的起步发展发挥了不可磨灭的作用。钱学森坚定地将个人事业与国家发展结合起来，认为只有中国才是其最终归宿。邓稼先同样心系祖国，对自己选择发展国家的核事业毫不后悔，立志奋斗一生。他置核辐射危险于不顾，甚至早就做好了献身的准备，只为早日让新中国的核事业赶上世界先进水平。他们真正诠释了什么是民族担当，亲身示范了如何正确处理好国家与个人的关系。

尽忠报国，是个人对国家感恩情怀的集中体现。中国在某些方面的确没有某些国家好，某些国民的素质也还有待提高，但中国作为一个有几千年历史文化的整体，其思想底蕴和民族精神是足以令人自豪的。在一段时期，因为外在原因造成的暂时落后不代表中国人缺乏改进的能力。历史的发展线索充分表明，中国人完全可以依靠民族文化的积淀和自强不息的精神屹立于世界民族之林。祖国也并不因为她是最好的才值得爱。正如钱穆所说："人之父母，不必为世界最崇高之人物；人之所爱，不必为世界最美之典型，而无害其为父母，为所爱者。"[①] 爱自己的父母乃人之常情，即使他们不是世界上最好的父母；同样，爱自己的祖国也不必介怀她在某些方面尚不如其他国家完美。

三、尽忠报国的当代价值

尽忠报国重在行动。爱国，不能停留在口号上，而是要把自己的理想同祖国的前途、把自己的人生同民族的命运紧密联系在一起，扎根人民，奉献国家。怀有爱国热情是尽忠报国的基本前提，但是，空有爱国热情而没有报国之行，也是不够的。如何将报国热情转化为实际贡献，让爱国的推动力转化为现实的生产力，应当引起每一个立志报国之人的思考。

首先，爱国是具体的、现实的。今天提倡的爱国精神，要从日常的工作、生活做起，也要与爱党、爱社会主义相结合。爱国英雄不仅仅包括历史上为国捐躯的著名人物，也包括在和平时期为国家无私奉献的人。例如，"时代楷模"黄大年 2009 年放弃国外的优越条件回到祖国，"什么职务也不要，就想为祖国做些事"。他工作起来争分夺秒、不辞辛劳，曾因过度劳累数次出现昏倒和痉挛的情况。在病重住院期间，黄大年仍坚持工作，希望通过自己

① 钱穆 . 国史大纲［M］. 北京：商务印书馆，1991：2.

的努力，让中国成为在国际上真正具有竞争力的、掌握高精尖技术的国家。他常鼓励学生：
"一定要出去，出去了一定要回来；一定要出息，出息了一定要报国。"

其次，要对祖国的历史文化和发展现状有深刻的了解。历史学家钱穆曾说："惟知之深，故爱之切。若一民族对其已往历史无所了知，此必为无文化之民族。"[1]了解中华民族的历史，才能秉承中华文化基因，才会生发民族自豪感和文化自信心。钱穆的名著《国史大纲》写就于抗战时期，全面记述了其在内忧外患的国情下对中国命运的深刻思考。这部著作问世后，成为很多大学的历史教科书，在学界起到了积极的民族文化凝聚作用。只有做到将国家的发展历程置于人类整体发展进程之中，理性看待本国发展所处实际水平，运用科学的方式方法参与到保卫和建设本国的事业中，才能够做到理性尽忠报国。反之，只能导致"爱之适足以害之"的结果，非但不能推动国家的发展，甚至可能对国家造成危害。

秋瑾（1875—1907），初名闺瑾，乳名玉姑，自称"鉴湖女侠"，中国女权和女学思想的倡导者，近代民主革命志士，曾自费东渡日本留学，积极投身反清革命，先后参加过三合会、光复会、同盟会等革命组织，联络会党计划响应萍浏醴起义未果。1907年，她与徐锡麟等组织光复军，拟于7月6日在浙江、安徽同时起义，事泄被捕，7月15日，从容就义于绍兴轩亭口，年仅32岁。

再次，尽忠报国既需要炽烈的情感，也需要扎实的行动。尽忠报国讲求个人情感与实际行动相结合，做到言与行的高度统一。古往今来，凡是尽忠报国的人，无一不怀有崇高的理想信念及果决的现实践行。他们展示了什么是心行合一。不同的人，从事的行业不同，各自的发展目标也不尽相同，但是，尽忠报国的人生价值都是一致的。比如在新疆温宿县吐木秀克镇的栏杆村，年过八旬的老党员胡达拜地·依明20多年如一日，无论严寒酷暑还是刮风下雪，每天清晨坚持升国旗，成为当地的一道风景线。这位边境"升旗手"就是一位普通的村民和护边员，但他以实际行动表达了自己对祖国的一腔真情。

最后，要正确处理好尽忠报国与共同构建人类命运共同体的关系。21世纪以来，少数国家将自身利益置于全人类利益的对立面，发动了多场侵犯他国主权的战争，霸权主义、保护主义、民族主义全面抬头，"爱国"的含义在一些西方政客那里被肆意歪曲，成为侵略与欺压其他国家和地区人民的堂而皇之的借口。这些都是狭隘民族主义的典型表现。中国始终致力于推动世界多极化发展，积极构建新型大国关系，谋求全世界共同繁荣，走出了一条大国和平崛起的道路。因此，要积极拓宽视野和胸怀，将尽忠报国与推动全人类的共同事业结合起来，实现家国天下的有机统一。

尽忠报国是中华民族的传统美德，也是当代中国需要大力弘扬的美德。爱国主义是中华民族精神的核心，是中华民族的精神基因，维系着中华大地上各个民族的团结统一，激励着

---

① 钱穆. 国史大纲［M］. 北京：商务印书馆，1991：2.

一代又一代中华儿女为祖国的发展繁荣而不懈奋斗。5000 多年来，中华民族之所以能够经受住无数难以想象的考验，始终保持旺盛的生命力，生生不息，薪火相传，与中华民族有深厚持久的爱国主义传统是密不可分的。在新时代，要做到忠于国家、报效国家，就要在现实的学习、工作及生活中继承和发扬中华民族的爱国主义精神，始终不渝地维护祖国统一和民族团结，始终致力于建设国家、为人民服务，不断充实尽忠报国的新内涵。

第二节　以民为本

以民为本是中国传统政治的核心价值，这一理念可追溯到《尚书》中"民为邦本，本固邦宁"的思想，意思是，百姓乃国家的根基，根基稳固国家才能安宁。这一思想贯穿于我国历朝历代的国家治理理念中，在维护国家稳定、保障国民权益方面发挥了重要的作用。但传统的民本观念具有时代的局限性，今天，中国特色社会主义实践必须克服传统局限，坚持"立党为公，执政为民"的执政理念，践行党的群众路线和为人民服务的根本宗旨。

一、以民为本的思想内涵

中国历代先贤几乎都认识到了以民为本的重要性。例如，《管子》记载，齐桓公问管仲："敢问何谓其本？"管子回答："齐国百姓，公之本也。"（《管子·霸形》）孟子的说法更为明确，他说："民为贵，社稷次之，君为轻。"（《孟子·尽心下》）这一观点对后来的中国政治家与知识分子有深远的影响。以汉文帝为例，在他之前，犯人经常会被处以肉刑（比如割鼻、挖眼），犯重法的还会株连整个家族。汉文帝觉得这种刑法对百姓太不人道，因此废除了肉刑和连坐法。同时，汉文帝也废除了法令中"诽谤朝廷妖言惑众"及"百姓批评朝政有罪"的罪状。临死前，他留下遗嘱：不许搞全国吊唁，不许百姓为自己发丧。他还曾下"罪己诏"，向天下忏悔自己的过错，说："朕下不能理育群生，上以累三光之明，其不德大矣。令至，其悉思朕之过失，及知见思之所不及，丐以告朕。及举贤良方正能直言极谏者，以匡朕之不逮。"（《史记·孝文本纪》）汉文帝的从政理念为后来的统治者治国提供了重要参照。

> 汉文帝刘恒（前 203—前 157），在位时励精图治、兴修水利、废除肉刑、衣着朴素，使汉朝进入强盛安定的时期。汉文帝与其子汉景帝统治的时期被合称为"文景之治"。

中国传统文化中，以民为本的理念源远流长，相关论述十分丰富。孟子说"民为贵，社稷次之，君为轻"，意指民贵君轻，百姓才是最重要的。孟子还区分了王道与霸道："以力假仁者霸，霸必有大国；以德行仁者王，王不待大，汤以七十里，文王以百里。以力服人者，非心服也，力不赡也；以德服人者，中心悦而诚服也，如七十子之服孔子也。"（《孟子·公孙丑上》）所谓"以力假仁"，就是打着仁民爱物的旗号而把人民当作实现霸业的工具；所谓"以德行仁"，则是以为人民好为目的。在孟子看来，只有真正将人民放在中心位置，才能以德服人、让人心悦诚服。《墨子·尚同下》提出："古者天之始生民，未有正长也……是以厚者有斗，而薄者有争。是故天下之欲同一天下之义也，是故选择贤者，立为天子。"这是说，天子是为了帮助老百姓解决纠纷而存在的。《韩非子·五蠹》中说："上古之世，人民少而禽兽众，人民不胜禽兽虫蛇。有圣人作，构木为巢以避群害，而民说之，使王天下，号曰有巢氏。民食果蓏蚌蛤，腥臊恶臭而伤害腹胃，民多疾病。有圣人作，钻燧取火以化腥臊，而民说之，使王天下，号之曰燧人氏。中古之世，天下大水，而鲧、禹决渎。近古之世，桀、纣暴乱，而汤、武征伐。"韩非子和墨子一样，都认为君主之所以存在，是为了帮助人民解决问题，而不是为了让人民顺从、奉养自己。

唐代柳宗元在以民为本思想的基础上提出"吏为民役"的观点，进一步指出了官员与民众的角色问题。明代黄宗羲则主张"民主君客"，系统性地阐发了民本思想。他在《明夷待访录》中将帝王之家与百姓之国做了区分，对家国同构的政治观念做了批判。历代的民本思想往往把尊君与爱民融为一体，这构成了民本思想的内在矛盾。黄宗羲则指出"盖天下之治乱，不在一姓之兴亡，而在万民之忧乐"，进而认为官吏出仕"为天下，非为君也；为万民，非为一姓也"（《明夷待访录·原臣》）。在这样的文化传统下，中国近现代诸多具有深远历史影响的革命先行者、政治家纷纷继承了以民为本的思想，以之作为中国革命的重要指导理念。如孙中山提出的民权、民族、民生"三民主义"，就是对传统的"以民为本"理念的继承和发展。

应当指出，在不同的时期，"民"的概念是不断变化的，而传统的"民"与"人民"的概念也是有重大差异的。中国共产党对"人民"的理解就有历史演进的过程。党的二十大报告指出"人民性是马克思主义的本质属性"。正确理解"人民"，对我们正确理解中国共产党"立党为公，执政为民"的执政理念具有重要意义。人民是历史的创造者，是真正的英雄，人心是最大的政治。只有充分认识到人民的决定性作用，获得人民的支持，才能战胜一切艰难险阻。中国共产党的人民观，是对中国传统文化中以民为本理念的继承和重大创新，是对马克思主义群众史观的鲜明实践，应当准确理解，明确区分，不能混为一谈。

二、为何要提倡以民为本

以民为本理念对中国历史的发展有着深远的影响。新中国成立之前，历朝历代兴衰罔替，都迫使统治者们不断反思以民为本的重要性，以民为本成为巩固统治者统治的重要理念，但归根结底仍然是要维持自身统治。中国共产党自成立以后，始终秉持和发展马克思主义群众史观，坚持将人民作为一切工作的中心，领导人民争取民族解放，实现主权独立；当前，正向着第二个百年奋斗目标奋勇前进。

首先，以民为本丰富了民生概念的内涵。生活条件的富足是百姓的基本需求，民本思想首先就要求国家和官吏关注民生。孔子认为富贵是人的基本欲望，主张"因民之所利而利之"（《论语·尧曰》），提出"富民"的治国策略。孟子则进一步解释说百姓是"有恒产者有恒心"，因此，君王应重视百姓的物质生活，"必使仰足以事父母，俯足以畜妻子，乐岁终身饱，凶年免于死亡"，做到"七十者衣帛食肉，黎民不饥不寒"，认为这是实现王道的基本条件。孟子还提出了节用、薄税等一系列富民的手段。东汉哲学家王符在《潜夫论》中说"为国者以富民为本"，说的也是这个意思。此外，历代政府也经常设立慈善机构对贫病孤寡等社会弱势群体给予额外照顾，比如慈幼局、安济坊、漏泽园等，这些做法对改善民生起到了重要作用。

其次，民本思想对于提升国民的精神文化素养有重要的推动作用。所谓"仓廪实而知礼节，衣食足而知荣辱"，以民为本的思想在保障了百姓物质生活的基础上，可以进一步在道德伦理、文化教养方面努力，进而对公俗良序的构建发挥作用。《论语·子路》中记载："子适卫，冉有仆。子曰：'庶矣哉！'冉有曰：'既庶矣，又何加焉？'曰：'富之。'曰：'既富矣，又何加焉？'曰：'教之。'"这说明教化的首要条件是使百姓富足，而富足之后的目标则是提升百姓在精神层面的追求。孟子认为百姓只有在有"恒产"之后，才可能有"恒心"；如果没有"恒产"和"恒心"，就容易"放辟邪侈"，导致个人行为失范、社会秩序混乱，最后依旧是百姓遭殃。从这个角度说，重视民众的文化教养、规范社会的道德秩序，本身就是以民为本的理念应该包含的题中之义。

最后，民本思想促进了中国传统社会的发展，推动形成了中国历史上诸多治世，如汉代的"文景之治"、唐代的"贞观之治""开元盛世"、清代的"康雍乾盛世"等。个人生活水平的提高、稳定的社会公共秩序的建立，带来的是整个国家政治、经济、文化、军事等层面的相对繁荣。历代明君，无不是在秉承以民为本精神的基础上，节用裕民、轻徭薄赋、省刑轻钥，才营造起盛世的气象。在中国古代，即便只是作为必要手段的民本主义，在客观上也对人民有利。比如，《荀子》中记载了孔子对鲁哀公讲的话："君者，舟也；庶人者，水也。水则载舟，水则覆舟，君以此思危，则危将焉而不至矣？"（《荀子·哀公》）这个比喻后来也被唐代的魏徵多次引用，以向唐太宗进谏。虽然古代以民为本的理念中包含着巩固封建政权的内容，但在特定历史时期，统治者的民本实践还是起到了重视人民利益的实质效果。

魏徵（580—643），字玄成，唐代政治家、思想家、文学家和史学家，因直言进谏，辅佐唐太宗共同创建"贞观之治"的大业，被后人称为"一代名相"。

三、以民为本的当代价值

民生问题是政府必须关切的重大问题，新时期的改革发展要抓住人民最关心、最直接、最现实的利益问题，使成果更多，更公平地惠及全体人民。当前，生态文明建设、发展教育、保障就业率、提升收入水平、加强社会保障体系建设、高质量打好打赢脱贫攻坚战、推进健康中国建设等，都是要全方位考量的改善民生的实践。目前我国脱贫攻坚战已取得全面胜利，区域性整体贫困得到解决，完成了消除绝对贫困的艰巨任务，这是民生问题得到重大改善的标志。

以人民为中心，不仅仅是帮助人民解决物质生活的问题，还要注重人民精神文化需要的满足。目前，我国社会主要矛盾已经转化为人民日益增长的美好生活需要和不平衡不充分的发展之间的矛盾。因此，为人民服务也应当立足于这一社会主要矛盾的转化，及时做出合乎时代潮流、顺应人民意愿的调整，加强思想道德建设，繁荣发展社会主义文艺，推动文化事业和文化产业的发展，为人民群众提供丰富的精神食粮，使全体人民在理想信念、价值理念、道德观念上紧紧地团结在一起。

中国传统社会中的民本思想，有其生成的特殊历史环境，虽然在历史上发挥过积极作用，但也有其无可避免的局限性，其本质上更多是一种开明的统治策略。例如，陈独秀在《再质问〈东方杂志〉记者》一文中提到："仍以古时之民本主义为现代之民主主义，是所谓蒙马以虎皮耳，换汤不换药耳。"[①]梁启超则说："夫徒言民为邦本，政在养民，而政之所从出，其权力乃在人民之外，此种无参政权的民本思想，为效几何，我国政治论之最大缺点，毋乃在是。"[②]陈独秀、梁启超等人的说法给当代践行以民为本提出了重要的问题，亦即今天应该如何看待这一理念的政治价值，又当进行何种转换来赋予其新的内涵？尊重人民主体地位，保证人民当家作主，是中国共产党的一贯主张。这一治国理政的方针，是在马克思主义政党的基本政治立场上，运用马克思主义群众史观，继承、发扬中国传统民本思想而形成的。以人民为中心的发展思想，不同于传统封建时代的民本主张，而是彻底把人民作为实践主体、认识主体、价值主体、历史主体，始终坚持人民立场，坚信执政的根基和力量在人民。

首先，在思想认识层面，以人民为中心的发展理念主张人民利益至上、保证人民当家作主。实现中华民族伟大复兴的中国梦，必须维护好、发展好、实现好人民的切身利益。党的二十大报告指出："维护人民根本利益，增进民生福祉，不断实现发展为了人民、发展依靠人民、发展成果由人民共享，让现代化建设成果更多更公平惠及全体人民。"

人民当家作主是社会主义民主政治的本质特征，落实人民当家作主思想，要尊重和坚持人民的主体地位。具体来说包括依法扩大人民有序政治参与，保障人民的知情权、参与权、表达权、监督权；用人民代表大会制度、协商民主等制度体系保证人民当家作主；充分认识人民群众中蕴藏着巨大的潜力和能力，把党内和党外、国内和国外各方面优秀人才聚集调动起来参与社会建设。这是以人民为中心的发展思想与传统民本思想的本质区别，真正以人民作为国家的主人。

其次，在实践层面，要始终坚持群众路线、不断改善民生、满足人民美好生活的需要。毛泽东在民主革命和新中国建设时期就反复强调"一切为了群众，一切依靠群众，从群众中来，到群众中去"的群众路线。在当下中国，要真正践行群众路线、做到以民为本，必须时刻把群众的安危冷暖放在心上，及时准确地了解群众所思、所盼、所忧、所急，把群众

---

① 陈独秀.再质问《东方杂志》记者［J］.新青年，1919，6（2）：156.

② 梁启超.先秦政治思想史［M］.北京：东方出版社，1996：4.

工作做实、做深、做细、做透。

最后，在评价标尺方面，还要意识到人民的评价始终是检验党的工作得失的标准。党的一切工作，要始终致力于让人民高兴、满意，要将人民的肯定与否作为衡量党治国理政效果的标准。也只有认真对待人民的评价，才能确保党在任何时期都始终同人民站在一起，得到人民的真心拥护。

以民为本是中华优秀传统文化的核心理念之一，是关涉国家治理和百姓福祉的大德，为历代统治者重视。在民本思想的影响下，国民的物质和精神生活得到一定程度的保障，社会道德日益规范，对历史上盛世王朝的兴起发挥了重要作用。但中国历史上的以人为本思想，不可能真正实现国民的自由平等，带有历史局限性。只有汲取传统的以民为本理念的合理价值，将之与马克思主义政党的基本政治立场和群众史观相结合，才能真正践行好以人民为中心的发展思想。

第三节　和而不同

"和同之辩"是中国思想史上的一个重要议题。和而不同的理念主张通过协调不同要素，达到丰富发展的和谐境界。而同质要素的叠加或重复，往往单调乏味、易于枯竭，且容易引起矛盾纷争。和而不同的理念在历史上是民族国家之和平稳定、思想文化之蓬勃发展、个人境界之提升进步的重要保证，也是现代社会中重要的价值精神。只有坚守自身立场，同时树立起美美与共的开放心态，并切实在国家与文明的交流中贯彻这一精神，才能彰显出这一传统理念的现代意义。

一、和而不同的思想内涵

"和而不同"是很早就出现的一种传统价值观，包含了古代先贤对事物发展规律的哲学思考和价值取向。这一原则长期以来为国人所推崇，并体现在治国理政、社会交往、个人修养的各个层面。

"和"是一个古老的概念。《史记·五帝本纪》载黄帝时"万国和"、尧帝时"百姓昭明，合和万国"，《尚书》中也有"八音克谐，无相夺伦，神人以和"（《尚书·虞书·尧典》）、"百姓昭明，协和万邦"（《尚书·虞书·尧典》）、"庶政惟和，万国咸宁"（《尚书·周书·周官》）等论述。其中"和"表达的是关系的和谐，包括声音之间的配合协调，以及神人关系、邦国关系、家庭关系的和谐等。

在中国传统思想中，"和"一直是很高的境界。《论语》记载有子说："礼之用，和为贵。先王之道斯为美。"（《论语·学而》）这表明历代先王的治世之道和礼仪制定皆以"和"为目标。《中庸》云："喜怒哀乐之未发，谓之中；发而皆中节，谓之和。"这是说在个人修养层面，情感的表达合乎礼仪规范，便是"和"。并称"致中和，天地位焉，万物育焉"，认为个人的修养境界达到"中和"的地步后，就能与天地万物的变化相协调。孟子说"天时不如地利，地利不如人和"（《孟子·公孙丑下》），强调了"人和"在社会政治和国家治理层面的重要性。道家思想也讲"和"，比如老子说"万物负阴而抱阳，冲气以为和"（《道德经》第四十二章），就是说万物有阴阳两面，但二者须通融、平衡才能达到和谐的境地。又说大道"和其光，同其尘"，可见作为道家最高范畴的"道"也具备"和"的特性。

但"和"的观念与"同"是有差别的。墨子是中国古代推崇"同"这一理念的重要代表。墨子认为古时天下之人各持己见、以彼为非，导致家庭、社会不和，天下之乱，至如禽兽。这就类似于英国哲学家霍布斯（Hobbes）设想的"自然状态"，社会中会发生"每个人反对每个人的战争"。因此，墨子主张人民以其所属上级的是非标准作为行动的指导，最后统一于依"天志"所选定的人民的"正长"，即国君。他认为如此就可避免欺凌、争夺，达到人人相爱、天下太平的目标。墨子的思想建立在其对于上天赏善罚恶的理想主义信仰上，而这在实践上是不现实的。

> 墨子，名翟，战国时期著名的思想家、教育家、科学家、军事家。其学说以"兼爱""非攻"等思想为中心，是战国时期的显学，后世有"非儒即墨"之说。后人辑有《墨子》一书。

在汉武帝时，大儒董仲舒曾上"天人三策"，提出国家在选贤任能时，"诸不在六艺之科、孔子之术者，皆绝其道，勿使并进"（《汉书·董仲舒传》），后来汉武帝提出了"罢黜百家，独尊儒术"的政策。这其实是另一种形式的"尚同"，即以儒家的伦理规范和价值理念作为国家的意识形态。从某种角度来说，独尊儒术与秦始皇时期的"书同文、车同轨"一样，对于国家统一和中央集权的建立具有积极的意义。但一味地"尚同"也容易造成思想禁锢，甚至引起政治上专制集权的风险。

> 董仲舒（前179—前104），西汉思想家、政治家、教育家，提出了"天人感应""大一统"等学说。其"罢黜百家，独尊儒术"的主张为汉武帝所采纳，使儒学长期成为中国传统社会的正统思想。

"和同之辩"是中国文化中重要的争论话题。《国语·郑语》中记载史伯曾提出"和实生物，同则不继，以他平他谓之和，故能丰长而物归之；若以同裨同，尽乃弃矣"的主张。意思是把不同的事物加以协调平衡，能促进事物不断丰富发展；如果一味求同，则事物便难以为继。

春秋时期齐国晏婴在回答齐景公的问话时，进一步阐述了"和"与"同"的关系。晏婴认为，"和"是指不同成分的合理配合，例如，混合油盐酱醋、鱼肉菜蔬，用水火加工后，能够做出可口的汤，大家都爱喝，这叫"和"。一种汤，如果只用一种食材来做，这种汤就不好喝，这便是"同"。在政治生活中，君臣意见完全一致，这就是"同"。国君提出一种想法，大家议论、质疑、建议，使想法更加完善周全，这就是"和"。如果在政治生活中一味讲"同"，只能导致独断专行，国君的错误便得不到纠正。

后来，孔子进一步提出"君子和而不同，小人同而不和"（《论语·子路》），这实际上是把"和而不同"作为儒家理想人格的基本要求，同时把"同而不和"作为批判的对象。宋代朱熹说："只理会这一个公当底道理，故常和而不可以苟同。小人是做个私意，故相与阿比，然两人相聚也便分个彼己了；故有些小利害，便至纷争而不和也。"（《朱子语类》卷四十三）这里和同之辩又和义利公私之辩结合在了一起。将和同之辩与人格品质相联系，乃是后世儒家的主流价值导向。

二、为何要提倡和而不同

和而不同的理念能够成为中华民族认同的价值观之一，有治国理政、思想文化和个人修养等多方面的原因。

首先，中国自古以来是一个多民族国家，各民族在相处过程中，处理好"和"与"不同"之间的关系始终是一项重要工作。在中国历史上，专制统治曾经是维持国家统一的政治基础，历代王朝的更迭，册封、羁縻府州制都和中央集权制相随，这有助于打破各民族间的隔阂与各地区间的分裂，为实现各民族融合提供了制度保障。同时，尊重地区的经济、文化、风俗差异，也可使得中华文化在统一的过程中不断得到扩充和发展。这种在差异中求统一、在多元中求一体的治理理念，在古代社会就获得了充分的运用。而在新中国，民族区域自治制度也可以看作对和而不同的治理理念的发挥。

其次，思想文化领域的活跃也得益于和而不同的理念。战国时期的百家争鸣就是极好的例证，思想文化只有多样化发展，才能丰富绚烂。战国时期，各家思想的发展离不开相互间的交流和融通。以至于《吕氏春秋》这样的著作，很难再以某一家一派来加以界定，而成为融合诸家思想的"杂家"。魏晋玄学的发展也是在融合了儒、道等思想传统的基础上诞生的。佛教进入中国后，更与本土文明不断碰撞融合，从一种外来文化逐步转变为与儒、道鼎立的中华传统文化，三教各成体系而又在多个层面融合汇通，对 2000 多年来中国人的思想文化和生活实践有重要影响。

最后，和而不同也是提升个人修养、协调人际交往、增强团队合作的重要准则。"天下事理本非一人意见所能尽"，只有博采众长才能相互启发、避免狭私，不断提升自我的认识能力和人生境界。此外，人与人之间的相处也要求摒除各自的私见，在团队合作的基础上尊重他人的意见，才能发挥集体的最大效能。北宋朋党之争严重，范仲淹、富弼、韩琦等人尽管"上前争事，议论各别"，但"下殿

▲ 明代画家丁云鹏所作《三教图》（局部），描绘了儒、释、道 3 家代表人物坐而论道的情形，表现了三教思想在中国社会的深度融合。

中华优秀传统文化（慕课版 第2版）

不失和气"，因为这种结党与争辩皆建立在"以道为朋"的基础上，而非以私利为原则，故能做到和而不同，共同辅佐朝政。当前，中国共产党领导的多党合作和政治协商制度，也充分体现着和而不同的传统智慧。中国特色社会主义既需要坚持中国共产党的领导核心地位，也需要不同民主党派、团体和无党派人士的参与，凝聚共识，共谋发展，只有这样，才能全面地反映最广大人民群众的根本利益，调动和团结最广泛的社会力量。

三、和而不同的当代价值

在当今全球化日益深入和多元文明不断交融的时代，践行好和而不同的理念，既能够为现代社会发展注入中华传统文化的优良基因，也能够在新的时代环境中丰富传统文化的价值内涵。

首先，和而不同不是通过放弃立场、退缩妥协达成的。和而不同强调"和"，但其前提是保证各自的不同立场与价值。如果为了达到"和"而一味放弃自身的特质，最终换来的只能是完全同质的事物。不同事物间要达到"和"，不必惧怕矛盾，而要积极看待和勇于解决矛盾。"和实生物，同则不继"，用马克思主义哲学的观点来说，就是要在矛盾的斗争性和同一性中产生新事物。

其次，要形成"美美与共"的开放心态。尽管我们强调哲学层面的"斗争性"和对自我特质的坚守，但在面对多元的个体时，依然要有开放、尊重的心态。从个人角度说，与人相处可以求同存异、各美其美，理解、接受不同的他人，才能成就更好的自我。从治世当政角度说，兼容并包、各扬所长方可成就功业。唐太宗秉承"兼听则明、偏信则暗"的信念积极求谏纳谏，成就一代盛世；蔡元培以多歧为贵、兼收并蓄的原则治理北大，造就了近现代教育史上的辉煌。就国家、文明的交流而言，也只有放弃唯我独尊的想法，懂得各美其美、美人之美，才能做到美美与共、天下大同。

费孝通与"美美与共"

> 费孝通（1910—2005），当代社会学家、人类学家。20世纪90年代中期，他提出认识和对待不同文明之间关系的理想途径应该是"各美其美、美人之美；美美与共、天下大同"。

再次，全球化时代，和而不同应当成为促进不同文明积极对话、遏制西方中心主义的必要思维。20世纪90年代的美国政治思想家塞缪尔·亨廷顿（Samuel Huntington）提出了"文明冲突论"，认为冷战后的国际冲突主要由几大异质文明间的难以调和的差异引起。不要看到别人的文明与自己的文明有不同，就感到不顺眼，就要千方百计去改造、去同化，甚至企图以自己的文明取而代之。文明的差异不必然导致冲突，反而是交流对话、互相促进的基础。和而不同应当是世界多元文明交流合作所秉承的基本原则，我们应该让它在构建"人类命运共同体"及推进"一带一路"倡议中发挥关键性的指导作用。

最后，值得注意的是，和而不同与天下大同均是中华优秀传统文化中的核心价值理念，这可能使人产生疑虑，既然提倡和而不同，为何又说天下大同是一种美好的社会理想？对此，只有正确理解二者之间的关系，方能明白和而不同的真正意涵和实践要点。《礼记》中所言的天下大同，指的是一种天下为公的社会理想形态。"大同"在历代注疏中多作"和""平"之解，表示这种理想是一种建立在和而不同基础上的政通人和的和谐状态，而不是主张一种高度同质化的思想文化或价值追求。

总而言之，和而不同是中国传统思想中对事物关系的一种深入思考，体现了中华文化开放、多元的特点。和而不同的理念曾是我国民族统一、经济往来、文化融合、国际交流领域中的指导思想之一，在现阶段也可为中华民族自身的伟大复兴和世界各国的和睦相处提供具有理论高度与操作可能的实践借鉴。

第四节　天人和谐

天人和谐是中国传统文化的一个基本价值取向，指的是人与天地万物是一种和谐共生关系。天人和谐的内涵极为丰富，广义地说，包括天人合一、天人相通、天人感应等内容，强调将人与自然看作一个统一、有机的整体。中国古代的先贤圣哲效法天道，将"天之道"与"人之道"相贯通，以体悟天道、效法天道、践行天道，形成中国文化特有的"天人合一"哲学。20世纪50年代以来，人类面临着全球性的生态危机，如何处理人与自然的关系已成为事关整个人类生存发展的世界性问题。中国传统文化中的天人和谐思想为人类处理人与自然的关系提供了有益借鉴。

一、天人和谐的思想内涵

天人和谐思想的诞生与中国传统社会结构密切相关。中国传统社会是典型的农耕社会，农业耕种极度依赖"天意"，于是中华文明自然对天人关系问题有着特殊的关注。中国传统天人和谐思想主要体现在儒、道两家的思想中。

在孔子看来，天不言而生、不为而成地化生万物。《论语·阳货》说："天何言哉，四时行焉，百物生焉。"孔子对天一直保持敬畏但并不将其过度神秘化。《论语·先进》说："未能事人，焉能事鬼？"学生也这样评价孔子："子不语怪、力、乱、神。"（《论语·述而》）

孟子认为人性与天道是贯通的，人能够通过"尽心知性"的努力和体验来感知天，他说："尽其心者，知其性也。知其性，则知天矣。存其心，养其性，所以事天也。"（《孟子·尽心上》）那么，怎么样努力才能感知天呢？孟子给出的答案是"诚"，他说："万物皆备于我矣。反身而诚，乐莫大焉。强恕而行，求仁莫近焉。"（《孟子·尽心上》）

儒家典籍《中庸》系统地阐发了天人和谐思想。《中庸》开篇就讲"天命之谓性，率性之谓道，修道之谓教"，进而讲到"唯天下至诚，为能尽其性。能尽其性，则能尽人之性；能尽人之性，则能尽物之性，能尽物之性，则可以赞天地之化育；可以赞天地之化育，则可以与天地参矣"。也就是说，天是人道之源，性是天之所命，教化要遵循天道，天、地、人是一个相互关联的整体，发挥人的天赋秉性就可以实现与天地的感通，与天地并列为三，实现天人和谐。这里的"诚"不是一般意义上诚实守信的"诚"，它指的是人发挥主观能动性以复归善性的精神力量。

除此之外，管子在中国历史上也较早提出天人和谐思想。他强调人与自然需要加强合作，他说："合于天时""人与天调，然后天地之美生"（《管子·五行》）。管子认为人只有顺应自然，与自然和谐相处，才能使得万物呈现和而不同、形态各具的和谐状态。

道家崇尚道法自然。老子有言："故道大，天大，地大，人亦大。域中有四大，而人居其一焉。人法地，地法天，天法道，道法自然。"（《道德经》第二十五章）这里的"自然"，虽不是指今天的自然界，但其中蕴含着人与万物各顺其性、和谐并生的思想。庄子提出"万物齐一"的"齐物论"主张，他说："以道观之，物无贵贱；以物观之，自贵而相贱。"（《庄子·秋水》）"天地与我并生，而万物与我为一。"（《庄子·齐物论》）在庄子看来，天地间的事物看似千差万别、相互对立，其实差别和对立都是相对的，从根本上看是统一的。就此而言，道家同样主张天人和谐。

> 庄子（约前369—前286），名周，战国时期宋国蒙（今河南商丘）人，道家学派代表人物，思想家、哲学家、文学家，与老子并称"老庄"。

可以说，天人和谐是中国文化中的基础观念之一，它深刻而又普遍地影响着人们的社会生活，人们的生产劳动、衣食住行、社会活动等无不体现着"援天道以证人事"的天人关系。中国文化既反对"唯天是从"的盲目崇拜，又反对"唯我是从"的绝对人类中心主义思想。中国文化强调发挥人的主观能动性，凸显"人是万物之灵"的特殊地位，但不主张人为"万物之主"，反而认为人对天地万物有着责无旁贷的义务与责任，强调人与万物在根本上一体相关。

二、为何要提倡天人和谐

几百年来，人类科学技术的跨越式发展极大地提高了人类认识自然、改造自然的能力，为人类社会创造了前所未有的物质财富。生产力的发展必然伴随着人与自然的"斗争"和自然环境的改变。一方面，现代工业的进步使自然环境发生了各种有益于人类的变化，但另一方面，资本主义条件下短视、盲目的工业扩张也带来了许多触目惊心的资源和环境问题。

到目前为止，已经威胁人类并被人类意识到的生态危机主要有：全球变暖、臭氧层破坏、酸雨、淡水资源危机、能源短缺、森林面积锐减、物种加速灭绝、垃圾成灾、有毒化学物品污染等。这些危机绝大部分都是人为造成的，与人类对自然资源无节制的物质占有和环境破坏密切相关。1972年，美国环保运动的先驱组织、著名的罗马俱乐部出版了《增长的极限》一书，将生态危机作为一个全球性问题提出，书中认

《增长的极限》简介

为西方自近代产业革命以来的"人类征服自然"经济增长模式必然会导致人与自然陷入尖锐的矛盾对立中，长此以往，人类社会将会面临生态崩溃和资源枯竭的困境。这本书将矛头直指西方近代发展模式。

近代以来，西方社会兴起了"人类中心主义"的社会思潮，以人类为中心的思想人为割裂了人与自然之间紧密的联系，这种生态观念必然造成人与自然的对立。人类中心主义认为，在人与自然的价值关系中，人是绝对的主导者，自然界是绝对的客体，所有价值评价均应诉诸"人是目的"这一命题，因此，一切活动应当以人类的利益为出发点和归宿。西方近代以启蒙理性为主导理论，一度将人类中心主义推向了极端。

当前，无论是欧美发达国家，还是新兴经济体，均面临着生态与发展的突出矛盾，这是制约人类发展的共同问题。人与自然的和谐共生是全球在生态文明方面的必然选择。英国著名历史学家阿诺德•汤因比和日本宗教及文化界著名人士、社会活动家池田大作（Daisaku Ikeda）曾经有过著名的"世纪对话"，他在关于人类社会和当代世界问题的谈话中说："人类如果想使自然正常地存续下去，自身也要在必需的自然环境中生存下去的话，归根结底必须得和自然共存。"①

三、天人和谐的当代价值

当今人类面临的一个重要问题是人与自然关系的紧张，中国古代天人和谐思想能够为应对当今生态危机提供有益的启示，当然，对中国传统天人和谐的思想也要坚持批判继承的态度。

从思维方式来说，要以"天人和谐"应对天人"二元对立"。天人"二元对立"的观念与西方近代以来过度高扬人的主体理性地位密切相关。毋庸置疑，主体理性对于激发人的创造潜能，彰显人的价值尊严，推动科技进步，有着巨大的促进作用。但是，如果过度高扬人的主体性，忽视自然的客观规律，盲目进行社会生产活动，就会导致人们对自然的索取超过自然更生的限度，各种生态问题就会随之而来。也就是说，主体理性是人类改造自然的有力武器，但是不能过分运用。

中国古代天人和谐思想主张人与自然和谐相处，颂扬天地化生万物的"生生之德"，要求以仁爱之心和仁者胸怀来观照世间万物，对自然资源要使之有度、用之以时。《论语》里记载，孔子"钓而不纲，弋不射宿"（《论语•述而》），意思是说，孔子在捕鱼之时选择垂钓而不是用网，捕鸟之时不射杀归巢之鸟，这都是为了让动物能不断繁衍生息。孟子则强调"使物以时"，他向梁惠王进谏时说"斧斤以时入山林"（《孟子•梁惠王上》），指的就是要根据事物生长变化的客观规律来"取"，而不是一味无节制地"夺"。

中国传统天人和谐思想蕴含着可持续发展理念，这对于我们摆脱西方社会主客体二元对立的思维方式具有重要借鉴意义，充分吸收天人和谐中的仁民爱物、使物以时、节用适度、顺应天常等生态智慧，有助于缓解人与自然的紧张关系。但也要看到，天人和谐思想具有明显的时代局限性，对此要进行辩证分析和理性看待。中国古代天人和谐思想仍然停留

① 汤因比，池田大作.展望二十一世纪［M］.荀春生，朱继征，陈国梁，译.北京：国际文化出版社，1985：40.

在朴素的经验层面，现代社会实践活动复杂化、智能化、科学化程度日益提高，仅靠朴素的天人和谐思想是远远不够的。我们要积极借鉴传统天人和谐思想来防止人类改造自然的活动走向极端，但不能保守地以此阻碍科学和社会的发展进步。

从更根本的意义上说，只有变革不合理的生产方式和生产关系，才能实现人与自然的和谐共生。恩格斯告诫道："我们不要过分陶醉于我们人类对自然界的胜利。对于每一次这样的胜利，自然界都对我们进行报复……我们每走一步都要记住：我们决不像征服者统治异族人那样支配自然界，决不像站在自然界之外的人似的去支配自然界——相反，我们连同我们的肉、血和头脑都属于自然界和存在于自然之中；我们对自然界的整个支配作用，就在于我们比其他一切生物强，能够认识和正确运用自然规律。"[1]作为自然界的一部分，一方面，人类必须正确认识自然规律，尊重自然，"事实上，我们一天天地学会更正确地理解自然规律，学会认识我们对自然界习以为常过程的干预所造成的较近或较远的后果"。另一方面，要合理地支配自然，"有计划地利用生产力"[2]。在马克思、恩格斯看来，人与自然的关系之所以出现问题，根源不在于自然，而在于人。

因此，要想真正解决生态危机，既不能诉诸田园式的浪漫主义，也不能仰仗某一个人的力量，更不能单纯地从道德领域寻求答案，相反，只有从根本上彻底变革不合理的生产方式和生产关系，才能真正消除生态危机产生的社会根源，实现人与人、人与自然关系的真正和解，构建人与自然和谐共生的发展方式和社会制度。总而言之，我们必须坚持以马克思主义的基本立场、观点和方法来分析当前人与自然的关系问题，批判地继承中国传统天人和谐思想，转变经济发展方式，推进生态文明建设，积极倡导绿色生活，创造良好生产生活环境，才能开创科学发展、绿色发展的新局面。

第五节　天下大同

天下大同，是中华优秀传统文化中的核心理念之一，是中国古代思想家心中最高的政治理想。"大同"理念，首见于《礼记·礼运》，其说明了大同社会的几层含义：第一，天下为公是大同的总纲，唯贤能者可任天子、君王；第二，大同社会的财富由全体成员共享，包括社会弱势群体均能公平获得生活保障；第三，大同社会的成员人人尽其己分，为整个社会发展服务；第四，大同社会人际关系和睦、社会风气诚信，能够超越个人与家族之间的亲缘关系，平等对待每个个体。中国古代典籍中存在大量有关大同理想的论述，甚至也酝酿出不少无政府主义的乌托邦式的政治理想，希望通过民众的自治，摒除阶级压迫带来的各种弊病。天下大同中的"天下"概念也是大同思想的内核之一，表达了这种理想的普遍性，包含了革除君主专制统治的最高政治诉求。

① 中共中央马克思恩格斯列宁斯大林著作编译局. 马克思恩格斯文集：第九卷［M］.北京：人民出版社，2009：559-560.

② 中共中央马克思恩格斯列宁斯大林著作编译局. 马克思恩格斯文集：第一卷［M］.北京：人民出版社，2009：689.

天下大同思想是在我国传统小农经济基础上产生的，具有历史局限性和乌托邦色彩，但我们应该看到其精神实质是要追求一种普遍意义上的权利平等与社会和谐，它在推动古代社会发展或社会变革中起到了重要的作用。

在政治层面，天下大同思想能够在一定程度上约束统治阶级的权力运用。在经济层面，天下大同思想能够促进古代经济的平稳发展。在民生层面，天下大同的思想能够在一定程度上提升生活水平。在道德风俗层面，大同理想的设定也起到了正面的价值引导作用。总体来说，天下大同作为一种社会理想形态，虽然存在一定的空想成分，但在实际上推动了政治制度、经济分配、社会保障、道德风俗等向着公平正义、和谐共享的方向不断革新、发展。从这个角度来说，这一思想依旧具有现实意义，它还将作为社会发展的理想目标继续推动中国乃至人类社会向前迈进。

自古以来，实现"天下大同"就是中国人的美好愿望，具有合理成分和普遍性价值。现阶段，共同富裕是社会主义的本质要求，也是中国共产党人的价值追求。党的二十大报告指出："中国式现代化是全体人民共同富裕的现代化"，因此，必须着力促进全体人民共同富裕，坚决防止两极分化。这与天下大同有相通之处，但又具备切实的奋斗目标和实现途径，摒弃了传统社会中大同思想的空想色彩，克服了其中简单的平均主义等缺陷。现阶段要继承和发展天下大同思想，在政治方面，要保证人民当家作主的地位，保障人民享有平等政治权利；在经济发展方面，应该保障人民基本生活水平，不断促进社会公平正义，最终实现共同富裕；在道德礼俗方面，应当重视思想道德建设和教育科学文化建设，从而引导人民形成良好的道德品质，提升全民的精神文明水准，重视以德治国和依法治国的结合，助力和谐社会发展；在教育科学文化方面，要通过发展教育、科学、卫生、体育、文化等事业，提高全民族的科学文化素质和道德水平；在国际外交方面，天下大同思想不仅要求关注一国民众之福祉，还要有世界眼光，正确处理国与国之间的相处问题。

中国传统文化中的天下大同，是古人构建的一种理想社会形态，表达了对平等、和谐、公有化、消除贫穷等生活状态的诉求。这一理想虽然有空想色彩，但在现实的政治权力监督、社会经济发展、国家资源分配、公民道德水准等方面都起到过重要引领作用。在当今社会，天下大同思想依旧可为中国发展提供思想启发，并能够为协调国际关系、构建人类命运共同体提供有益借鉴。

天下大同

中华优秀传统文化（慕课版 第2版）

中华优秀传统文化中的个人美德、社会公德、国家大德皆属抽象的理念，属于形而上的"道"。但"道"不是无所依托、无所凭借的，"道不离器"，"非器则无以见道"，"道"必须依靠形而下的"器"，即具体、物化的文化形式，才能得以呈现、保存、传承，并进一步根据时代需求实现创造性转化和创新性发展。因此，学习中华优秀传统文化，不能不了解"道"所寓之"器"，不能不了解中华优秀传统文化之种种核心理念所依托的具体形式。

中华优秀传统文化的具体形式丰富，带有鲜明的民族特征，在科技、文学、艺术、礼俗、生活各方面都取得了举世瞩目的成就。在科技领域，中华优秀传统文化于天文、数理、医学、技艺等方面皆有突出的发明创造。造纸术、印刷术、火药、指南针"四大发明"对人类文明的进步作出了重要贡献，中国传统医学、药学至今依然在广泛应用，在社会上发挥着救死扶伤的作用。在文学领域，诗词、散文、小说、戏曲等体裁交相辉映，名家辈出，佳作迭现。李白、杜甫的诗歌为后人代代吟诵，国粹京剧已成为中华文化传播的靓丽名片，《三国演义》《西游记》《水浒传》《红楼梦》"四大名著"更是享誉世界文坛。在艺术领域，绘画、书法、雕塑、建筑，每一方面都特色鲜明，成就辉煌。《清明上河图》《千里江山图》《兰亭集序》《多宝塔碑》、兵马俑、莫高窟、故宫、苏州园林等，都是中国古代艺术中的瑰宝，是世界知名的文化遗产。在礼俗领域，从家礼到社交礼仪，再到节日和民俗，中国古代礼俗文化对人与人、人与社会生活、人与天地自然的关系都做了礼仪安顿。婚丧嫁娶、拱手作揖、端午重阳，每一生活层面都充满文化韵味，充分彰显了"礼仪之邦"的文明气度。在日常生活领域，各色美食、华美衣冠、武术技击、悠悠茶香，五彩斑斓，令人叹为观止，展示了中华民族对生命和生活的热爱。

这些涉及生活各领域的具体文化形式，蕴含着中华民族几千年来累积的生存经验和生存智慧，其每一环节、每一侧面、每一角落、每一举手投足的安排，都浸透着中国传统文化核心的价值理念。科技创造中凸显的守正创新精神，文学作品中英雄人物的仁义忠信品质，绘画、建筑追求的天人和谐，礼俗生活要求的恭敬谦退，日常生活中体现的平凡而超越的智慧，这些都是中华优秀传统文化中的"道"。我们只有循着具体的文化形式、遗产、遗迹，才能真切体味"道"的魅力。

6

第六章
中华优秀传统文化中的科技成就

　　中华民族拥有源远流长的灿烂历史文化，科学技术史是中华文明史中极其重要的有机组成部分。中国古代科技所取得的辉煌成就举世公认，并曾在相当长的历史时期内处于世界领先的地位，对人类文明的发展进步贡献巨大。著名的"李约瑟之问"指出了中国古代科技的先进性："为什么从公元前1世纪到公元15世纪，在把人类的自然知识应用于人的实际需要方面，中国文明要比西方文明有效得多？"享誉世界的四大发明——造纸术、火药、印刷术、指南针，是古代中国人极富代表性的科技成就，促进了文化的传播，扩大了思想的交流，加快了社会的变革。概言之，中华优秀传统文化中的科技成就在天文、数理、医药、技艺等领域均有突出表现。天文领域的成就包括天象记录、观天仪器、天文历法和宇宙理论。数理领域的成就体现为数学的起源、发展、兴盛及融合，物理学的萌芽、鼎盛及会通。医药领域的发展创新主要分为医学和药学两部分，为后世留下了独特的医学体系和宝贵的医疗经验。技艺领域的成就表现为农业水利、生活交通、国防军事等诸多方面的实践创造。

第一节　天文

古代中国在天文领域有着世界上最为连续准确的天象记录和复杂精巧的观天仪器，也有着优良精确的天文历法和丰富多元的宇宙理论。不仅如此，有关"天"的知识在历朝历代受到高度重视，出现了"天人合一""天人感应"等流传后世的重要思想。天文学是与政治思想相互关联的特殊领域，也是中华优秀传统文化之科技成就的核心代表。天文领域的创新精神彰显了古代中国人的优秀品质，天人和谐则是中华民族的一贯追求。

一、天文概说

中华大地上的先民们很早就开始了对浩瀚星空的探索，天文学的起步与发展源自古代社会的生产生活需要，并逐步上升到核心文化层面。《易经》中说："观乎天文，以察时变；观乎人文，以化成天下。"强调要把天、地、人统一起来，把自然规律同人类文明联系起来。后来又出现了"天人合一""天人感应"等思想，这使中国古代的天文学与政治思想挂钩，在文化领域获得了特殊的地位。通俗地说，"上天"常被视为至高无上的主宰，世间权力的运作方式是"君权神授""受命于天"。封建王朝的统治合法性来自"天命"，封建帝王就是"天子"。

自古以来，与"天道"有关的天文学受到统治者的高度重视和严格控制，也因此带上了一抹神秘色彩。古人认为天象是一种预兆，对天象异常与否的解读直接关系到对"天子"施政好坏的评判。如《左传》中说："日有食之，天子不举，伐鼓于社；诸侯用币于社，伐鼓于朝。礼也。"当日食这种异象发生时，统治者需要举行"伐鼓"（击鼓）等一定的补救礼仪，才能"敬天保民"。由于天象事关政治秩序，民间私自研习天文的活动是不被鼓励的。历朝设有专事天文学的官方机构，名为太史局、司天监、司天局、钦天监等，任命天文学者为相应的官员，这些为天文学的代代相传奠定了坚实的制度基础。

天象记录方面，从最出名的哈雷彗星到其他彗星，再到太阳黑子、日食、月食、超新星爆发、流星雨等各类天文现象，我国古人对它们的记录大多走在世界前列。观天仪器方面，东汉张衡的漏水转浑天仪、唐代李淳风的浑天黄道仪、唐代僧一行和梁令瓒的黄道游仪、宋代苏颂和韩公廉的水运仪象台、宋代沈括的简化浑天仪、元代郭守敬的简仪等都是极具突破性和标志性的发明。天文历法方面，从先秦到近代，中国先后施行过的历法多达上百种，冠绝全球。宇宙理论方面，代表性的理论有体现宇宙本体论的五行说和元气说，以及体现宇宙结构论的盖天说、浑天说和宣夜说。

二、天象记录

数千年来，我国的天象记录在丰富性、延续性和完整性等特征上一枝独秀，远超世界其他几大文明。例如，中国古人在观测哈雷彗星时，就留下了早期记录，包括《竹书纪年》载有周昭王十九年（约前977）的记录："有星孛于紫微。"《春秋》载有鲁文公十四年（前613）观测到哈雷彗星的记录："有星孛入于北斗。"相关记录不但远远早于欧洲，而且连续不断，直到清末。关于其他彗星的记录更是数以百计，《晋书·天文志》中说："彗体无

中华优秀传统文化（慕课版　第2版）

光，傅日而为光，故夕见则东指，晨见则西指。在日南北皆随日光而指，顿挫其芒，或长或短。"通过历代典籍的记录可以知道，古代中国人对于彗星的经过时间、位置、路线及形态、成因等均有相应见解，这对现代彗星研究具有极大价值。

世界上有关太阳黑子的最早记录也出现在中国。《汉书·五行志》载有汉成帝河平元年（前28）发生的天象："日出黄，有黑气大如钱，居日中央。"其对太阳黑子的记述详细而形象。《淮南子》有"日中有踆乌"的记载，也是对太阳黑子的较早描述。许多传世的人文典籍也包含大量的天象记录，是中国古代科学史的重要组成部分。如文学经典《诗经·小雅》中也有关于日食的记载："十月之交，朔日辛卯，日有食之。"李约瑟在《中国科学技术史》的天文学分册中赞叹："中国人的天象记事表明，中国人是阿拉伯人之前的世界中最持久、最精确的天文观测者。"[1]

李约瑟与《中国科学技术史》

三、观天仪器

为了更好地进行天文观测活动，古人制造出种类多样、复杂精巧的观天仪器。传说先秦时期就已经出现了原始的观测工具，用于观测天体位置。宋代苏颂和韩公廉的水运仪象台实现了观测天象（浑仪）、演示天象（浑象）和报时3种功能的成功结合。苏颂在著作《新仪象法要》中对水运仪象台进行了详细说明，将这座整体为木结构的大型仪器分为3层，下层是报时装置，中层是浑象，上层是浑仪，依靠水力运转，构造极其巧妙。

天体仪

由于战乱等原因，大部分的古代天文观测仪器都未能流传至今，但也有极少数作为珍贵文物被保存下来，让今人仍可以切身感受到古代中国天文学家的智慧。北京古观象台有我国现存最早的天体仪之一，制造时间为康熙十二年（1673），设计者是比利时传教士南怀仁（Ferdinand Verbiest）。该天体仪高2.735米，重3850千克，主体部分是一个很大的空心铜球，

▲ 北京古观象台的天体仪

① 李约瑟.中国科学技术史：第三卷［M］.北京：科学出版社，2018：157.

球面刻着用于测量天体位置的网格，并有与天上星体对应的凸点。铜球可绕一根竖轴旋转，旋转一圈即为一个昼夜，而铜球与竖轴的两相交点就是南天极和北天极。两个极点处还有一个纵向大圆环围绕并固定，纵向大圆环又与一个横向大圈垂直交错。横向大圈有 4 个龙头立柱支撑，从而矗立于底座之上。凭借天体仪，人们可以直观形象地了解天体的运动方式和位置。

浑仪和简仪

南京紫金山天文台藏有明代制造的浑仪和简仪。浑仪高 3.1 米，底边长分别为 4.7 米和 4.9 米。简仪高 2.65 米，底边长分别为 2.99 米和 4.42 米。简仪更为简便，而两者功能相似，都是观测天体。浑仪的基本结构原理是通过子午环、赤道环、赤经环等可绕轴旋转的圆环，装上望筒对准天体，再借助圆环的刻度以确定天体在空中的位置。如果在圆环内嵌入更多圆环，那么就可以实现更为复杂的功能。简仪比浑仪结构更简单、观测精度更高。

此外，中国古代科学家发明的圭表、漏壶、日晷、星表等仪器，为创造众多观测成果奠定了重要基础。先秦时期，古人已经按二十八星宿来划分星区，这在人类文明史中独树一帜。例如《礼记·月令》即以二十八星宿为参照，明确了每个月初的昏旦中星和太阳所处的位置。汉代已经诞生了以《五星占》为代表的精密星图，三国陈卓所绘制的星图的恒星体系则被沿用千年之久。唐代僧一行组织了世界上第一次子午线实测，意义重大。元代郭守敬依托当时辽阔的版图进行了规模空前的天文观测工作——"四海测验"，在南至北纬 15 度、北至北纬 65 度的范围内测量夏至日的日影长度、昼夜长短及黄赤交角等，这为他后来主持的历法改革提供了科学支撑。

四、天文历法

历法的编制与颁布是中国古代天文学的中心工作，深刻影响王朝政治、社会文化和思想观念，对农事活动和日常生活也有重要的指导作用。在古代社会，颁布历法是一件全国性的大事，也在一定程度上象征着皇权的至高无上，背后是皇权对于"天道"的解释和"天道"在人间的应用。在更早的夏商时代，古人已经在使用十天干（甲、乙、丙、丁、戊、己、庚、辛、壬、癸）和十二地支（子、丑、寅、卯、辰、巳、午、未、申、酉、戌、亥）的干支计时方法。干支纪年法可能是迄今唯一连续不断使用的计时方法。现被列为联合国教科文组织人类非物质文化遗产的中国"二十四节气"，大部分在战国《吕氏春秋》内已经有了名称。

秦统一中国后颁行了《颛顼历》，采用十九年七闰的方式，以十月为一年之始，吸收二十四节气，闰月则置于岁尾的九月之后。汉武帝于元封七年（前104）颁行了首部较为完整的历法——《太初历》，改用夏正为一年之始，使用无中置闰法，使月份与季节的安排更为合理。该历法下，一年为365.2502日，一月为29.53086日。南北朝时祖冲之创制的《大明历》，改十九年七闰为三百九十一年一百四十四闰，与前人相比，这更符合实际，同时，他又引入岁差概念，充分考虑到回归年短于恒星年的天文学现象。该历法的改革是突破性的，于南梁天监九年（510）开始施行。隋代张胄玄编写的《大业历》则首次引入行星运动的不均匀性，运用等差级数求和的方法对行星位置表进行改进。唐代李淳风制成的《麟德历》废除了闰周方式，改用观测和统计来计算回归年与朔望月的准确数值。唐代僧一行又依托天文测量经验修正《麟德历》而新制《大衍历》，它成为后世历法的体例典范。

二十四节气

二十四节气是我国的传统节令，巧妙结合天文、气象与物候变化，将全年平分为二十四等份，依次为：立春、雨水、惊蛰、春分、清明、谷雨、立夏、小满、芒种、夏至、小暑、大暑、立秋、处暑、白露、秋分、寒露、霜降、立冬、小雪、大雪、冬至、小寒、大寒。中国幅员辽阔，各地气候不同，无法照搬二十四节气。但节气与农事关系密切，陆仁寿的《二十四节气》（中国财政经济出版社1955年出版）记载了一首农事歌：一月小寒接大寒，施肥完了心里安。立春雨水二月到，小麦地里草除完。三月惊蛰又春分，栽种树木灌水勤。清明谷雨四月过，油菜花黄麦穗新。五月立夏小满来，割麦插秧把棉栽。芒种夏至六月终，玉米大豆播田中。七月小暑大暑临，稻勤耕耘棉摘心。立秋处暑天渐凉，要割玉米和高粱。九月白露又秋分，收稻再把麦田耕。十月寒露霜降至，收了大豆收甘薯。立冬小雪天渐冷，响应号召售棉粮。大雪过后冬至到，选种积肥再生产。

南宋杨忠辅编制的《统天历》于庆元五年（1199）颁行，集中反映了宋代天文学取得的成就。该历废除了开天辟地之年的叙事，体现了讲求客观合理的进步性，又提出回归年不是常量而是变量，计算得出回归年为365.2425日，这已经和如今全球通用的公历中的回归年数值一致。元代郭守敬、许衡、王恂等人创制的《授时历》颁行于至元十八年（1281），《授时历》既发扬了前代历法的长处，又凭借大量观测创造性地使用弧矢割圆术和三次差内插法作为计算方法，是中国古代天文历法的集大成之作。后来明代《大统历》也基本沿袭《授时历》，两者的使用时间总计达400年之久。

《崇祯历书》

明末清初的《崇祯历书》是中西会通的成果，表明中国天文学开始向近代科学转型。随着时间推移，明末根据《大统历》推算的日食、月食时间已不准，且误差越来越大。徐光启领导一批中国天文学家和耶稣会传教士着手进行修历工作，历时5年于崇祯七年（1634）修成《崇祯历书》137卷。它标志着第谷体系正式被中国引进，也涉及一些托勒密体系和哥白尼体系的内容。然而这份中西文化交流的成果历经坎坷，受明末的新旧历法之争和风雨飘摇局势的限制而未能得到施行。

直到明清鼎革之后，曾参与《崇祯历书》编制的传教士汤若望（Johann Adam Schall von Bell）将之精简为《西洋新法历书》，进献给清政府。据此制成的《时宪历》于顺治二年（1645）颁行，后来虽然经过"杨光先教案"（也称"康熙历狱"）的反复，但是《时宪历》还是经受住了考验。因此，协助修历的传教士被留用于钦天监，任用西方传教士为宫廷天文学家的惯例也得以形成，这在一定程度上推动了当时天文历法研究的进步。清初的中西天文学融合工作卓有成效，既涌现出一批以薛凤祚、梅文鼎、王锡阐为代表的民间天文学家，又出版了一批以《御定律历渊源》100 卷为代表的官方作品。《御定律历渊源》含有专门的天文学部分《历象考成》42 卷，是"通贯中西之异同，而辨订古今之长短"的兼收并蓄型著作。1911 年辛亥革命后，南京临时政府宣布采取公元纪年，改用公历。

> ## "杨光先教案"
>
> "杨光先教案"发生于 1664—1669 年，是明末清初新旧天文学之争的一次大爆发。明末钦天监中支持传统《大统历》《回回历》的官员，以及其他保守派势力，均反对新传入中国的西方天文学。清初，杨光先上书攻击天主教和西方天文学，获得统治者支持，得以执掌钦天监并恢复旧历。但是，旧历却经不起客观观测的检验，最终失败下台。

五、宇宙理论

古人对于天地和宇宙的好奇还反映在天文学基本理论当中，构建了充满特色的宇宙本体论和宇宙结构论。有关宇宙本体论的代表性理论是五行说和元气说，有关宇宙结构论的代表性理论则是盖天说、浑天说和宣夜说。

五行说的广泛影响

五行说

五行说认为金、木、水、火、土五种不同特性的元素是宇宙万物的本原，它们之间是相生相克的辩证关系。五行相生的关系是：金生水，水生木，木生火，火生土，土生金。五行相克的关系是：火克金，金克木，木克土，土克水，水克火。五行说是一种朴素的唯物主义理论，用人们熟知的物质来解释宇宙的构成，揭示了宇宙的物质属性，以及物质不断运动变化的规律。

元气说

元气说认为物质性的"气"是宇宙万物的本原。《管子》中说："凡物之精，此则为生。下生五谷，上为列星。流于天地之间，谓之鬼神；藏于胸中，谓之圣人。是故民气，杲乎如登于天，杳乎如入于渊，淖乎如在于海，卒乎如在于己。"东汉王充在《论衡》中说："万物之生，皆禀元气。"也就是说，"气"的变化是万事万物变化的原因，也是物质世界复杂性的根源。天地处于不停歇的运动过程中，正是这种不停歇的运动促进了宇宙万物的新陈代谢。而且，元气说和五行说都认为天地最初从混沌中产生，均属对于天体演化的朴素唯物主义理解，在当时的世界上已经达到了相当先进的水平。

盖天说

盖天说是中国古代最为基本的宇宙结构阐释理论，起源于战国时期，表达了上古先民对于天圆地方的直观感受。《周髀算经》中说："天象盖笠，地法覆盘。"意思是天空像一个盖着的斗笠，大地像一口翻着的盘子。两者皆为中间隆起而周边低，加起来被称为"双重穹隆说"，也称"双重球冠模型"。南北朝时期著名的《敕勒歌》也体现了天圆地方的观念："敕

勒川，阴山下。天似穹庐，笼盖四野。天苍苍，野茫茫，风吹草低见牛羊。"盖天说的影响在中国古代社会持续了几千年，随着最后一个封建王朝清朝的终结而终结。北京的天坛和地坛就是明清时期统治者推崇盖天说的典型。比如，天坛的围墙平面北部为象征天象的圆形，围墙平面南部为象征地象的方形。祈年殿、圜丘等天坛主要建筑都是圆形的，高大巍峨的祈年殿内部开间还分别象征着四季、十二月、十二时辰和周天星宿。

▲ 北京天坛祈年殿

浑天说

浑天说依靠更强的解释力逐渐取代了盖天说，成为长期被奉为正统的宇宙结构论。东汉张衡在《浑天仪注》中结合元气说，论述了浑天说的主要观点："浑天如鸡子，天体圆如弹丸，地如鸡中黄，孤居于内，天大而地小。天表里有水，天之包地，犹壳之裹黄。天地各乘气而立，载水而浮。"用鸡蛋打比方，天空包着大地就像蛋壳包着蛋黄。总体而言，浑天说对于宇宙结构的解释是以大地为中心的，天空围绕大地旋转。这种地心说虽然还很不完备，但是具有一定的天文观测基础，已经可以为天文学的发展和应用解决一些问题，有着不可忽视的实用价值。

宣夜说

宣夜说不认为日月星辰有一个固定的可附着的存在场所，而是认为天空中充盈着无形的"气"。《晋书·天文志》中论述了宣夜说的主要观点："宣夜之书亡，惟汉秘书郎郗萌记先师相传云：天了无质，仰而瞻之，高远无极，眼瞀精绝，故苍苍然也。"天空之所以看起来是蓝色的，是因为距离观察者实在太远；日月星辰之所以看起来是亮的，是因为它们由会发光的"气"构成。元气说在此被深入使用，"气"的运动构成了宇宙运动的根基。天空是无色无形的，宇宙空间是无限的。虽然宣夜说提出了许多得到现代天文学认可的观点，但是无法凭借古代的科学水平进行验证，因而其接受度和影响力不高。

中国古代的天象记录为当今全球天文学的研究提供了尤其丰富的基础材料，历法等古代天文学内容至今仍在日常生活中发挥重要作用。虽然中国古代的宇宙理论与当代天文学理论相比存在明显的局限性，但是就当时的生产力和生产关系条件而言，它们很有想象力和创造力，也极具哲学思辨性，是宝贵的科学文化遗产。

第二节　数理

中国拥有深厚久远、守正创新的数理传统，分别体现为数学的起源、发展、兴盛及融合，物理学的萌芽、鼎盛及会通。在数学方面涌现出一批以刘徽、祖冲之、秦九韶、徐光启等为代表的大数学家。他们致力于数学典籍的编纂和数学方法的创制，发展出一套以算学为核心的数学体系。物理学方面与数学相比虽然不够成熟，但热学、力学、声学、光学、电学和磁学等多个领域均有活跃表现，各项成就斐然。

一、数理概说

数学被誉为"科学的皇后"和"人类智慧王冠上最灿烂的明珠"。中国古代数学在宋元以前可视为处于起源与发展阶段，成书于东汉时期的《九章算术》对先秦至两汉数百年的数学成就进行了系统总结，在世界数学史上居于重要地位。它是一部数学问题集，共分为9章246个问题，比如开平方和开立方、求解线性方程组、分数四则运算、正负数运算的加减法则、盈不足术（双设法）等，是中国古代数学发展的第一个高峰。宋元明清是中国古代数学的集大成阶段，秦九韶的《数书九章》是划时代的数学巨著，基本以问答的方式阐述数学原理。秦九韶论证了正负开方术，给出了任意高次方程的数值解法；提出了大衍求一术（被称为"中国的剩余定理"）；还创造了三斜求积术（根据三角形三边长可求得三角形面积）。

中国古代物理学在宋元以前可视为处于萌芽与形成阶段，原始社会的人们制造了各式石器、陶器、玉器、骨器、木器、铜器等，已经开始利用非人力的自然力，在制造和使用过程中领会到了力学知识。钻木取火的发明是物理学萌芽阶段的重要进展，显示出人们在利用和控制火的过程中掌握了热学知识。宋元至明清是中国古代物理学的鼎盛与会通阶段，随着明清之际和近代的两波"西学东渐"潮流兴起，近代物理学也逐渐传入中国。

无论是中国古代的数学还是物理学，都具有两大鲜明特点。一是实用性，古代数理传统源自人们在社会生产生活中产生的各种需求，通过分析论证和抽象提升，总结出一般的原理和方法，其根本目的是解决实际问题，讲求经世致用。二是综合性，与现代精细的学科分类不同，古代的数学和物理往往是分不开的，数理又往往与天文、农业、水利、建筑等分不开，广泛应用于耕种、冶炼、制陶、营造等各类场景之中。中国古代数理传统所具备的实用性和综合性，也是中华优秀传统文化推动科技发展和进步的底色。

二、数学的起源与发展

中国古代数学的数千年发展为中国传统文化史写下了光辉灿烂的一页，其历时之长、水平之高，都是世界各大文明所未曾有过的。半坡遗址出土的新石器时代陶器上已经有代表1至10的数字符号，并有等边三角形、正方形的图案。遗址发掘的建筑平面也有正方形、圆形、长方形等数种形制。先民们为了在生产生活中划定圆形、方形，也创造出相应的测量和作图工具。《周易》中说："上古结绳而治。"结绳记事的方法就包括对于事物之中数量关系的记录。商代已经明确使用十进位制计数，并有百、千、万的专门计数文字，最大的专门计数文字是三万。春秋战国时期，使用十进位制的筹算方法得到普遍应用，其计算工具是木筹、竹筹、铁筹、玉筹、骨筹等不同材质的算筹。我国现存最早的一部数学著作《周髀算经》介绍和应用了勾股定理。诸子百家的争鸣也涉及不少数学内容，如名家提出"一尺之棰，日取其半，万世不竭"的无限可分命题，墨家则针锋相对提出了不能无限分割的"非半"命题。此外，按照《周礼》规定，礼、乐、射、御、书、数是六艺，数就是主要的教育内容之一。郑玄在《周礼注》中诠释了"数"的9项内容：方田、粟米、差分、少广、商功、均输、方程、赢不足、旁要。可见，数学教育是当时贵族培养体系中不可或缺的一环。

魏晋时期，刘徽在《九章算术注》一书中对《九章算术》做了许多补充和改进，比较重要的是他创造了"割圆术"，据此算出圆周率约为3.1416，优于古希腊数学家阿基米德的计算结果3.141851。南北朝时期杰出的数学家祖冲之、祖暅父子书写了一段中国数学史上的佳话。祖氏父子的工作承前启后，把圆周率精确到3.1415926和3.1415927之间，这一纪录直到16世纪才被阿拉伯数学家打破。他们还创造了等高截面面积相比的方法，用于计算球体体积。唐代，国子监设立了算学馆，并编纂了《算经十书》作为教材。《算经十书》包括《周髀算经》《九章算术》《张丘建算经》《海岛算经》《缀术》《夏侯阳算经》《五经算术》《缉古算经》《五曹算经》《孙子算经》。这不但发展了数学教育，而且保存了数学经典。

《算经十书》

《算经十书》是唐代以前中国数学经典的荟萃，包含许多有趣的经典数学问题。比如，《孙子算经》中的"鸡兔同笼"问题："今有雉兔同笼，上有三十五头，下有九十四足，问雉兔各几何？"再如，《张丘建算经》中的百鸡问题："今有鸡翁一，值钱五；鸡母一，值钱三；鸡雏三，值钱一。凡百钱买鸡百只，问鸡翁、母、雏各几何？"

三、数学的兴盛与融合

宋元时期是中国古代经济和文化高度繁荣的时期，也是中国古代数学史上成就最为辉煌的阶段之一。宋代贾宪的《黄帝九章算法细草》已经出现了二项系数表，并创造出增乘开方法，完成了从开平方和开立方到四次以上开方的飞跃。刘益的《议古根源》在贾宪增乘开方法的基础上推至数字高次方程解法，而且涵盖了系数为负数的情况。

宋元数学四大家

宋元时期，秦九韶、李冶、杨辉、朱世杰 4 位数学家的成就最为突出，被并称为"宋元数学四大家"。李冶在其著作《测圆海镜》中系统介绍了一种符号运算方法——天元术，即把天元当作未知数符号（相当于今天常用的 x），列出高次方程。朱世杰则将天元术发展为更高阶的四元术，即推至二元、三元乃至四元高次联立方程。朱世杰还在《四元玉鉴》中提出了四元消元求解法、高阶等差数列求和的垛积法、高次内插方法的招差术。杨辉留下的大量数学著述，包括《详解九章算法》《日用算法》《杨辉算法》等，具有系统完备、寓教于学的特点。杨辉的三角数表最为出名，实际是记录了贾宪的二项式定理系数表，被后人称为"杨辉三角"，比欧洲 17 世纪才出现的"帕斯卡三角"早得多。

北宋沈括的《梦溪笔谈》是综合性的科学巨著，该书也涉及数学内容。沈括创造了隙积术，即通过类比归纳方法计算"垛积"问题。此外，他还首创了会圆术，以直代曲，以弦求弧，是中国平面几何的重要进展，而且被郭守敬等人应用到了天文计算中。在此应当指出，中国古代的数学与天文学往往结合在一起，不少数学家同时也是天文学家。天文观测、历法编制等活动都需要进行大量的计算，好的数学方法是准确记录天象和编出优良历法的基础。因此，在传统语境中，"历算"是一个通行的概念。

▲ 四川安岳的秦九韶塑像

宋元时期也是计算技术变革的时期，数学的应用价值得到充分挖掘。朱世杰在《算学启蒙》中提出了留头乘，亦称穿心乘。在 3 位以上的乘数相乘时，先以乘数第二位依次乘至末位，最后以乘数首位相乘。归除法此时也已经诞生，以口诀运算减轻了心算的负担。这意味着在筹算方法臻于炉火纯青的同时，成体系的珠算方法也已出现，实现了中国古代计算技术的重要转变。

明代商品经济较为发达，珠算十分流行。明末，随着"西学东渐"浪潮兴起，西方数学随着传教士东来而陆续传入中国，形成中西融合的局面。这股融合潮流之中最耀眼的浪花，当属万历三十五年（1607）徐光启和耶稣会传教士利玛窦（Matteo Ricci）合作翻译的欧几里得《几何原本》前六卷。徐光启把翻译西方数学著作视为推动中国数学进步的重要举措："不意古学废绝二千年后，顿获补缀唐、虞、三代之阙典遗义，其裨益当世，定复不小。"[1]在"西学东渐"浪潮的影响下，清初出现了一批长于中西数学的中国数学家，如梅文鼎、王锡阐等。清政府组织编写的御定《律历渊源》100 卷之中，就包括数学方面的《数理精蕴》53 卷，对传入的西方数学予以吸收融合。

梅文鼎及其科学世家

梅文鼎是受康熙帝赏识并被专门召见的中国数学家和天文学家，其家族为科学世家，这在中国古代科学史上乃至世界科学史上都不多见。《清史稿》专门为梅文鼎、文鼎子梅以燕、以燕子梅瑴成、瑴成子梅钫及文鼎弟梅文鼐、梅文鼏等梅氏族人立传。《四库全书》之中收录有梅文鼎《历算全书》60 卷、《大统历志》8 卷、《勿庵历算书记》1 卷，梅文鼏《中西经星同异考》1 卷，梅瑴成重定祖父之书《历算丛书》62 卷。

四、物理学的萌芽

从远古到春秋战国时期是中国物理学萌发的阶段。磬、钟、铃、鼓、琴、瑟、笛、笙、箫等各种乐器的创制，表明古人已具备声学基础。1978 年出土于湖北随州的曾侯乙编钟，让今人得以窥见周朝礼乐文化的伟大创造。曾侯乙编钟钟架长 7.48 米，高 2.65 米，全套编钟共 65 件。各钟制作精美，音域跨五个半八度，十二律齐备，兼容五声、六声、七声音阶，音色优美，音效极佳。此外，热学、力学、光学等领域的理论与技术也已开始萌芽。

《墨经》和《考工记》

《墨经》和《考工记》是标志着中国古代物理学形成的两部著作。《墨经》虽然以逻辑学内容为主，但是也涉及不少力学和光学的内容。《墨经》称"力，形之所以奋也"，指出有形的物体若要发生状态变化，需要力的作用；又说"形之大，其沉浅也，说在衡"，表

---

[1]　徐光启.徐光启集［M］.王重民，辑校.北京：中华书局，2014：75.

明物体浮出的部分与沉入水里的部分相平衡，阐述了浮力的作用原理；而"凡重，上弗挈，下弗收，旁弗劫，则下直"，则解释了重物下落时需要具备相应条件，才是自由落体运动。《墨经》阐释的物理现象多达十几种，阐释的光学现象也有多种，涉及的光学知识包括小孔成像、光与影的关系、光的反射、光的直线传播、平面镜成像、凸面镜成像和凹面镜成像等。《考工记》记述了春秋时期手工业多个工种的实用技术内容，阐明了许多力学、声学及热学方面的物理知识，在工艺技术应用方面集我国古代物理学知识之大成。它论述的物理问题包括皮革受力与变形、拉车时的惯性现象、箭的结构与飞行轨道、钟的形制与其音响效果、制陶和冶炼的热学等。

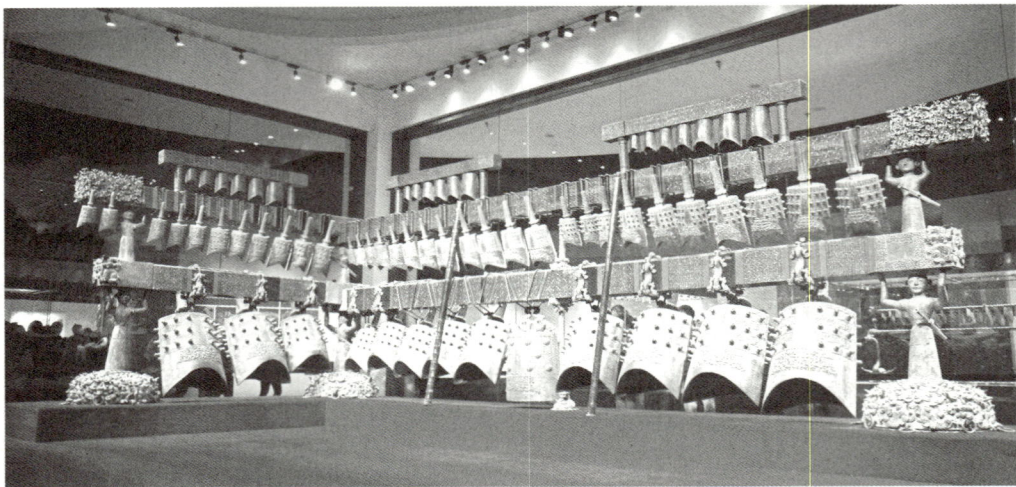

▲ 湖北省博物馆藏曾侯乙编钟

　　秦汉至隋唐时期，中国古代物理学的发展是多领域的，具体体现在物理学的各主要分支领域中。热学方面，人们开始接触并使用石油、煤炭、天然气等燃料，冶炼技术进一步提升。热空气上升的原理开始被学会并运用，"孔明灯"堪称"热气球"的雏形。东汉王充在《论衡》中写道："云雾，雨之征也，夏则为露，冬则为霜，温则为雨，寒则为雪。"多种形态的水说明了物态变化的现象。力学方面，杠杆、滑轮、齿轮等机械装置得到广泛应用，翻车、水排、被中香炉、浑天仪、地动仪、指南车等各种机械技术发明层出不穷。声学方面，王充在《论衡》中描述了声音的发出和传播原理。汉代京房发现三分损益法无法满足"旋宫转调"，把一个音阶分为 53 律。光学方面，出现了各种平面镜、凹面镜、凸透镜、潜望镜、透光镜等。唐代孔颖达在《礼记注疏》中说"若云薄漏日，日照雨滴则虹生"，对于彩虹的成因与光的色散进行探讨。电学和磁学方面，无论是静电和雷电现象，还是磁的吸引和排斥现象，都已被广泛注意到。

五、物理学的鼎盛与会通

　　宋元时期，中国古代物理学迎来鼎盛阶段。古人在各种各样的实践活动中对物理现象进行观察、记录和探索，积累了关于热学、力学、声学、光学、电学和磁学等方面的丰富知识。

热学

在热学领域，北宋曾公亮等人编撰的《武经总要》记录了3种火药配方，而当时也已发明出以火药喷射推进的火箭。陶谷的《清异录》则载："夜中有急，苦于作灯之缓，有智者批杉条，染硫磺，置之待用，一与火遇，得焰穗然。既神之，呼'引光奴'。今遂有货者，易名'火寸'。"他提到的当时贩卖的"火寸"就是火柴，首次明确记录了火柴的制作方法。古人对于热胀冷缩、水的次第沸腾等现象也都有细致的观察。

力学

在力学领域，北宋苏颂在《新仪象法要》中详细记载了水运仪象台的文字和图片说明，其结合了多种机械结构装置，时至今日仍可以依据示意复制出来。其中名为"天衡"的杠杆装置可以保证水运仪象台内计时装置的齿轮匀速转动，已初具当代钟表的雏形。李诫编撰的《营造法式》通过大量文字和图像对历代建筑的经验进行系统总结，论述了建筑横梁的宽与高之比例的规律，是关于建筑力学和材料力学的经典作品。僧人怀丙在北宋英宗时期曾主持利用浮船打捞沉于江底的万斤大铁牛。"以二大舟实土，夹牛维之，用大木为权衡状，钩牛，徐去其土，舟浮牛出。"这种打捞方法巧妙运用了和现代起重浮艇相同的原理。

声学

在声学领域，南宋赵希鹄在《洞天清录》中不仅探讨了木材材质对于古琴音效的影响，而且重点关注了弹琴场所。"宜实不宜虚，最宜重楼之下，盖上有楼板，则声不散；其下空旷清幽，则声透彻。若高堂大厦，则声散；小阁密室，则声不达；园圃亭榭，尤非所宜。"把文人雅趣和建筑声学结合起来。撰成《梦溪笔谈》的沈括也是声律大师，他还曾写过《乐论》《三乐谱》《乐律》《乐器图》等作品。他发现了管与弦的共振，还曾分析编钟制成扁圆形（椭圆形）的声学原因，发现扁圆形钟与圆形钟相比，振动模式少，哼音短，干扰小。

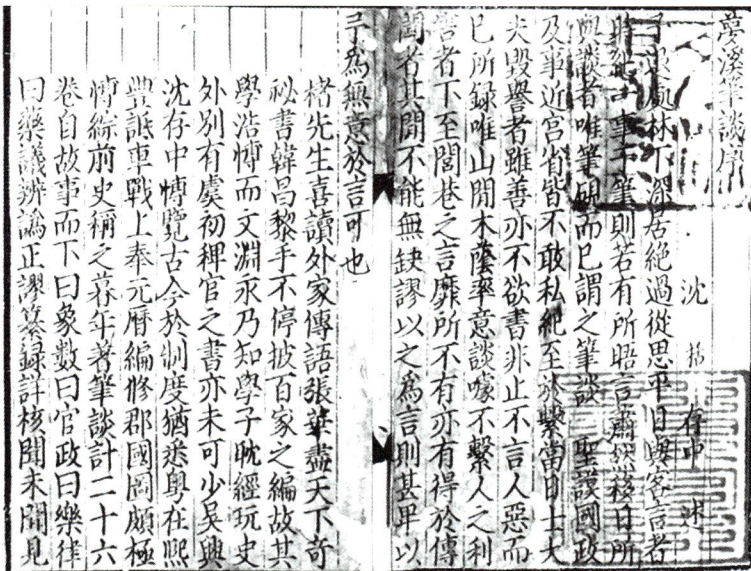

▲ 古迂陈氏家藏《梦溪笔谈》是《梦溪笔谈》的现存最早刻本

光学

在光学领域，沈括在《梦溪笔谈》中系统总结了不少光学原理。他论述了彩虹、日食、月食、月相变化等现象的成因。比如，他指出，有圆缺的月亮"如一弹丸，以粉涂其半，侧视之，则粉处如钩。对视之，则正圆"。他将光的直线传播、凹面镜反射成像、透光镜反射成像的现象原理解释得很透彻。比如，他观察凹面镜时说："离镜一二寸，光聚为一点，大如麻菽，着物则火发。"他准确把握了凹面镜的焦距。皮影戏在这一时期已经相当流行，受到民众欢迎。高承《事物纪原》载："市人有能谈三国事者，或采其说加缘饰作影人，为魏蜀吴三分战争之像。"皮影戏巧妙利用光学、声学效果，可生动描绘各类故事，具有浓厚的中国传统文化特色，是经久不衰的艺术形式。

皮影戏

电学和磁学

在电学和磁学领域，既有对雷电性质的深入观察研究，也有指南针的广泛运用。指南针正是因为被用于航海，才通过航路传到阿拉伯地区和西方国家。当时的人们已经可以使用人工磁化的方法，通过铁针与磁石相摩擦以使铁针获得磁性，从而制造指南针。沈括在《梦溪笔谈》中还率先阐释了地磁场存在地磁偏角："方家以磁石磨针锋，则能指南，然常微偏东，不全南也。"

当代价值

在中国古代文化环境中发展起来的数理有其不同于西方数学与物理学的特色和长处。"物理"一词在中国古代指万物之理，可以说是自然科学的总称。宋元时期的中国数学在前代积淀的基础上结出累累硕果，为当时世界数学领域的标杆。今人应当立足中国科学技术史和中华优秀传统文化的意义层面，汲取古人留下的宝贵经验和财富。

第三节 医药

中国古人创造的医学与药学是我国古代科学的瑰宝，也是打开中华文明宝库的钥匙之一。中国古代医学体系的初构以"中医学四大经典"的诞生为标志，在长期的发展和积累过程中愈趋系统。中医学和中药学在诊治、防疫、保健等多方面卓有成效，有关中医药的经典著述相当丰富。这既是当代中国卫生健康事业的宝贵历史资源，也是中华优秀传统文化中厚德载物、守正创新等核心理念的重要载体。

一、医药概说

中国古代医学历史悠久、独具特色、博大精深，是唯一一门至今仍然屹立于世界现代科学之林的传统学科。毛泽东曾指出："对中医问题，不只是给几个人看好病的问题，而是文化遗产的问题，要把中医提高到对全世界有贡献的问题。"^①中华大地上的各族先民们在长期应对疾病困扰的过程中，积累了丰富的医疗经验和医药知识，形成了具有东方特色的医学体系和医药文化。

中医药传承创新发展

2019 年 10 月发布的《中共中央 国务院关于促进中医药传承创新发展的意见》指出，中医药学为中华民族繁衍生息作出了巨大贡献，对世界文明进步产生了积极影响。党和政府高度重视中医药工作，特别是党的十八大以来，中医药改革发展取得显著成绩。同时也要看到，中西医并重方针仍需全面落实，遵循中医药规律的治理体系亟待健全，中医药发展基础和人才建设还比较薄弱，中药材质量良莠不齐，中医药传承不足、创新不够、作用发挥不充分，迫切需要深入实施中医药法，采取有效措施解决以上问题，切实把中医药这一祖先留给我们的宝贵财富继承好、发展好、利用好。

2021 年 3 月发布的《中华人民共和国国民经济和社会发展第十四个五年规划和2035 年远景目标纲要》提出，全面推进健康中国建设，要推动中医药传承创新。坚持中西医并重和优势互补，大力发展中医药事业。健全中医药服务体系，发挥中医药在疾病预防、治疗、康复中的独特优势。加强中西医结合，促进少数民族医药发展。加强古典医籍精华的梳理和挖掘，建设中医药科技支撑平台，改革完善中药审评审批机制，促进中药新药研发保护和产业发展。强化中药质量监管，促进中药质量提升。强化中医药特色人才培养，加强中医药文化传承与创新发展，推动中医药走向世界。

春秋战国时期，神医扁鹊的事迹流传甚广，《史记》为他立传，记载了他使虢国太子"起死回生"的故事。他判定虢国太子状若死亡的现象是名为"尸厥"的假死："夫以阳入阴中，动胃缠缘，中经维络，别下于三焦、膀胱，是以阳脉下遂，阴脉上争，会气闭而不通，阴上而阳内行，下内鼓而不起，上外绝而不为使，上有绝阳之络，下有破阴之纽，破阴绝阳，色废脉乱，故形静如死状。……太子未死也。"扁鹊以阴阳五行学说解释了病因和病情，最后用针灸治好了虢国太子。东汉末年，神医华佗被后人称为"外科鼻祖"，《三国志》记载了他使用麻沸散进行外科手术的故事。"若病结积在内，当须刳割者，便饮其麻沸散，须臾便如醉死，无所知，因破取。病若在肠中，便断肠湔洗，缝腹膏摩。"麻沸散的使用表明他已经掌握了麻醉术，故在外科手术前他对患者进行麻醉，从而保证了手术的良好效果。

总之，中医学由《黄帝内经》奠基，经历代大师的努力而愈趋系统。中药学包罗万象，卓有成效，李时珍的《本草纲目》是集大成之作。中国古代医药史的内容包括人体理论、保健观念、诊断手段、治疗方式、药学知识等，不仅保障了我国人民的生育繁衍和生活劳动，对中华文明的薪火相传发挥了重要作用，而且彰显了中国传统医学的民族性，是当代卫生健康事业可参鉴的文化资源宝库。

---

① 中共中央文献研究室. 毛泽东著作专题摘编：下［M］. 北京：中央文献出版社，2003：1653.

二、医学体系的初构

"神农尝百草"的著名神话传说从文化层面揭示了中国医学的起源。《淮南子》记载了这个故事："古者民茹草饮水，采树木之实……时多疾病毒伤之害。于是神农乃始教民播种五谷，相土地宜燥湿肥墝高下，尝百草之滋味，水泉之甘苦，令民知所辟就。当此之时，一日而遇七十毒。"先民们在与自然界打交道的过程中逐渐了解自然植物所具有的药用性能，他们的经验和实践催生了古代医学。《周礼》已经把"医"和"巫"区分开来，专门列出4类医官，分别是：作为营养医生的食医、作为内科医生的疾医、作为外科及伤科医生的疡医、兽医。统管4类医官的是医师。这表明相应的医官制度已经建立，医疗行业逐步走向专业化。

▲ 中国邮政 2019 年发行的《中国古代神话——神农尝百草》特种邮票

从战国到汉代是中国古代医学体系初构的时期，诞生了被称为"中医学四大经典"的《黄帝内经》《黄帝八十一难经》《神农本草经》《伤寒杂病论》。这4部经典奠定了中医学的理、法、方、学之基础，构建起中医学的基本学术范式。

《黄帝内经》

《黄帝内经》在"中药学四大经典"中出现时间最早、地位最高、名气最大。它基于大量的临床实践总结而成，阐述了中医学的阴阳五行学说、整体观念、脏象学说、经络学说等核心理论，认为人体各部分之间、人与自然之间皆存在对立统一关系。例如，五脏六腑指由心、肝、脾、肺、肾构成的五脏和由胆、胃、大肠、小肠、膀胱、三焦构成的六腑。五脏藏精气，满而不能实；六腑传化物，实而不能满。脏腑的生理功能不同却相互联系，又通过经络系统与其他部分共同组成人体。故而在判定分析病理时，可以通过外在身体病症与内在脏腑病变之间的有机联系进行把握。《黄帝内经》在后世中医的临床实践中长期发挥着指导作用，是辨证论治的一大理论来源。

《黄帝内经》摘选

《黄帝八十一难经》

《黄帝八十一难经》又名《难经》或《八十一难经》，是以问难答疑形式论述中医学理论问题的一部经典。它倡导了延续至今的寸口诊脉方法，认为寸口（即人两手桡骨头内侧桡动脉）是"脉之大会，手太阴之脉动也"，也是"五脏六腑之所终始"，此诊脉方法比其他诊脉方法更具优越性。该经也发展了脏象理论，如对于两肾的解读，明确了右肾为命门的地位。"肾两者，非皆肾也。其左者为肾，右者为命门。命门者，诸神精之所舍，原气之所系也，男子以藏精，女子以系胞。故知肾有一也。"它还贯彻发展了阴阳五行学说，如对于阴盛阳虚和阳盛阴虚的论说："浮之损小，沉之实大，故曰阴盛阳虚。沉之损小，浮之实大，故曰阳盛阴虚。"

《神农本草经》与《伤寒杂病论》

《神农本草经》是我国首部药学著作，系统论述了当时医学界掌握的药物学知识。该书有选择性地记录了 365 种药物，分为上药、中药和下药，如人参、决明子、黄连、茯苓、枸杞属于无毒可久服的上药，石膏、百合、当归、芍药、鹿茸属于需斟酌判别服用的中药，石灰、天雄、大黄、巴豆、蚯蚓属于有毒不能久服的下药。书中对每种药的产地、形状、对应病症等均有详细记载。《伤寒杂病论》由张仲景编著，后被分别整理为《伤寒论》和《金匮要略》两部著作。它分析论述了疾病的原因、症状、过程和治法，示范了望诊、闻诊、问诊、切诊的辨证论治方法。书中还记载了 300 多个药方，有些药方时至今日仍在被研究和使用。

三、医学的发展创新

医学方面，具有标杆意义的发展创新有隋代巢元方等的《诸病源候论》、唐代孙思邈的《千金方》、唐代太医署、"金元四大家"、针灸等。

巢元方与《诸病源候论》

隋代巢元方等的《诸病源候论》是我国现存最早的病因症候学著作，使中医的病因症候学达到了相当高的水平。该书共有 50 卷，分成 67 门，总计列出症候 1729 论，广泛收录内科、外科、妇科、儿科、五官科、神经科等科的疾病，进行整理分类，逐一论述病因和病变症候，并涉及部分治疗方法。其中虽有不少迷信荒诞之言，但也不乏创见，如对于晕车现象的分析，认为原因是"持由质性自然，非关宿挟病也"，明确了病因是人体体质差异。该书还对天花和麻疹进行了区分。古代中国医学典籍专论病因症候者不多，该书地位重要，价值颇高。

孙思邈与《千金方》

唐代孙思邈先后撰成《千金要方》和《千金翼方》，后被合称为《千金方》，是划时代的综合医学著作。前者共 30 卷，后者亦 30 卷。两部作品的侧重点略有不同，但都比较完整地展示了初唐时期临床治疗、脉学、预防、食疗养生、本草等方面的医学成就，兼具文献价值和实用价值。比如，孙思邈首次把妇科和儿科单列出来，他对生育及产后护理的治疗经验的总结很有实际意义。又如，他论述了治疗夜盲症（当时称为雀目）的办法，提出应服用家禽牲畜的肝脏进行治疗。此外，《千金方》还论及中风、糖尿病、痔疮等许多当代常见疾病的诊疗方法。

唐代太医署

起源于南北朝的太医署在唐代发展成为建制齐全、规模颇大的医学行政管理、临床治疗和教育教学机构，隶属于太常寺。太医署的行政首长被称为太医署令或太医署丞，太医署内有医师、医工等各类人员。该署的特色在于以国家机构的角色组织医学教育，在中国医学教育史上具有重要地位。其医学教育分为医科、针科、按摩科等，医科学生最多。太医署还有专门的选拔制度和严格的考试制度，为后世历代的医学教育树立了典范。

"金元四大家"

金元时期的医学流派众多，刘完素、张从正、李东垣（即李杲）和朱丹溪（即李震亨）被称为"金元四大家"。刘完素提出了火热说，亦称降火益水说，认为疾病多生于火热，需多以寒凉药去火治病。张从正提出了攻邪说，亦称邪去正安说，认为疾病多由外界邪气造成，应以汗、吐、下3种方法攻邪治病。李杲提出了脾胃说，亦称胃气为本说，认为脾胃内伤是百病滋生的原因，主张补中益气，通过和缓的调理手段治病。朱震亨提出了养阴说，亦称阳常有余、阴常不足说，认为前面3家的观点对于滋阴均有所欠缺，故予以补充，倡导滋阴降火。

针灸

中国古代医学的许多成果还传到海外，造福世界各国的民众。针灸就是极具中华文化特色的典型代表，包括用金属针刺入身体穴位的针法和用燃烧艾草等热源烧灼穴位的灸法。从扁鹊所处的时代一直到当代，针灸已经发展成为操作简单、成本低廉、应用广泛、效果显著的医疗方法，现代医学都不能完全解释针灸产生神奇疗效的作用原理。今天，中国的针灸已经传播到全球许多国家和地区，被应用于临床治疗和保健养生等领域。

四、药学的突出成就

古代中国不仅发展出了系统的医理学说，还发展出了深邃的药学理论，为全人类创造了宝贵的医疗经验，并形成了大量极具代表性和实用性的药学巨著，包括东晋葛洪的《肘后救卒方》、唐代官方编成的《新修本草》、明代李时珍的《本草纲目》等。

葛洪与《肘后救卒方》

东晋葛洪的《肘后救卒方》（又名《肘后备急方》）是他将自己的百卷巨著《玉函方》摘编而成的方剂选集，后曾散佚，又经历代多次补阙而流传至今。书名"肘后"指可挂在手肘上，简单便携，用于常见病和急症的救治。书中记载，用药力求寻常廉价，易得易用，如大豆、蜂蜜、麻黄、甘草等，大多药方不超过3味药，"凡人览之，可了其所用"。有不少药方如"三黄栀子汤""盐汤探吐方""青蒿治疟方"疗效显著，被后世沿用。尤其是《肘后救卒方》记述了青蒿可治寒热诸疟的经验，"青蒿一握，以水二升渍，绞取汁，尽服之"，为当代中国防治世界性流行病疟疾的研究提供了创新灵感。中国药学家屠呦呦团队从中草药青蒿中成功提取出青蒿素，取得抗疟治疗的突破性进展。

屠呦呦诺贝尔奖报告
演讲全文

《新修本草》

唐显庆四年（659）编成的《新修本草》（又名《唐本草》）是中国首部由政府组织集体编制并颁行的药典，也是世界上最早的药典。该书共54卷，记载药物800多种，图文并茂，述及药物的产地、外观、功效等各项信息。800多种药物之中，既有历代典籍记载和治疗实践积累所得，也有不少由外邦传入中国者，如胡椒、安息香、龙脑香等。到了唐朝，政府组建了强大的编写团队，发动全国力量做好药物搜集工作，从而保证了药典编纂的全面性和学术性，使得《新修本草》成为一部影响深远的中国古代药学著作。

李时珍与《本草纲目》

明代李时珍编著的《本草纲目》是中国古代药学的全面总结和重要成就，在21世纪的中国仍然家喻户晓。全书共52卷，记载药物达1892种，篇幅近200万字，体例完备，结构严密，被达尔文称赞为"中国古代的百科全书"。其中的海量药学知识一方面来自对既有药学典籍的批判性继承和吸收，一方面来自李时珍耗费无数精力的亲自调查研究，在广度和深度上可以称得上无出其右。《本草纲目》未使用《神农本草经》的上、中、下分类方法，而采取科学的分类原则，即"不分三品，惟逐各部。物以类从，目随纲举"。书中分有16部（纲）和60类（目），遵循从贱至贵、从微至巨的排列顺序，符合自然界的进化规律。《本草纲目》自刊行后传入亚洲、欧洲的多个国家，被翻译成日文、英文、俄文、德文、拉丁文等多种版本，是中国古代药学献给全世界的一份珍贵礼物。

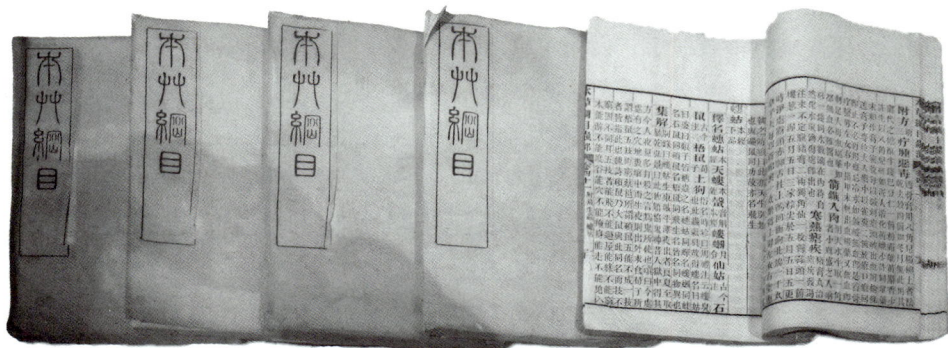

▲ 《本草纲目》（部分）

五、中国历史上的疫情防治

瘟疫的爆发与人类社会的发展相伴随，是从古至今所有文明都会面临的灾难性威胁。美国历史学家威廉·麦克尼尔（William McNeil）曾言："先于初民就业已存在的传染病，将会与人类始终同在，并一如既往，仍将是影响人类历史的基本参数和决定因素之一。"[①]回顾历史，各种瘟疫频频见诸史册，严重者以高传染率和致死率导致当时人口锐减，甚至间接引起王朝动荡。

在有限的科技水平和社会条件下，中国古代医学致力于探索瘟疫防治方法，在对抗瘟疫

---

① 麦克尼尔.瘟疫与人［M］.余新忠，毕会成，译.北京：中信出版社，2018：237.

方面积累了大量具有历史价值的经验。古人对于瘟疫的认知是螺旋式上升的，经历了从"伤寒"到"温病"的演变过程。《黄帝八十一难经》中说："伤寒有五，有中风，有伤寒，有湿温，有热病，有温病，其所苦各不同。"《伤寒论》也把温病归于伤寒之中，认为伤寒是所有外感热性病的总称。后世长期把温病归入伤寒之中，直至宋元时期，医理学说上才出现温病与伤寒分化的趋势。

吴有性与《温疫论》

明末吴有性撰成《温疫论》一书，初步建立起中医传染病学。他将受热邪的温病与受寒邪的伤寒区分开来，认为瘟疫（温疫）是温病的一种，属于外感热性病。瘟疫的病因是"戾气"："夫温疫之为病，非风、非寒，非暑、非湿，乃天地间别有一种异气所感。"他系统阐发了戾气的本身性质和致病特点，又指出戾气通过口鼻传染，还自创了达原饮（散）、三消饮、白虎汤等治疗瘟疫的药物。《清史稿》为吴有性立传，并高度评价其著作："古无瘟疫专书，自有性书出，始有发明。"《温疫论》引领了中国古代温病学的发展，是我国传染病学研究的先驱性著作。

伍连德抗击东北鼠疫

清宣统二年（1910），我国东北地区暴发鼠疫，迅速蔓延。南洋华侨伍连德被任命为东北防疫全权总医官，他发扬爱国精神和科学精神，打了一场力挽狂澜的漂亮防疫战。在清政府的支持下，他下令采取一系列措施：解剖尸体，验明病理；设计口罩，广泛佩戴；中断交通，分区隔离；清查病患，火葬病尸；设置机构，专司防疫。多管齐下的防疫措施迅速见效，此次鼠疫历时不到半年即得到控制。1911 年 4 月，清政府组织召开万国鼠疫大会，伍连德在大会上介绍了我国防治鼠疫的成功经验和方法。这次对抗鼠疫的历程表明，中国的医药学在应对公共卫生事件过程中能够发挥重要的作用，是人民群众生命健康不可或缺的保障，具有重要的世界意义。

▲ 近代中国抗疫斗士伍连德（1879—1960）

第四节　技艺

中国古代很早就有形容手工业"百工技艺"的说法，《考工记》就被誉为"先秦百工技艺之书"，彰显出源远流长的技艺传统。《战国策》中也说："中国者……圣贤之所教也，仁义之所施也，《诗》《书》《礼》《乐》之所用也，异敏技艺之所试也。""四大发明"是中国古代技艺成就的标志。马克思曾说："火药、指南针、印刷术——这是预兆资产阶级社会到来的三项伟大发明。火药把骑士阶层炸得粉碎，指南针打开了世界市场并建立了殖民地，而印刷术则变成新教的工具，总的来说变成科学复兴的手段，变成对精神发展创造必要前提的最强大的杠杆。"[①]即使如此，"四大发明"却不足以全面展现中华民族在技艺方面的发明

① 中共中央编译局. 马克思恩格斯全集：第三十七卷［M］. 北京：人民出版社，2019：50.

创造，不足以囊括中国古代充满智慧的高水平成就。

古代中国人在农业水利、生活交通、国防军事等领域也有许多技艺成就。从人工培育的对象来看，中华大地上的先民们很早就开始栽培水稻、粟、大豆、茶树、竹子、柑橘等各类作物，并驯化了猪、牛、羊、鸡、鸭、鹅等家畜家禽。古代中国人在衣食住行等日常生活领域的重要发明成就有很多，比较有名的如缫丝技术（5000 多年前）、提花机（公元前 1 世纪以前）、酒精饮料的酿造（8000 多年前）、秦陵铜车马（秦代）等。在"四大发明"的基础之上，重点关注这些领域的若干代表性技术成就，有利于彰显中华民族在人类科技史上作出的伟大贡献。

四大发明

最早明确提出"四大发明"者是美国汉学家卡特（Carter），他于 1925 年使用了"Four Great Inventions"的说法。这 4 项源自中国的发明对于近代世界的形成发挥了重大作用，这已经成为中外学界的共识。

造纸术

造纸术是古代中国人对文字载体的一大革命。在纸出现以前，古人曾使用龟甲、金石、竹简、木片、帛片等材料进行书写，因而有了甲骨文、金文等各式古文字。但这些材料的缺点很明显，如不易获取、过于笨重、价格高昂等，它们都不是理想的文字载体。古埃及人在距今 5000 年以前就使用莎草纸，但他们只是将莎草进行了简单处理，未能做到将植物纤维分散，实际上莎草纸只是特殊状态的"草"，称不上通常意义上的"纸"。我国则至少在西汉时期就已经掌握了造纸术。在多个地方发掘出土的西汉纸，是世界上已知最久远的植物纤维纸。东汉蔡伦实现了对造纸术的重大改进，他通过扩大原料范围降低成本，通过优化造纸流程提升纸质，并通过朝廷对该造纸技术予以推广。蔡伦造的纸世称"蔡侯纸"，后人为了纪念他的功绩也往往把他当作纸的发明者。中国的造纸术在中外人民的交往中广为流传，先后传入亚洲、欧洲和北非的大部分地区。

火药

火药源自炼丹术，正是在炼丹的过程中，人们发现硝石、硫黄和木炭的混合物会爆炸，这种混合物就是黑火药。在 19 世纪欧洲发明黄火药以前，中国发明的黑火药是世上唯一的火药。随着人们对于火药的认识不断加深，唐代中后期的炼丹典籍中已经出现了火药配方。宋代，火药已具备军事用途，被应用于武器制造，推动了战争方式的变革。首刊于北宋庆历年间（1041—1048）的军事著作《武经总要》明确记载了毒药烟球、火炮和蒺藜火球 3 种火器的火药配方。后来，火药由中国流传到其他国家和地区，欧洲人直到 13 世纪左右才认识并学习使用火药。西方火器的后来居上也是很晚的事情，大约到 15 世纪下半叶才逐步发展。

印刷术

印刷术与造纸术密切相关，是一种推动纸和文字快速传播的技术。在印刷术诞生以前，人们主要依靠手抄的方式传递知识，效率低，错误率高。中国古代先后发明了雕版印刷术和活字印刷术，实现了知识传播方式的变革。大约在唐代，雕版印刷术发展成熟。现藏于大英图书馆的《金刚经》是存世最早的雕版印刷品。该作品落款时间为唐咸通九年（868），雕工纯熟，图文精美。北宋庆历年间毕昇发明活字印刷术，改整版雕刻为泥（陶）活字组合，提升了印刷的灵活性。此后，雕版印刷术和活字印刷术在中国古代同时被使用。印刷术传入国外后得到继续发展，例如 15 世纪古登堡的改良使得活字印刷术被进一步发扬光大。

指南针

指南针在中国古代多被称为司南，它的原理是磁针在地磁场的作用下指向磁场北极（地理南极附近），以此可确定方向。战国时期《韩非子》中已经说：“先王立司南以端朝夕。”东汉王充在《论衡》中说：“司南之杓，投之于地，其柢指南。”可见在秦汉时期，我国就已经发明了可以使用的指南针。北宋朱彧在《萍洲可谈》中说：“舟师识地理，夜则观星，昼则观日，阴晦观指南针。”指南针在两宋时期被广泛应用于航海，促进了海上丝绸之路的繁荣。在长期实践过程中，古人发展出多种形式的指南针，如指南鱼、指南龟、罗盘等。毫不夸张地说，如果没有中国带给世界的指南针，也就很难有 15—17 世纪欧洲人的地理大发现。

了解更多中国古代技艺

7

第七章
中华优秀传统文化中的文学异彩

　　中国古代文学历史悠久，几乎与中华文明同源。在几千年的发展过程中，诗、词、曲、赋、散文、小说等文学形式错综嬗变、高峰迭起、佳作频出，涌现了一批又一批杰出创作者，他们创作了经、史、子、集各领域的经典名著，在人类文学史上占据重要地位。中国古代文学不仅艺术成就斐然，而且具有重要的文化传承和教化育人功能。中华民族自强不息、仁义礼让、孝悌忠信、勤俭廉政、舍生取义、尽忠报国、天人和谐等价值观念，朝代兴替、政治得失、风俗流变、悲欢离合等生存经验，凝萃、渗透在文学作品的每一句吟诵、每一个故事、每一段议论之中。这些优秀作品又通过或喜闻乐见或感人肺腑的表现形式，将此种种价值观念和生存经验潜移默化地传入一代代中华儿女的心田，熏陶着他们的品格，指导着他们的生活。"文以载道""以文化人"，这是中国古代文学区别于西方文学创作理念的根本特色，对当代民族文学的发展具有重要的借鉴意义。

第一节　诗词

　　诗词是文学的明珠。中国古代诗词以其凝练的语言、优美的节奏、丰富的形式、独特的民族文化特征、辉煌的艺术造诣，成为"世界文学史上最独特的表现形式和文学遗产"。中国古代诗词不仅具有深远的文学影响，而且其蕴含的自强不息、敬业乐群、尽忠报国等精神，对人们健康人格的塑造和道德观念的培养具有重要的意义。

一、中国古代诗词概说

　　诗与词是中国古代诗歌中的两种体裁。诗一般是指通过优美、凝练、富有节奏的语言，抒发情感、表达思想的文学形式。中国古代文化非常重视"诗"表达情感、思想的作用，如《尚书·舜典》讲"诗言志"，《庄子·天下》也讲"诗以道志"。这里的"志"既有情意的含义，也有思想的含义。此外，语言的优美也是诗不可缺失的组成部分。唐代白居易在《与元九书》一文中说："诗者，根情，苗言，华声，实义。"这是对"诗"的各个组成部分之作用和关系的精当概括。

　　诗发源于上古时期的原始歌谣。很多歌谣由于记载方式和文字发展不完备而没有得到保存。《诗经》是我国历史上第一部诗歌总集，收录了自西周初年到春秋中叶约 500 年间的诗歌作品，以四言为主，反映了周王朝都城、王畿及大部分诸侯国的文化和生活特征。战国后期，描写楚国地方特色的诗歌体裁楚辞兴起，屈原的《离骚》《九歌》《天问》等是楚辞的代表作。与《诗经》相比，楚辞在体裁上更有散体化倾向，从而为赋体的孕育形成奠定了基础。

　　汉代诗歌继承了《诗经》、楚辞的传统，文人创作的五言诗获得较大发展。汉武帝时设立采集各地诗歌的机构——乐府，创立乐府诗，反映汉代人民在生活中的真情实感，语言质朴坦率。汉代诗歌的代表作有《古诗十九首》《孔雀东南飞》等。汉代以后，诗歌沿着汉乐府诗质朴和文人诗绮丽两个方向发展。魏晋南北朝时期，质朴的诗歌得到推崇，大量脍炙人口的作品问世，如曹操的《短歌行》《观沧海》《龟虽寿》，陶渊明的田园诗，北朝时期的《木兰辞》《敕勒歌》，等等。但到了南朝，以谢灵运的山水诗为起点，以南齐永明时期出现的永明体为基础，注重格律、文辞细腻华美的新体诗歌逐步诞生。以格律诗为代表的新诗体在唐代获得了蓬勃的发展，无论在作者、作品数量还是艺术成就上，唐诗都达到了巅峰。此后，中国诗歌基本沿袭唐诗体裁。

陶渊明（约 365—427），名潜，字元亮，别号五柳先生，东晋末至南朝宋初期杰出诗人、辞赋家、散文家，被誉为"隐逸诗人之宗""田园诗派之鼻祖"。

　　值得称道的是，明代末期和清代中期，以公安派和袁枚为代表的性灵文学，为诗歌创作注入了张扬真性真情的元素，为诗歌创作带来了革新的气息。

　　词，是曲子词的简称，源于配乐演唱的歌词，后来才发展出与歌、乐脱离的创作。词的创作有固定的格律要求，需按照词调和词谱关于句数、字数、韵律方面的规定来填写。与诗相比，词句不要求整齐，通常长短不一，因此词又有"长短句"之称。词有时又被称为"诗余"。对于"诗余"的含义，有"诗之降格"和"诗之余脉"两种说法。很多学者都反对前一种说法。如清代汪森在《词综·序》中说："古诗之于乐府，近体之于词，分镳并骋，非有先后，谓诗降为词，以词为诗之余，殆非通论矣。"因此，词作为诗歌之一种的观点才是可取的。

词的源头可以追溯到南北朝时期，与燕乐的发展密切相关。燕乐是胡夷音乐与汉地民间小调的融合，唐代的教坊曲是燕乐的典型代表，很多词牌都由教坊曲名直接转化而来。在敦煌发现的民间曲词反映了隋和唐代初期词的发展面貌。最具代表性的是《云谣集杂曲子》，这是我国目前发现的最早的词总集。敦煌曲词题材广泛，语言质朴，字数和韵律不定，说明当时词的格式尚未定型和成熟。到晚唐和五代时期，词获得了巨大发展。后蜀赵崇祚选录的《花间集》是我国第一部文人词总集，其中收录了温庭筠、韦庄等著名词人的作品。南唐后主李煜在词的创作上取得了巨大的成就，为后世留下了《清平乐》《破阵子》《相见欢》《虞美人》等名篇，对宋词的发展有着重要影响。王国维在《人间词话》中评价说："词至李后主而眼界始大，感慨遂深，遂变伶工之词而为士大夫之词。"胡应麟则认为，李煜之词具有"为宋人一代开山"（《诗薮·杂编》）的意义。

> 王国维的《人间词话》是近代著名的文学评论作品。书中提出的"三境界"说广为流传："古今之成大事业、大学问者，必经过三种之境界。'昨夜西风凋碧树。独上高楼，望尽天涯路。'此第一境也。'衣带渐宽终不悔，为伊消得人憔悴。'此第二境也。'众里寻他千百度，蓦然回首，那人却在，灯火阑珊处。'此第三境也。"

词在宋代达到发展的鼎盛时期，在同时期的各类文学体裁中成就最高、影响最大，有赵宋"一代之文学"的称誉。宋代诞生了柳永、晏殊、欧阳修、苏轼、秦观、周邦彦、李清照、辛弃疾、姜夔等名家，以及婉约、豪放等流派。宋代以后，词的创作逐步衰落，元代尚有一些名家名作出现，至明趋于沉寂，但也偶有佳作，比如《三国演义》开篇的《临江仙》（滚滚长江东逝水）等。在清代，词呈现了一定的复兴趋势，但从创作规模和整体水平来说明显不如宋代，这一时期著名的词人有陈维崧、朱彝尊、纳兰性德等。

二、中国古代诗词的主要类型

诗的类型

古代诗歌，如果按照每一句的字数，可分为三言、四言、五言、六言、七言、杂言诗等类别。按照是否遵循格律规定，古代诗歌大体可分为古体诗与近体诗两种类型。唐人通常将格律诗称为"近体诗"，把在格律诗产生之前的诗歌称为"古体诗"，后人沿用了唐人的说法。古体诗没有严格的格律规定，形式比较自由；近体诗必须按照固定的格律创作，每句诗的字数、全诗句数、押韵、对仗等都有严格规定。根据每首诗句数的不同，格律诗又有绝句、律诗、排律的区分。每首 4 句的为绝句，每首 8 句的为律诗，超过 8 句的为排律。

词的类型

词是配乐演唱的歌词，由于乐调的不同，词也相应分成不同的词调。词调的名称叫作"词牌"，每一词调具体的填词要求，即字数、句式、韵律等规定，叫作"词谱"。词牌的种类非常多，常见的词牌有渔歌子、菩萨蛮、临江仙、西江月、浪淘沙、蝶恋花、雨霖铃、浣溪沙、长相思、诉衷情等。根据一首词的字数，词亦可分为小令、中调、长调 3 种，三者的区分并没有一致的规定，一般以 58 字以内（包括 58）的为小令，59 ～ 90 字的为中调，91 字及以上为长调。

三、中国古代诗词的艺术成就

中国古代诗词作品品类繁多，佳作不计其数，达到了高超的艺术境界，具备极高的研究价值和极其丰富的艺术内涵。现对中国古代诗词的艺术成就做简要介绍。

作品题材广泛

中国古代诗词的题材广涉生活的方方面面。《诗经》的题材涉及祭祀、宴饮、战争、徭役、婚恋、农事、牧猎等诸多场景，能够充分反映当时不同阶层、不同领域的生活面貌及人们的精神状态与思想观念。楚辞多祭祀题材，内容广涉山河神鬼的事迹及人神之恋等。汉代乐府诗是官方设立专门的机构采集民间、地方诗歌并对其进行加工、创作的产物，故其题材与《诗经》类似，广涉郊庙、祭祀、战争、婚恋、日常生活等方面。唐诗是中国诗歌发展的高峰，各种题材均有。宋初的词多以市井、闺阁内容为主，自辛弃疾将散文的写作手法融入词的创作后，词的题材大为丰富，除了描写日常生活，也广涉战争、国事、历史等宏大题材。

表现手法丰富

中国古代诗歌最为人称道的表现手法莫若《诗经》中的赋、比、兴。赋是对事物的直接描写与陈述，如《邶风·击鼓》讲到的爱情誓言"死生契阔，与子成说。执子之手，与子偕老"，直抒心意，铺排渲染尚少。比是用一个事物来比拟另一个事物，如《卫风·硕人》赞扬庄姜，"手如柔荑，肤如凝脂，领如蝤蛴，齿如瓠犀，螓首蛾眉"。兴是借他物来起兴，以引发情感和思想，如《周南·关雎》用"关关雎鸠，在河之洲"来引发"窈窕淑女，君子好逑"的情思。事实上，在赋、比、兴之外，《诗经》中还存在着烘托、反衬等多种表现手法。汉乐府诗继承《诗经》赋、比、兴的表现手法，此外，其在叙事上特别注重铺陈，人物形象的刻画也更为细腻。比如，《孔雀东南飞》对刘兰芝着装打扮的描写："鸡鸣外欲曙，新妇起严妆。著我绣夹裙，事事四五通。足下蹑丝履，头上玳瑁光。腰若流纨素，耳著明月珰。指如削葱根，口如含朱丹。纤纤作细步，精妙世无双。"通过细节的铺陈，凸显了刘兰芝的美丽。汉代诗歌还特别注重通过景物、环境描写来烘托气氛，如《古诗十九首》中的《行行重行行》，通过"胡马依北风，越鸟巢南枝"来烘托离别和思念之情；《今日良宴会》通过"弹筝奋逸响，新声妙入神"来表达宴会的热闹。到了唐宋时期，诗词的表现手法日趋多元，情景交融、托物言志、借古喻今、虚实结合、欲扬先抑等手法层出不穷、应有尽有。

艺术风格多样

中国古代诗歌的艺术风格主要有现实主义和浪漫主义两种类型。《诗经》与汉乐府诗是现实主义的代表，语言较为质朴，但用韵方式丰富、顿挫和谐，具有很强的美感。杜甫的诗歌是中国古代现实主义诗歌的高峰，"三吏""三别"（"三吏"指《新安吏》《潼关吏》《石壕吏》，"三别"指《新婚别》《无家别》《垂老别》）等名作真实地反映了安史之乱前后唐王朝由盛转衰的历史，因此，杜诗又有"诗史"之称。杜甫的诗歌语言质朴、声韵铿锵、沉郁顿挫，充满爱国忧民的情思，他从而被后世称为"诗圣"。

楚辞多用香草美人、人神之恋的象征和隐喻来抒发作者个人的高洁品质和尽忠爱国的情感，想象离奇丰富，情感表达浓郁，极具浪漫色彩，对后世赋体与骈俪文体的形成和发展产生了重要影响，是我国浪漫主义诗歌传统的源泉。李白的诗歌是中国古代浪漫主义诗歌的顶峰。李白为后世留下了900多首诗，"黄河之水天上来，奔流到海不复回"（《将进酒·君不见》）、"白发三千丈，缘愁似个长"（《秋浦歌·白发三千丈》）、"仰天大笑出门去，我辈岂是蓬蒿人"（《南陵别儿童入京》）等诗句脍炙人口，被人们代代传诵。李白的诗歌潇洒飘逸、气势磅礴，想象丰富大胆，不受格套束缚，有"笔落惊风雨，诗成泣鬼神"（杜甫《寄李太白二十韵》）的美誉，他被后世誉为"诗仙"。

词的艺术风格主要有婉约和豪放两大派别。婉约派的词柔美含蓄、婉丽缠绵，多用于描写离愁别绪、伤春悲秋、爱情愁怨等题材，代表人物有柳永、欧阳修、秦观、李清照等。豪放派的词气势慷慨、直率大气，应用题材广泛，代表人物有苏轼、陆游、辛弃疾、陈亮等。

唐诗欣赏：现实主义诗歌与浪漫主义诗歌的对比

垂老别

——杜甫

四郊未宁静，垂老不得安。子孙阵亡尽，焉用身独完。

投杖出门去，同行为辛酸。幸有牙齿存，所悲骨髓干。

男儿既介胄，长揖别上官。老妻卧路啼，岁暮衣裳单。

孰知是死别，且复伤其寒。此去必不归，还闻劝加餐。

土门壁甚坚，杏园度亦难。势异邺城下，纵死时犹宽。

人生有离合，岂择衰盛端。忆昔少壮日，迟回竟长叹。

万国尽征戍，烽火被冈峦。积尸草木腥，流血川原丹。

何乡为乐土，安敢尚盘桓。弃绝蓬室居，塌然摧肺肝。

中华优秀传统文化（慕课版 第2版）

将进酒

——李白

君不见，黄河之水天上来，奔流到海不复回。

君不见，高堂明镜悲白发，朝如青丝暮成雪。

人生得意须尽欢，莫使金樽空对月。

天生我材必有用，千金散尽还复来。

烹羊宰牛且为乐，会须一饮三百杯。

岑夫子，丹丘生，将进酒，杯莫停。

与君歌一曲，请君为我倾耳听。

钟鼓馔玉不足贵，但愿长醉不复醒。

古来圣贤皆寂寞，惟有饮者留其名。

陈王昔时宴平乐，斗酒十千恣欢谑。

主人何为言少钱，径须沽取对君酌。

五花马，千金裘，呼儿将出换美酒，与尔同销万古愁。

宋词欣赏：婉约词与豪放词的对比

蝶恋花

——柳永

伫倚危楼风细细，望极春愁，黯黯生天际。草色烟光残照里，无言谁会凭阑意。

拟把疏狂图一醉，对酒当歌，强乐还无味。衣带渐宽终不悔，为伊消得人憔悴。

江城子·密州出猎

——苏轼

老夫聊发少年狂，左牵黄，右擎苍，锦帽貂裘，千骑卷平冈。为报倾城随太守，亲射虎，看孙郎。

酒酣胸胆尚开张，鬓微霜，又何妨！持节云中，何日遣冯唐？会挽雕弓如满月，西北望，射天狼。

四、中国古代诗词的当代价值

中国古代诗词语言优美凝练、意境高远，凝结着中华优秀传统文化的核心精神，具有深远的艺术魅力，在中国当代诗歌创作、公民人格培育、文化精神传承、社群秩序维系等方面发挥着重要的作用。

中国古代诗词对当代诗歌创作具有重要借鉴意义。古代诗词形式丰富，表现手法多元，题材广泛，艺术成就卓越，为诗歌创作树立了良好的典范。尽管当代主流的诗歌早已摆脱了格律、文言的束缚，但想要在艺术特点、表现方式等方面完全抛弃传统、另起炉灶是极不明智的，也是不现实的。提出"诗界革命"口号的梁启超就曾指出，新诗需要新意境和新语句，但若不能"以古人之风格入之"，将"如移木星、金星之动物以实美洲，瑰伟则瑰伟矣，其如不类何"[①]。也就是说，完全弃古，则不能为诗。由此可见，古代诗词是当代诗歌创作的坚实基础。

中国古代诗词是传承中华优秀传统文化的重要载体。古代诗词记录了古代人民生活的各种场景、重要历史事件的来龙去脉、各类器物的特征、人们的情感和思想观念。通过诗词，我们不仅能够学习古代历史知识，而且能够传承"天生我材必有用"（李白《将进酒·君不见》）、"海内存知己，天涯若比邻"（王勃《送杜少府之任蜀州》）、"位卑未敢忘忧国"（陆游《病起书怀》）、"生当作人杰，死亦为鬼雄"（李清照《夏日绝句》）等人格理想和文化精神。因此，我们今天必须重视和充分发挥古代诗词的文化载体作用。

> 梁启超在《夏威夷游记》中提出了"诗界革命"的口号，主张诗歌创作要有新意境、新语句和旧风格 3 个标准。很多人批评其"旧风格"的观点过于保守。

中国古代诗词在人格教育和社会团结方面发挥着重要作用。孔子曾说："诗，可以兴，可以观，可以群，可以怨。迩之事父，远之事君；多识于鸟兽草木之名。"（《论语·阳货》）意思是说，诗可以兴发人的情志，可以用来观察人生和社会百态，可以勉励人们敬业乐群，可以用以表达心中的不满；可以用来孝养父母，也可以用来侍奉君主；还可以从中学到各种知

微课视频

儒家诗教的内涵与意义

识。可见，从人格的熏陶到群体的和谐，乃至治国理政，诗都能在其中发挥作用。正因如此，"诗教"成为古代儒家教化的核心内容之一。今天，人们的审美教育、人格教育、道德教育依然离不开古代诗词，"青山一道同云雨，明月何曾是两乡"（王昌龄《送柴侍御》）、"岂曰无衣，与子同袍"（《诗经·秦风·无衣》）、"江南无所有，聊赠一枝春"（陆凯《赠范晔诗》）等诗句的使用，让我们清晰地看到了古代诗词在激发关怀情感、增进社会团结方面的价值。因此，我们应该大力加强古代诗词的研究与传播，充分发挥其社会人文功能，进而不断丰富中华民族当代文化的内涵和形式。

---

① 梁启超.梁启超全集［M］.北京：北京出版社，1999：1219.

第二节　散文

　　散文是中国古代重要的文学体裁，是传统文化中"仁爱孝悌""勤俭廉政""以民为本""天人和谐"等核心理念的载体，在记述史实、传达思想、发表议论、抒发情感、日常实践等方面发挥着重要的作用。正如顾炎武所说："文之不可绝于天地间者，曰：明道也，纪政事也，察民隐也，乐道人之善也。"（《日知录》卷十九）散文在古代一般指与"诗"相对的"文"。不全面了解古代散文的发展历程和特点，便不能真切领会中国古代文学宝库的丰富性、多元性，也不能深入把握文学同中国历史发展进程的密切关联。

一、中国古代散文概说

　　"散文"一词在中国古代即存在，南宋罗大经《鹤林玉露》一书中有"山谷诗骚妙天下，而散文颇觉琐碎局促"的表达，这里的"散文"就是指与诗歌相对的文体，古代一般简称为"文"。"散文"亦有狭义的用法，明代徐师曾在其《文体明辨序说》中讲道："编内所载，均谓之文，而此类独以文名者，盖文中之一体也，其格有散文，有韵语，或仿楚辞，或为四六，或以盟神，或以讽人，其体不同，其用亦异。"这是将散文看作"文"之一种。从这里我们也可以看到，与散文相对的"文"还有讲求"韵语"和"仿楚辞"的赋，以及讲求"四六"对仗、俪偶的骈文。但从广义来说，赋与骈文皆属于散文。

　　中国古代散文有着久远的历史。商代的甲骨文、铭文，卜筮用书《周易》的卦爻辞都是用散体文字记载的，可以看作散文的雏形。中国历史上真正具有文章形制的散文收录于《尚书》，《尚书》是中国历史上第一部散文集。到了春秋战国时期，随着时代的需要和书写手段的发展，散文进入了发展的辉煌阶段，其中，记述历史事件的历史散文和偏重议论说理的诸子散文最为出众，著名的历史散文有《左传》《国语》《战国策》等，著名的诸子散文有《老子》《论语》《墨子》《孙子》《庄子》《孟子》《荀子》等。这些均已成为中国历史上的经典著作，在文学表现方法上达到了空前的高度。

韩愈（768—824），字退之，世称"韩昌黎""昌黎先生"，唐代中期著名思想家、文学家，唐代"古文运动"的倡导者，被尊为"唐宋八大家"之首。

二、中国古代应用散文的主要类型

　　中国古代散文很多是应用文，这些应用散文与人们的生活密切相关，其中很多类型依然在今天的生活中被沿用。对古代应用散文的主要类型做简要的了解十分必要。

中华优秀传统文化（慕课版 第2版）

奏议

奏议是下级向上级汇报时使用的公文形式。在先秦时期，臣下向君王行文一般称为"书"或"上书"，秦汉以后才出现"奏议"之名。奏议的类型是非常多元的，如章、表、奏、议等。一般"章"用来谢恩，"表"用来陈情，"奏"用来弹劾，"议"用来发表不同意见。历史上著名的奏议文章，如李斯的《谏逐客书》、诸葛亮的《出师表》、李密的《陈情表》等。

书牍

"书"在先秦时期具有公文的含义，包括下级向上级的奏议和诸侯国之间的书信往来。汉代以后，"书"才主要用来指称个人之间的书信交流。书牍在古代又有简、笺、札、牍、尺素、函等名称，这是根据书写的材料、材料的长度、封套等而得名的。书牍一般比较自由，能够真实地反映作者的思想观念。历史上著名的书牍，如嵇康的《与山巨源绝交书》、王维的《山中与裴秀才迪书》等。

序跋

序和跋是对一部著作或诗文进行说明的文体。"序"，也可以写作"绪"或"叙"，用以叙说作者的写作缘由和作品的主旨思想等。早期的序是置于书或文章末尾的，后来才逐渐被移到书或文章开头。"跋"自一开始便被置于书或文章末尾，内容较为随意，既可以抒发感想，也可以论述书或文章相关内容。跋相当于今天的"后记"。历史上著名的序跋有王羲之的《兰亭集序》、文天祥的《指南录后序》等。

颂赞

"颂"与"赞"是用来歌颂功德事迹的文章，对象既可以是神明，也可以是先贤、英雄人物及其事迹。"颂"原本是《诗经》的一部分，随着文体形式的发展，后来的颂、赞形式更近于赋，注重对仗和韵律，但一般不追求绚丽的文辞。历史上著名的颂赞文章有司马迁的《屈原贾生列传赞》、韩愈的《子产不毁乡校颂》等。

传状

"传状"是传记、行状的统称，两者都是用来记录人物生平事迹的。"传"可分为史传与个人传记两种，前者是史书中撰写的人物传记，后者是单篇描述人物生平的传记。"行状"专门用来叙述死者生平，留作撰写墓志铭或供史官立传的依据。历史上著名的传状，如陈寿的《三国志·诸葛亮传》、柳宗元的《段太尉逸事状》等。

哀祭

哀祭，包括诔、祭文、吊文等，用以表达作者对死者的悼念、凭吊、称颂。"诔"是最古老的哀祭文，产生于西周时期。西周时期有读诔定谥的制度，即根据诔文中的表彰来确定死者的谥号。迄今所见最早的诔文是鲁哀公的《孔子诔》。历史上著名的哀祭文章，如贾谊的《吊屈原赋》、韩愈的《祭十二郎文》等。

箴铭

"箴"是劝谏、告诫性质的文章。古代的"箴"分为"官箴"和"私箴"两种。"官箴"是臣下对君上的劝谏之文，现存最早的官箴是虞人劝谏周武王的《虞箴》。"私箴"是个人用以自省、警戒的文字。"铭"是记功颂德、自省自戒的文字，可刻于铜器、石碑、墓碑、日常器物和居所墙壁之上。著名的碑铭，包括秦《泰山刻石》、韩愈的《柳子厚墓志铭》等。

▲ 秦《泰山刻石》拓片

八股文

八股文是明清时期科举考试的一种文体，又称制义、制艺、时文、八比文。八股文从"四书五经"中取题，以古人语气、口吻展开论述，格式一般包括破题、承题、起讲、入手、起股、中股、后股、束股、大结等部分，从起股到束股各有两股平仄对仗的对子，共 8 股，故称八股文。八股文要求严格遵照格式写作，对写作能力要求较高。但其形式僵化、内容空洞，不利于选拔有真才实学的人才。光绪二十八年（1902 年），清政府宣布科举考试弃用八股文。

百姓足，孰与不足

三、中国古代散文的艺术成就

中国古代散文作品汗牛充栋，佳作不胜枚举，艺术成就璀璨，这里只能对其进行扼要的介绍。

（一）述史叙事成果辉煌

中国古代散文在述史叙事方面取得了辉煌成就。我国历史上第一部散文集《尚书》就是历史散文。春秋战国时期，《左传》《国语》等历史散文涌现并获得了进一步发展。秦汉期间，历史散文逐步成熟，《史记》《汉书》等佳作相继问世。此后，历朝历代皆有大量历史散文出现，这些作品为我国古代文化的积累奠定了坚实基础。在历史散文中，司马迁的《史记》成就最大，它是我国第一部纪传体通史，完整地记述了从上古传说的黄帝时期到汉武帝时期 3000 多年的历史，取材丰富，真实性强。其在叙述上运用了顺叙、倒叙、补叙等多种表现手法，人物形象鲜明生动，故事情节曲折起伏、惊心动魄，点评精当、褒贬合宜，是历史真实与艺术表现高度融合的典范。

（二）论辩说理雄健深刻

中国古代散文中存在大量优秀的论辩说理散文，这类散文文气雄健、文采丰富、思想深刻、论辩尖锐，是散文中的珍品佳作。例如，在论辩散文方面，《孟子》是非常具有代表性的作品。该书以孟子及其弟子周游列国，宣说仁政、民本、性善、舍生取义、孝悌忠信等理念，驳斥墨、道等"异端学说"为核心内容，以思想论辩为主要特色，语言雄浑流畅、气势夺人，思想尖锐深刻、明白易晓，描摹生动形象、惟妙惟肖，是我国论辩散文史上的代表作。"五十步笑百步""揠苗助长""一曝十寒""杯水车薪"等寓言和成语均出自此书。再如，贾谊的《过秦论》是汉代政论散文的名篇，该文对秦残暴无道、骄奢扰民以致亡国的教训做了深入的反思和总结，彰显了以民为本、勤俭廉洁、仁爱孝悌等价值的重要意义。《过秦论》语言雄健，富有节奏，运用比喻、排比、夸张等多种艺术手法，极尽渲染之能事，颇能感染人的情绪，左右人们的观念。此文是中国历史上不可多得的政论名篇，故左思有"著论准《过秦》，作赋拟《子虚》"（《咏史》）的说法。

（三）语言文辞绮丽流畅

语言优美的散文亦可近于诗。中国古代赋体散文在文辞的华丽方面达到了登峰造极的境界。司马相如的《子虚赋》和《上林赋》合称《天子游猎赋》，是赋体散文的佳作。这两篇散文高扬了天子游猎的恢宏景象和气势，对楚、齐两位诸侯游猎的场所和气势做了贬抑，同时亦借天子之口对奢靡风气做了讽谏。《子虚赋》和《上林赋》文辞绮丽、运笔流畅，被后人奉为圭臬。扬雄曾经感慨："长卿赋不似从人间来，其神化所至邪？"（《西京杂记》）这充分说明了司马相如之赋所达到的艺术成就。

四、中国古代散文的当代价值

中国古代散文形式多样、内容丰富、艺术成就卓著，在我国古代文学中占有重要的地位。尽管时移世易，人们的社会生活方式和文章写作范式已发生了很大变化，但中国古代散文在滋养当代文章创作、文化传承、社会教育和日常生活应用等方面依然具有重要的价值。

中国古代散文对当代文章创作具有重要的思想滋养和借鉴意义。与古代散文相比，当代文章写作主要运用白话，形式也更加自由开放，但在汉语语言使用和文学表现方式上，依然会受古代散文的影响。另外，当代中国文章创作受西方"纯文学"理念影响较大，但中国古代散文"文以载道"的传统，对丰富文章创作意涵、发展民族文学仍然具有重要的借鉴意义。

中国古代散文具有重要的文化传承和社会教育意义。中国古代散文涉及历史、政治、社会和个人生活的方方面面，包含经、史、子、集各方面的著作，是人们了解中国文化、领会中国精神的重要途径。古代散文中关于朝代兴亡、政治利弊、风俗变迁的总结与反思，关于个人生存理想、生活情趣的描写，对于当今国家治理和个人人生观培养具有重要意义。

中国古代散文在当代社会中依然具有广泛的应用价值。虽然古代散文已不再是当代文章的主流，但在日常生活的很多方面，古代散文依然具有广泛的应用。例如，在黄帝、孔子等先贤的祭祀典礼中，传统体裁的颂赞文章依然被使用；在很多人的日常通信中，古代书信的抬头、落款格式也很受欢迎；今人创作的箴言、警句、座右铭，很多也是注重对仗和押韵的。这表明，古代散文体裁依然是当代文章创作的重要组成部分。

第三节　小说

　　中国古代小说有着悠久的发展历史，从怪异故事搜集到有意的虚构创作，从丛残小语到章回巨著，从文言雅语到白话俚语，中国古代小说的文体形态几经变迁，成就斐然。在中国古代社会中，小说长期被看作"淫词绮语、怪诞不经之书"（《四库全书总目提要》卷九十三），但随着明清时期一系列名篇巨著的出现，"自强不息""仁爱孝悌""勤俭廉政""诚实守信"等传统文化理念得到了彰显，到清末更有了梁启超"小说有不可思议之力支配人道""小说为文学之最上乘也"[①]的说法。近代以来，中国古代小说对中国乃至世界文学创作、社会教育和文化产业的发展产生了深远的影响。

一、中国古代小说概说

　　小说是以刻画人物为中心，通过具体描绘故事情节和环境，以反映社会生产生活的叙事性文学体裁。鲜明的人物形象、完整的故事情节、合理的虚构、叙述的写作方式是小说文体的基本要素。中国古代"小说"一词，最早见于《庄子·外物》："饰小说以干县令，其于大达亦远矣。"意思是，通过修饰琐碎、浅薄的言论来获取高名，必不能通达大道。但这里的"小说"指琐碎、浅薄之言，没有文体的意义。东汉时期，桓谭在《新论》一书中说："若其小说家，合丛残小语，近取譬论，以作短书，治身治家，有可观之辞。"这里，"小说"指用"丛残小语"写作的"短书"，已有了文体的意义。《汉书·艺文志》指出："小说家者流，盖出于稗官。街谈巷语，道听途说者之所造也。"这为小说文体的内容、地位做了进一步的定性，直接影响了整个中国古代社会对小说的认识。

　　不过，这些"短书"性质的"小说"不具备今天所谓小说的基本要素，因此，人们通常将其称为"古小说"。古小说不是小说，而是小说的原始形态。唐代出现的传奇才是中国最早的真正意义上的小说。与中国相比，西方小说也有悠久的历史渊源，但真正意义上的西方小说形成于14—16世纪的文艺复兴前后，成熟和繁荣时期则更晚。以至于德国大文豪歌德在读到中国传奇后感慨："中国人有成千上万这类作品，而且在我们的远祖还生活在野森林的时代就有这类作品了。"[②]

　　先秦到南北朝时期是中国古代小说的孕育萌芽期。从上古神话传说到寓言故事，再到先秦两汉史传著作，直至魏晋南北朝时期的志怪、志人小说，中国古代小说经历了一个漫长而又丰富多彩的孕育过程。上古神话是中国古代小说最初的渊源，盘古开天地、女娲补天、夸父逐日、精卫填海等神话传说展现了我国先民认识世界的神奇想象和改造世界、创造美好生活的勇气与智慧，为浪漫主义的小说传统奠定了基础。寓言故事产生于春秋战国时期，是通过简短的故事来阐发哲理和见解的文学形式。守株待兔、刻舟求剑、画蛇添足、揠苗助长、杞人忧天、朝三暮四等寓意深刻、生动形象的故事为后世小说的创作提供了大量的题材，并对其产生了直接影响。先秦两汉时期的史传文学对小说体裁的诞生和发展有着直接的影响，

① 梁启超. 梁启超全集［M］. 北京：北京出版社，1999：884.

② 歌德. 歌德谈话录［M］. 爱克曼，辑录. 朱光潜，译. 北京：人民文学出版社，1982：113.

《左传》《史记》《汉书》及各种野史杂传在人物形象刻画、故事情节描绘等方面为小说创作积累了丰富的艺术经验。到了魏晋南北朝时期，记述鬼神怪异和人情物事的志怪小说和志人小说大量涌现，这是中国古代小说漫长孕育期的最后阶段。但由于这些作品大多是时人辑录而非有意创造的作品，因此不能被看作真正的小说。

唐、宋、元是中国古代小说的诞生成长期。从唐代开始，作家有意创作小说的时代真正来临。正如鲁迅所说："小说亦如诗，至唐代而一变，虽尚不离于搜奇记逸，然叙述宛转，文辞华艳，与六朝之粗陈梗概者较，演进之迹甚明，而尤显者乃在是时则始有意为小说。"[①]唐代的小说又被称作"传奇"，唐代传奇用文言写作且皆为短篇，在语言运用和表现手法上有了长足进步，涌现了一大批影响深远的文言短篇小说名作，如白行简的《李娃传》、元稹的《莺莺传》、李朝威的《柳毅传》、裴铏的《聂隐娘》等。但唐代传奇也存在因过于重"奇"而忽视人物塑造和情节提炼的问题。[②]宋代是中国古代小说发展的新阶段，用俚语记述"说话"技艺的话本大量出现，这标志着中国古代白话小说的诞生。宋元话本可根据"说话"的不同题材分成不同的类型，获得一致认可的类型主要有小说话本、讲史话本、讲经话本3种。其中，小说话本为短篇，讲史、讲经话本为长篇。现存的小说话本名篇有《碾玉观音》《快嘴李翠莲记》《错斩崔宁》《志诚张主管》等，讲史话本有《全相平话五种》《大宋宣和遗事》《新编五代史平话》《薛仁贵征辽事略》等，讲经话本现只存《大唐三藏取经诗话》一本。由于宋元时期的话本主要是"说话人"使用的底本，虽经润色，但其文学性尚未得到充分的发展。

明清两代是中国古代小说的繁荣发展期。经过长时间的积累，到了明清时期，中国古代小说艺术日臻成熟，长篇、短篇、文言、白话各类型的小说都获得了蓬勃发展，历史、神魔、世情、英雄、讽刺各题材小说佳作频出，出现了一系列影响深远、举世瞩目的名篇巨著。其中，创作于明代的《三国演义》《水浒传》《西游记》《金瓶梅》被称作"四大奇书"。清代中期诞生的《红楼梦》代表了中国古代小说发展的高峰。自20世纪80年代以来，《红楼梦》又与《三国演义》《水浒传》《西游记》一起被人们称作"四大名著"。"三言二拍"是白话短篇小说经典，鲜明地反映了明代中晚期市民日常生活的样态。蒲松龄的《聊斋志异》是清代文言短篇小说的代表，是融合传奇、志怪等多种艺术方法于一体的文学典范。晚清以后，随着中国社会的近代转型和西方小说的传入，中国小说也开始了近代转型，中国古代小说作为中华民族文学艺术的瑰宝对中国社会和中国文学的影响是深远和永恒的。

二、中国古代小说的基本类型

中国古代小说从不同的视角可以划分成不同的类型，如按照篇幅可划分为长篇小说和短篇小说，按照写作语言可划分为文言小说和白话小说，按照题材可划分为神魔小说、世情小说、历史小说、英雄小说、讽刺小说等，而按照文体又可分为笔记小说、传奇小说、话本小说、章回小说4类。最后一种划分方式最能突出中国古代小说的特征，下面对中国古代小说的4

---

① 鲁迅.鲁迅全集：第9卷［M］.北京：人民文学出版社，2005：73.
② 杨子坚.新编中国古代小说史［M］.南京：南京大学出版社，1990：51.

种文体类型做简要的介绍。

笔记小说

笔记小说是用随笔式的短篇文字记述故事的文体形态。笔记小说发源于魏晋南北朝的志怪、志人小说，在以后各个朝代皆有传承和发展，清代蒲松龄的《聊斋志异》和纪晓岚的《阅微草堂笔记》是中国笔记小说的杰出代表。笔记小说体例自由、内容庞杂，神仙鬼怪、人间奇事、风俗礼仪、掌故趣闻无所不包；在写作手法上多以平直方式记录见闻，不加虚构和渲染，呈现独特的文体特征和叙述方式。

《三王墓》

传奇小说

传奇小说一般用来指称唐代小说的文体形态，在小说领域，元稹《莺莺传》的原名即为"传奇"，晚唐裴铏所撰小说集亦以《传奇》为名。宋人一般将唐代描写神仙、怪异等虚幻故事的小说皆称为"传奇"，这大概是"传奇"一名广泛流传的原因。传奇类小说不仅限于唐代，鲁迅将宋代的一些文言短篇小说亦称作"传奇"，并将其编入《唐宋传奇集》。传奇小说不再是随笔式的记述，作者除有意虚构小说内容外，还特别追求表现形式的完善，所以与笔记小说相比，传奇小说的故事结构较为完整、复杂，人物形象也更加生动、丰满。

▲ 《唐宋传奇集》封面

话本小说

话本小说是兴起于宋代的一种白话短篇小说文体形态。话本小说通常是民间"说话人"使用的底本，故称"话本"。由于"说话人"多流动于市井街巷，故话本小说本质上是"市井文学"或"通俗文学"。与"说话"技术的表现方式相对应，话本小说通常具有"入话""正话""后话"的程式，即小说一般以小故事或诗、词开篇，然后转入正题，最后以一首诗收尾。话本小说在起承转合处具有固定的套语，如"话说""且说""话分两头""闲话休提"等，这些套语有助于叙事视角、人物的转换，能够使读者清晰地把握故事的脉络。由于拥有固定的写作程式，话本小说的结构较为单一，贵在以内容吸引读者。

章回小说

章回小说是中国古代白话长篇小说使用的唯一文体形态。全书分若干回，标题对仗，结构完整，前后呼应，体现章回小说的主要特点。章回小说的标题都是对偶、工整的短句。如《三国演义》第一回的标题"宴桃园豪杰三结义，斩黄巾英雄首立功"，标题是对该回内容的简要概括。这种标题形式流畅顺口，又方便读者理解每一回的主要内容。章回小说的每一回都会在故事的关节点停住，告知读者"欲知后事如何，且听下回分解"，从而吸引读者阅读下一回，直到故事完整收尾。章回小说作为长篇小说能够精详地呈现故事情节和社会背景，细腻地塑造人物形象，运用多元的表现手法，因而在中国古代小说史上取得了极高的艺术成就。

三、中国古代小说的艺术成就

中国古代小说在各种文体和题材的小说创作上均取得了辉煌的艺术成就，产生了一系列影响深远的佳作。下面对中国古代小说的艺术成就做概要的介绍。

长篇巨著硕果累累

中国古代长篇小说在历史、神魔、英雄、世情等各类题材方面都产生了大量的作品，不仅数量繁多，而且取得了极高的艺术成就。下面以今天人们常说的"四大名著"之一的《三国演义》为例。罗贯中的《三国演义》是我国首部章回体小说，也是中国古代历史演义小说中成就最高的一部。小说酣畅淋漓地再现了东汉末年农民起义、军阀混战、魏蜀吴三国鼎立的历史，刻画了曹操、刘备、关羽、张飞、诸葛亮、周瑜等一系列个性鲜明的人物典型。该书成功处理了历史事实与文学虚构之间的关系，为历史题材小说提供了优秀的范例。小说带有"拥刘反曹"的思想倾向，赞颂仁爱忠义、勤俭廉政，贬斥残暴奸诈、贪污腐败，高扬了中华优秀传统价值观念，是具有重要道德教育意义的文学经典。

"四大名著"简介

> 《三国演义》又名《三国志通俗演义》，是在《三国志》史料基础上创作的历史演义小说，内容上具有较多不合史实的虚构成分。《三国志》是晋代陈寿编写的纪传体国别史，是记述魏蜀吴三国历史的正史著作。

短篇小说造诣斐然

中国古代短篇小说非常丰富，在艺术上取得了很高的成就。以著名的短篇小说集"三言二拍"（即冯梦龙的《喻世明言》《警世通言》《醒世恒言》和凌濛初的《初刻拍案惊奇》《二刻拍案惊奇》）为例，这 5 部小说集是中国古代短篇小说中的经典作品，内容涉及生活的方方面面，既有对社会生活丑恶现象的嘲讽，也涉及对人们美好品质的歌颂和对理想生活的向往，这一系列短篇小说具体、形象地反映了我国古代市民阶层的理想、愿望和生活品位，人物形象鲜明，表现手法丰富，在心理描写和情节叙述上对我国古代小说的发展有重要的贡献。

白话文言皆有大成

古代长篇小说都是白话小说，而在短篇小说中，文言小说占有很大的比重。唐代传奇都是文言小说，后世文言小说亦有传承。在我国古代文言小说中，蒲松龄的《聊斋志异》艺术成就较高。该书多以纪传体的方式记述神仙鬼怪、花妖狐媚之事，故事完整，情节清晰，篇末通常附有"异史氏曰"的议论、点评，这成为该书表现方式的一大特点，鲁迅称这种写作手法为"用传奇法，而以志怪"。[①]《聊斋志异》语言优美、生动、古朴、雅致，句式整齐，节奏感强，充分发挥了文言表达的优美特点，语言表达艺术远超其他文言小说。此外，该书在揭露社会腐败，表彰仁爱孝悌、勤俭廉政、自强不息等价值观念，突破传统礼俗观念

---

① 鲁迅. 鲁迅全集：第 9 卷［M］. 北京：人民文学出版社，2005：216.

等方面亦有诸多进步意义。

四、中国古代小说的当代价值

中国古代小说取得了辉煌的艺术成就，对世界文学的发展有着深远的影响，对影视、娱乐产业的发展具有带动意义，其中蕴含的仁爱孝悌、忠义诚信等理念有助于人们健康道德观念和健康人格的培育。

中国古代小说具有深远的文学意义。中国古代小说对中国乃至世界现当代文学、影视作品的创作具有重要的影响。诺贝尔文学奖获得者赛珍珠（Pearl S. Buck）曾说过，她最早关于怎样叙事和写故事的经验，主要是通过阅读中国小说学到的，"中国小说对西方小说和西方小说家具有启发意义"[①]。中国近代以来的很多著名小说，如张恨水的《金粉世家》、金庸的《书剑恩仇录》等，依然沿用了章回体的形式，体现了章回小说文体的持久生命力。《三国演义》《水浒传》《西游记》《红楼梦》等小说早已被翻译成各国文字在世界范围内流传，各国专家学者对其加以研究，并且它们还被改编成电视剧、电影、动画片，成为国内外影视作品创作的重要资源。

中国古代小说具有重要的社会教化功能。作为中国传统文化中最为通俗易懂和引人入胜的内容，中国古代小说承担着重要的社会教化功能，在"立德树人""以文化人"方面具有重要意义。中国古代小说在艺术上取得了非凡的成就，《西游记》描绘的迷人世界、《红楼梦》凸显的人生悲情、《聊斋志异》散发的语言魅力等都具有重要的艺术教育意义，阅读这些作品有助于提升读者的艺术感受力和人生领悟力。中国古代小说非常注重价值观引导，《三国演义》对忠义品德的赞颂、《儒林外史》对社会黑暗现象的批判，对读者树立正确的人生观和价值观具有潜移默化的影响作用。

中国古代小说具有丰富的社会经济价值。中国古代小说因其在文学和社会中广泛的影响力，对相关文化和经济产业的发展具有带动作用。中国古代小说名著直接带动了文学、影视、文化创意等相关产业的发展。如今，中国古代小说中经典的人物形象和脍炙人口的故事已经成为中国文化产业的重要名片。

第四节　戏曲

戏曲是中国传统戏剧的总称，是集文学、音乐、舞蹈、美术、工艺于一体的综合艺术形式。戏曲文学是关联和呈现戏曲诸艺术表现方式的核心内容，是中国古代文学的重要体裁之一。中国古代"戏剧"一词比"戏曲"一词出现得更早。"戏剧"最早见于唐代杜牧"魏帝缝囊真戏剧，苻坚投棰更荒唐"（《西江怀古》）的诗句中。不过，这里的"戏剧"是"游戏""闹剧"的意思，不是指戏曲表演。"戏曲"一词最先出现在宋末元初刘埙所著《水云村稿·词人吴用章传》一文中，文章讲到："至咸淳，永嘉戏曲出。泼少年化之，而后淫哇盛，

① 赛珍珠. 大地三部曲［M］. 王逢振，等译. 桂林：漓江出版社，1998：996.

正音歌。"这里的"戏曲"一词虽指的是戏剧表演方式，但实际指称的是宋代的南戏，不是全部戏曲的总称。直到近代，王国维才将"戏曲"作为中国传统戏剧的总称使用。王国维在《戏曲考源》中讲到："戏曲者，谓以歌舞演故事也。"[①]这是对戏曲艺术极为简约精当的概括。

> 王国维（1877—1927），浙江海宁人，是 20 世纪戏曲研究的开山人物，著有《曲录》《唐宋大曲考》《戏曲考源》《古剧脚色考》《优语录》《宋元戏曲考》等。其中，《宋元戏曲考》是我国戏曲研究中的代表性作品。

人们通常将中国戏曲与古希腊戏剧、印度梵剧并称为"世界三大古老戏剧"。古希腊戏剧产生于公元前 6 世纪，约于公元前 2 世纪末退出历史舞台。印度梵剧形成于公元元年前后，于公元 8 世纪时走向衰落。中国戏曲诞生较晚，在公元 12 世纪才真正形成，但在当代社会中依然广泛流传，足见其顽强的生命力。

中国戏曲有着悠久的历史，古代乐舞、祭祀仪式、王宫俳优表演、民间傀儡影戏、鼓乐杂耍都是戏曲形成的重要资源。先秦时期的乐舞，如《诗经》中的《商颂》《周颂》《鲁颂》，专门歌颂圣王功绩的《云门》《大卷》《大武》等，不仅将音乐和舞蹈结合在一起，而且具备一定的叙事功能。汉代的角抵戏，由扮演白虎和黄公的两个演员进行表演，已有简单的情景表演特征，但内容固定，尚缺乏唱白等规范。南北朝时期的歌舞戏《大面》（又称《兰陵王》）需要演员带着假面或涂抹粉、墨、丹、黄于面进行表演，然而情节过于简单，仍属歌舞的范畴。唐代的歌舞戏与参军戏通常被看作戏曲的真正雏形。歌舞戏《踏摇娘》在角色、情节、化身表演、固定动作方面有了很大的进步，能够将言语、动作、歌唱、表演结合在一起。参军戏出现了"参军"与"苍鹘"两个功能固定的角色，表演内容更加自由。除了内容简短，这两种歌舞戏已与宋代杂剧类似。

唐代末年，融合各类歌舞戏的杂戏开始出现，经过一定时期的积淀，到了北宋末年，在南方的浙江温州一带形成了中国最早的戏曲形式——南戏。而后在北方的河北真定一带形成了另一种戏曲形式——北杂剧。随着元统一中国，南戏与北杂剧相互吸收融合，使得中国戏曲艺术进一步走向成熟。这一时期出现了一大批著名的戏曲作家，其中关汉卿、白朴、马致远、郑光祖被后世称为"元曲四大家"。"元曲四大家"中，关汉卿成就最为卓著，有"曲圣"的美誉。

明清时期是中国古代戏曲繁荣发展的时期。明代初年，朱元璋非常推崇戏曲，于是很多士人名流参与到戏曲的改编和创作中，由于南戏特别是其中的昆曲雅致婉折，深得文人名士喜爱，因而逐渐成为戏曲的主流。到了明代中后期至清初，昆腔格律体制的

进一步了解中国古代戏曲

① 王国维.王国维文集［M］.姚金铭，王燕，编.北京：中国文史出版社，1997：425.

▲ 关汉卿

戏曲形式"传奇"发展完善，产生了一大批传奇体的戏曲名作，汤显祖的《牡丹亭》、洪昇的《长生殿》、孔尚任的《桃花扇》都诞生于这一时期。人们通常将这 3 部明清传奇与元代的《西厢记》合称为"中国四大古典名剧"，它们代表了中国古代戏曲艺术的最高成就。清代中期以后，民间和地方戏曲获得了蓬勃的发展，并与主流的昆曲展开争锋，这就是历史上著名的"花雅之争"。"花"代表的是民间和地方的通俗戏曲，"雅"代表的是高雅的昆曲。清晚期以来，融合了昆曲与多种地方戏特色的京剧，以及豫剧、越剧、黄梅戏、秦腔、评剧等地方戏逐步发展为中国社会主流的剧种。

8

第八章
中华优秀传统文化中的艺术辉煌

　　中国古代先民在漫长的历史长河中不断追寻美的形式和美的元素，创造出了璀璨的艺术成果。中国传统绘画用中国特有的绘画工具，塑造出了山水、人物、花鸟等丰富的形象，其在色彩搭配、画面构图、笔墨形式等方面的技巧，在今天仍具有强大的生命力。中国传统书法以其独特的笔墨语言，在让中国独有的汉字展现出疏密得当、浓淡相宜、大小得体的形体美的同时，也让传统诗、词、赋的内涵美得以流露。中国传统雕塑凭借对空间的占有和扩张，展现了艺术家的内心情感和时代风貌。中国传统建筑伴随着人们生产生活技术水平的提高而不断发展，形成了成熟且独特的体系，在设计方法、施工技术等方面对现代建筑的建造仍有借鉴意义。中国古代艺术是中国古代人民和中国传统思想文化之精神的一种表达方式，绘画、书法、雕塑、建筑等艺术形式在中国传统文化的土壤里孕育，又反过来滋养、浸润了中国传统文化的发展。中国古代艺术的形式虽然是传统的，但它仍能给予现代人以审美的享受和精神的熏陶。

第一节　绘画

　　绘画是一种关乎历史记忆与情感抒发的艺术。有观点认为，艺术家不可能凭空创造，他们经常受到别的艺术家和过去传统的启发，即使是背叛一个传统，也仍然表现出对那个传统的依赖。传统好比土壤，艺术家从土壤里成长并从中获取营养。[①]中国传统绘画正是这样一种植根于中国传统文化土壤的艺术，画家借助绘画的诸多手段和形式来展现时代风貌，表达思想情感。中国传统绘画源远流长，民族风格鲜明，成就卓越，在世界文化之林中独树一帜。

一、中国传统绘画概说

　　中国传统绘画是用中国特有的绘画工具——毛笔、墨、砚、矿物颜料等，在特制的绢布或者宣纸上作画，是由笔法、色彩、布局等要素构成的一种艺术表现形式。通过对山水、人物、花鸟等形象的勾勒和塑造，画家内心深处的情感和思想得以表达。中国传统绘画植根于中华民族深厚的文化土壤，融合了中华民族的道德情感、思维方式、哲学观念和审美意识，历经岁月磨砺而不衰。

▲《芥子园画谱》书影

　　中国传统绘画的历史可以上溯至新石器时期。与新石器时期的社会生产相适应，当时的绘画主要表现为彩陶、地画、岩画及实用器物上的装饰。春秋战国时期，随着社会生产力的发展，中国传统绘画有所发展，至秦汉时期已经先后出现了漆画、帛画等样式。秦汉时期的绘画大多在官府主导下完成，多数作品缺乏细致的艺术表达能力，中国传统绘画尚处于稚拙阶段。

　　魏晋南北朝时期，随着东汉政权的瓦解，原本居于正统地位的儒家思想受到严重冲

---

① 伍德福德.剑桥艺术史：绘画观赏［M］.钱乘旦，译.南京：译林出版社，2017：71.

击，崇尚老庄、清谈玄理的风气在士大夫阶层中广泛流行。基于此，这一时期的绘画题材范围得以扩大。汉代所宣扬的孝子、列女等题材在绘画创作中的比重下降，反映士大夫追求自然、反对名教的绘画题材比重增加。另外，随着佛教在中土生根发芽，魏晋南北朝时期的宗教绘画出现了高度繁荣的景象，各种寺庙、石窟绘画层出不穷。除此之外，由于文人士大夫的参与，中国传统绘画开始走向艺术自觉的时期，绘画理论家顾恺之、谢赫提出"以形写神""悟对通神""六法"等理论，对后来绘画艺术的发展产生了重大的影响。

隋唐两宋时期是中国传统绘画发展的鼎盛时期。政治稳定、经济发展、城市繁荣，都对精神生活提出了新的要求，促进了艺术的发展。在这一阶段，山水画、花鸟画逐步摆脱原来的附属地位，形成独立的绘画种类，绘画题材和体裁更加丰富，艺术风格更加多样。唐代绘画创作环境宽松，画家有较大的创作自由，因此，许多作品展现出强烈的浪漫主义气息，呈现"绚烂而求备"的特点，中国第一部绘画通史《历代名画记》也应运而生。宋代国势虽然不及唐代隆盛，但商品经济发达，市井生活繁荣，因而绘画作品也流露出更多的世俗化倾向。受宋代理学和禅宗的影响，宋代山水画和花鸟画更加追求画面的简净趣味和雅致的艺术风格。

中国传统绘画在元代发生了深刻的变化，文人写意画朝着清寒孤冷的方向发展。明代初期，统治者在思想文化领域实行禁锢政策，这使得绘画题材相对单一，明代中叶以后，画坛才逐渐活跃，山水画领域出现了"浙派"和"吴派"两大流派。到了清代初期，受董其昌"南北宗论"影响，王时敏、王鉴、王原祁、王翚、吴历、恽寿平6位山水画家以"南宗"为师法对象。他们的绘画作品受到清代统治者的赞赏，被称为"正统派"，是当时画坛的主流。清代中叶，以商业富庶、文化繁荣的江南水乡扬州为中心，聚集了一批书画兼长的艺术群体——"扬州八怪"。他们的作品往往打破传统的藩篱，展现出超强的艺术个性，具有强烈的创新精神。晚清海派诸家变革传统的雅俗界限，从民间绘画和西洋画中吸取养分，并将绘画与金石书法相融合，其中具有影响力的画家有赵之谦、任熊、任伯年、吴昌硕等。

二、中国传统绘画的基本类型

中国传统绘画依据不同的视角可以划分成不同的类型，从题材内容上可分为人物画、花鸟画、山水画三大类。

人物画

人物画在中国传统绘画三大类型中历史最为悠久。迄今为止，我国发现最早的人物画是出土于战国楚墓的《人物龙凤帛画》和《人物御龙帛画》。这两幅图所描绘的内容与升仙思想盛行的时代背景息息相关。《人物龙凤帛画》主要由挽髻妇女及其头部上空一龙一凤这3个形象构成，《人物御龙帛画》则描绘了一贵族男性乘龙升天的图景，作品线条流畅，造型合理，说明战国时期的人物画已经相对成熟。

魏晋南北朝时期，儒家正统思想受到冲击，名教、经学、谶纬之说遭到质疑，清谈之风兴起，风度、气质、神韵、才识成为人物品评的重要尺度。这种风尚对艺术创作产生了影响，一个明显的特点是这一时期的画家在塑造人物形象时，极其注重眼睛的刻画，力求通过眼睛这一心灵的窗户来展现人物的心理状态和性格特点，正如顾恺之所言："四体妍蚩，本无关于妙处，传神写照，正在阿堵中。"（《历代名画记》）顾恺之在塑造人物上的突出成就，正在于他并不满足于外表的形似，而是更注重人物内在精神气质的神达。除顾恺之以外，这一时期以人物画见长的画家还有陆探微、张僧繇等。

唐代当时富庶、强大，人物画艺术常常用于展现帝王将相的威严之气和贵族妇女的雍容华贵，以此作为唐代政治伟业的颂歌。阎立本的《历代帝王图》可以说是这一时期人物画的典型之作，该作品中一共描绘了从汉至隋的 13 位帝王。张萱、周昉则是仕女画方面的代表性画家。据文献著录可知，张萱曾创作过不少表现骄奢生活的画作，如《明皇纳凉图》《虢国夫人夜游图》《虢国夫人游春图》等。周昉《挥扇仕女图》中的宫廷妇女，大多体态丰腴绰约，面容华丽饱满。

至五代两宋时期，山水画和花鸟画的发展势头远超人物画，并且宋代的风俗画在历史上具有较高的成就。张择端《清明上河图》体现了宋代风俗画的最高水平，该画全卷长 528.7厘米，宽约 25 厘米，全景式构图，描绘了清明时节京城汴梁从城外到城内街市的繁华景象。画中既有宦官之流，也有普通的劳动群众，内容丰富，排布有致，令人叹为观止。

▲ （北宋）张择端《清明上河图》（局部）

花鸟画

花鸟画所表现的对象是大自然中的树木、花草、鸟兽、虫鱼，其形成较晚，至唐代才成为独立的画科。花鸟画又分为工笔和写意两类。从用笔方法上看，工笔花鸟画以高古游丝描、铁线描进行塑形，先勾后染，设色鲜艳，重在以形写神，形神兼备，笔工而意写。与工笔花鸟画用笔讲究劲挺不同，写意花鸟画用笔注重灵动、洒脱、浑融、苍老，极富变化。

唐代市井生活丰富，随着人们精神生活水平的提高，花鸟画逐步脱离工艺装饰成为独立的画种。薛稷、边鸾是这一时期的代表性画家。五代时期的花鸟画在唐代的基础上进一步发展，出现了"黄筌富贵、徐熙野逸"两种风格，分别代表了宫廷贵族与在野士大夫的审美取向和艺术追求。

宋代前期，五代黄筌画风仍然是画院画家的取法对象。真宗、仁宗时期，花鸟画家们尝试着深入大自然去探究动植物的特征和习性，以期生动地再现花鸟的仪态和神情。这种师法造化的艺术创作精神，推动宋代花鸟画进入了一个新的时期。

元明清是花鸟画发展的鼎盛时期，名家辈出，流派纷呈。元代的王冕擅长画梅，其代表作《墨梅图》水墨晕点，变化自然，展现了画家不甘随波逐流的精神风骨。明代吴派画家在宋元文人水墨花卉画的基础上，将绘画表现技巧加以创新，对绘画题材进行了拓展。陈淳和徐渭是在水墨大写意花卉方面有突出贡献的代表性画家。陈淳的《山茶水仙图》设色淡雅，徐渭的《墨葡萄图》意趣横生，后世论及写意花鸟，往往将此二人并提为"青藤白阳"。明末清初朝代更迭之际，画家八大山人心中不能直言的家国之痛及对理想世界的汲汲渴求，化作笔端一幅幅以"怪""涩"著称的作品，推动花鸟画进入又一全新的艺术境界。清代中期"扬州八怪"中的金农、罗聘等人对晚清花鸟画也有相当影响。

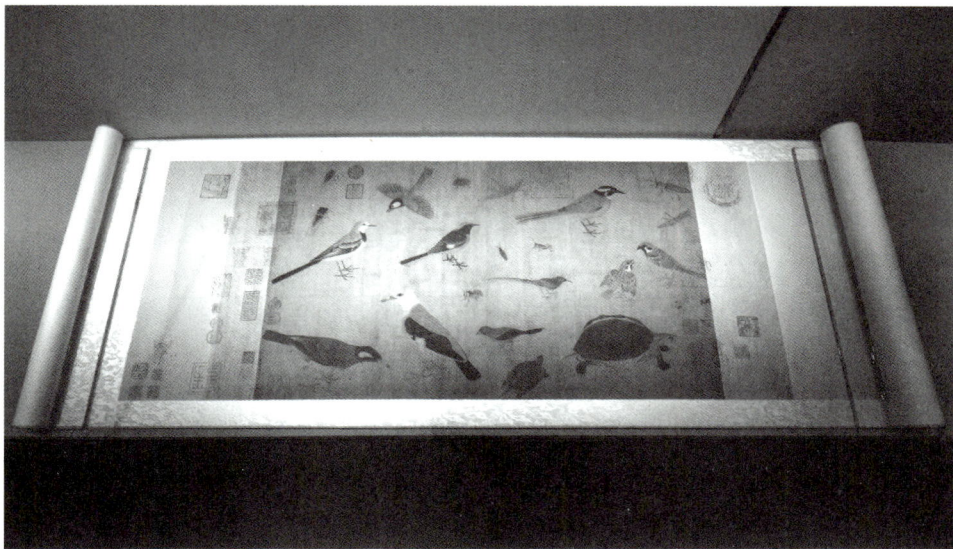

▲ （五代）黄筌《写生珍禽图》

山水画

山水画开端较晚，在魏晋南北朝时期仍处于萌芽阶段，大多以作为人物画背景的形式出现。中国绘画史上较早以画山水知名的画家是晋宋之际的宗炳和王微。受崇尚自然、反对名教的社会思潮的影响，宗炳在《画山水序》中提出"畅神"之说，王微在《论画》中主张山水画创作应融入画家的情感。

山水画的兴盛始于唐代。唐代南北统一，经济繁荣，国势隆盛，人们对绘画抒情达意的需求随之增加。因此，山水画在魏晋南北朝之后得以继续发展，并出现了"青绿山水"和"水墨山水"两种风格。所谓"青绿山水"，指的是以石青和石绿两种颜色作为画面的主要颜色，突出表现丘壑林泉之鲜艳壮丽的一种山水画流派，代表性人物有展子虔和李思训父子。在"青绿山水"成熟的同时，"水墨山水"也得以发展。吴道子是最早在这一领域中开拓和耕耘的画家，随后的王维和张璪二人对后世影响深远。其中王维以深厚的文学才思和佛学的思想底蕴，创作出气韵生动、恬淡空灵的《辋川图》，完美地将诗歌的意境美与绘画的形式美融为一体，苏轼称其为"诗中有画""画中有诗"。

五代是山水画发展的重要时期，名家辈出，风格各异，形成了南北两大体系。北方派以荆浩、关仝、李成、范宽、郭熙为代表，作品风格雄强俊伟。南方派的代表人物有董源、巨然，其画作温婉秀丽，展现了江南婉约淡雅的韵致。

北宋中后期的宫廷绘画里，"青绿山水"较为繁荣，宋徽宗时期宫廷画家王希孟的《千里江山图》是其中重要的代表。南宋山水画经李唐、刘松年、马远、夏圭等人的进一步探索，呈现有别于前代的新风貌。他们敢于打破北宋山水画重峦叠嶂的全景式构图，塑造"一角半边"小而精的局部景观，并巧妙地将人物的活动嵌入其中，使作品呈现别样的艺术趣味。

▲ （北宋）王希孟《千里江山图》（局部）

受特定的历史和社会背景的影响，元代山水画作品中常流露出遁世隐逸的情绪。在元初画坛享有盛誉的赵孟頫，其山水画代表作《鹊华秋色图》以济南山水为描绘对象，在工致的笔调中展现简率雅逸的气息。随后的"元四家"——黄公望、吴镇、倪瓒、王蒙在"水墨山水"上直接或间接地受到了赵孟頫的影响。他们将笔墨的展现、情绪的晕染、思想的抒发紧密结合起来，表现出清高孤寂的志趣和无可奈何的伤感。

三、中国传统绘画的主要成就

中国传统绘画的成就是多方面的。首先，它开创出有别于西方绘画的透视方法——散点透视。西方绘画采用的是焦点透视，即将视角固定在一个位置上，物体的大小区别通过与焦点距离的远近得以体现。中国的散点透视则是不将观察点固定在一个地方，而是根据需求，移步换景，将在不同点观察到的景致全部组织进同一画作之中，从而达到"以咫尺之幅，写千里之遥"的效果。中国传统绘画的散点透视通过将时间因素融入空间之中，形成了四维统一。①《中国美术简史》曾评价说：中国画的散点透视（实则是无透视），不受定点约束，这正和道家所主张的精神绝对自由（《逍遥游》）相契。所以，中国画能画长卷和长轴，高不盈尺而长可数丈，传统西洋画则不可。"②

---

① 苏立文.中国艺术史［M］.徐坚，译.上海：上海人民出版社，2014：191.

② 陈传席.中国美术简史［M］.北京：中国人民大学出版社，2020：80.

西方焦点透视代表作——《雅典学院》

《雅典学院》是意大利画家拉斐尔（Raffaello）于 1510—1511 年创作的一幅壁画作品，现收藏于梵蒂冈博物馆。该画描绘的是古希腊不同流派哲学家聚会讨论的盛况。画面中所有视线最后都消失于远方的一点，空间感十足，是西方焦点透视绘画作品中的典型。

北宋张择端的《清明上河图》可以说是运用散点透视法的典型画作。这种透视方法不受时空限制，能最大限度地展现"千里""万里"之景，营造"迂回曲折""柳暗花明又一村"的艺术境界。

其次，中国传统绘画形成了一种融诗、书、画、印为一体的综合艺术。中国传统画家在完成绘画作品之后，往往还要题诗、题款，即将诗文录入画作之中，并交代创作的来龙去脉，标注创作的地点、时间等。除此之外，画家还要在落款或者画面空白处钤印。这样的创作方式是西方绘画艺术所不具备的。

中国绘画史上留下许多匠心独运的题画诗。著名的如元代王冕的《墨梅》："我家洗砚池头树，个个花开淡墨痕。不要人夸好颜色，只流清气满乾坤。"配以淡雅的墨梅，画家、诗人王冕淡泊名利的形象便跃然纸上。明代画家徐渭在画作《墨葡萄图》中题诗一首："半生落魄已成翁，独立书斋啸晚风。笔底明珠无处卖，闲抛闲掷野藤中。"徐渭以野葡萄自喻，抒发了内心壮志难酬的苦闷。题画诗是作品的画外音，同时，书法艺术的融入又起到了增强作品艺术美感的作用。印章集书法、篆刻、诗文艺术于一身，能够通过篆刻语言和印章的内容进一步传递作者的思想情感。

最后，中国传统绘画展现出了古代中国人对美的最高形式的追求。这里所谓的"美"，不仅仅是画面中展现的诸种可视之物，更是画家通过画作流露出的内心深处对理想的渴望或是求而不得的失落感。有学者提出："宋元以后的主流文人画更是反对绘画的感官吸引力，其主旨与对视觉美的追求可说是背道而驰。"当画家对"美"的理解无法诉诸具象之物，其笔下的画便不只是对现实世界的客观描摹。画家更渴望的，是借助这些似幻似真之象，尽可能地向世人传递其内心微妙的情感意绪。正如西方艺术史家所言："整个艺术发展史不是技术熟练程度的发展史，而是观念和要求的变化史。"[1]当具象性的描绘无法满足画家情感抒发的需求时，中国传统绘画便走上了向文人画发展的道路。文人画这种绘画形式，承载了画家的心声，存储了时代的回响，更体现了中国艺术向更深远处开拓的无限潜力。

四、中国传统绘画的当代价值

中国传统绘画并不是一种已死去的艺术，它扎根于中国传统文化的土壤之中，并随着时代的发展而不断被赋予新的表达方式和精神内涵，在当代仍然焕发出无限生命力。

其一，注重直觉体悟、知行合一的中国传统绘画和画论，对当代文学艺术领域的发展具

---

① 贡布里希. 艺术的故事［M］. 范景中，译. 北京：生活•读书•新知三联书店，1999：44.

有启发意义。现代学科建立后，一系列现代艺术品鉴术语和理论研究体系随之诞生。人们往往从构图、用笔、用墨、色彩、块面、肌理等方面对绘画作品进行条分缕析。古代画论中零散的论述，也被归纳总结为形神论、风格论、品评论、气韵论、创作论、继承论等具有逻辑性的系统。但事实上，古代中国人的思维和行为方式更倾向于直觉体悟式，注重知与行的动态合一。著名画家石涛在《画语录》中将宇宙本体论、绘画本体论和画家个性论有机结合起来，倡导艺术世界中"技"与"道"的高度统一。这种基于传统历史语境的思考路径，对现代科学研究方法有重要参考价值。

其二，中国传统绘画中的诸多元素在现代艺术设计中被广泛运用。中国传统绘画讲究用墨、色彩、章法等要素。从用墨上看，中国传统绘画讲究通过墨色的变化来塑造艺术形象的层次感，营造深远奇幻的意境。根据浓淡枯湿程度的不同，墨色可分为焦、浓、重、淡、清5种。所用色彩更是品类繁多，单是石色便包括朱砂、朱磦、石青、石绿、雄黄、雌黄、黑石脂、云母粉、赭石等十几种。从章法上看，中国传统绘画强调计白当黑、虚实相生。这诸多元素，被广泛地运用到当代的生产生活领域，诸如服装设计、产品包装设计、动漫形象设计、广告图文等，古典美在当代焕发出了新的生机。

其三，绘画是一种能够反映时代面貌的艺术表现形式，它在继承传统绘画优秀内核的同时，吸收了新时代的先进要素，在当代展现出新的人文艺术价值。明末清初画家石涛在《大涤子题画诗跋·跋画》中云："笔墨当随时代，犹诗文风气所转。"一代有一代之风气，中国传统绘画的发展史，是一段继承与创新相互交融的历史，不同时代涌现出不同艺术风格的绘画作品。当代社会经济发展，文化繁荣，科技发展为人们了解古今、中外提供了巨大的便利，为绘画的发展创造了优越的条件。中国传统绘画扎根中国传统文化土壤，又立足当下，在新的时代背景下不断推陈出新，新工笔画派、新水墨画派等的画家所创作的绘画作品，展现了新的时代风貌，在人文艺术界享有盛誉。

第二节　书法

书法是中国传统艺术中最具民族特色的一种，独特的笔法体系和造型方式是构成这种艺术的两大核心要素。早在唐代，中国书法便传入日本、朝鲜等地，为其民族文化艺术的发展注入了新的力量。近代以来，部分西方艺术家也曾从中国书法中获得启发。梁启超在《书法指导》一文中指出："美术一种要素，是在发挥个性。而发挥个性最真确的，莫如写字。如果说能够表现个性，就是最高美术。那么各种美术，以写字为最高。"[①]

一、书法概说

何为书法？汉代扬雄在《法言》中提出："书，心画也。"许慎在《说文解字·叙》中说："书者，如也。"清代刘熙载在许慎的基础上进行发挥，他在《艺概》中说道："书，

① 北京大学哲学系美学教研室. 中国美学史资料选编（下）［M］. 北京：中华书局，1981：415.

如也。如其学，如其才，如其志，总之曰如其人而已。"可见，古人将书法看作通过文字书写来表达一个人的才情、志向、品格的艺术形式。

随着时代的发展，汉字的书写工具由毛笔转变为硬笔，但毛笔书写的丰富性是硬笔所无法媲美的，由此，书法这一概念便有了狭义与广义之分。广义的书法包含了毛笔书法和硬笔书法，而狭义的书法单指毛笔书法。在毛笔书写退出实用舞台的时代背景下，毛笔书写者往往是在掌握硬笔书写技能的前提下涉猎毛笔的，重结构轻用笔，加之现代表演艺术的影响，现代书法便应运而生。与现代书法相对应的是传统书法，二者的区别在于：传统书法注重笔法体系，而现代书法更关注创作时的表演性及作品的视觉冲击力。在论及中国传统文化时，传统书法仍是讨论的重点，即以汉字为载体，尊重毛笔的运笔规律，能够表达书法家情感意绪的艺术形式。

中国传统书法与汉字相伴而生，自东汉末年开始走上自觉的艺术之路。受政治条件、社会风尚等多方面因素的影响，历朝历代的书法呈现不同的艺术风貌。

天下第一行书

永和九年（353）三月初三，时任会稽内史的王羲之与孙绰、谢安等友人在会稽山阴的兰亭举行了一场雅集，王羲之用文字记录了聚会中友人们流觞曲水、饮酒赋诗的盛况，是为《兰亭集序》。《兰亭集序》不仅文学造诣高，而且是书法史上具有划时代意义的作品，被奉为"天下第一行书"。《兰亭集序》共28行、324字，传世摹本主要有虞世南摹本、褚遂良摹本和冯承素摹本。冯承素摹本又称"神龙本"，一般被认为是最接近兰亭真迹的摹本。

秦汉时期，汉字完成了从古文字向今文字的转变。此一时期，小篆、隶书日渐成熟，草书开始孕育，行书、楷书纷纷崭露头角，书法发展呈现蓬勃生机。史游作《急就篇》，史上称其为"章草之祖"。张芝擅长草书，张怀瓘尊其为"草圣"。刘德升的行书独步当时，蔡邕的隶书"爽爽有神"。

魏晋时期，中国书法艺术进一步走向自觉。文人将参与书法活动作为一种雅趣，在创作技法上孜孜以求。可以说，中国传统书法的笔法体系至魏晋时期已基本确立，后世在魏晋时期所确立的笔法体系的基础上继续丰富和细化，不再有本质上的突破。这一时期涌现出一大批文人书法家，如索靖、卫瓘、卫夫人、王羲之、王献之、王珣等。除技法创作之外，魏晋时期也产生了大量书法理论专文，这成为这一时期艺术自觉的又一重要体现。

天下第二行书

唐代书法家颜真卿所书之《祭侄文稿》被认为是"天下第二行书"。该文稿共23行、234字，追记了在安禄山叛乱中常山太守颜杲卿父子挺身而出、取义成仁之事，字迹不计工拙、一气呵成，兼具史料与艺术双重价值。

隋唐时期的书坛崇尚森严的法度，楷书创作进入鼎盛时期，理论总结也较为完备。唐人在继承前代传统的基础上，一改晋人潇洒飘逸之风，呈现恢宏磅礴的盛唐气象。这是一个人才辈出的时代，前有欧阳询、虞世南、褚遂良、薛稷开风气之先，后有贺知章、怀素、颜真卿、柳公权、杨凝式承继发展，蔚为大观。

宋元时期，书法在前代的基础上朝着"尚意"和"复古"的方向推进。苏轼有言："我书意造本无法，点画信手烦推求。"所谓"意"，即为内心感受和丰富联想。而"尚意"，即注重作者主观情感的作用，格外追求创作心态的自由。"尚意"的风气在北宋盛行于包括书法在内的一切艺术文化领域。"尚意"风格的书法家主要有苏轼、黄庭坚、米芾等，与蔡襄并称"宋四家"。元代书法在赵孟頫复古旗帜的引领下，重新回归对晋唐之风的追求。这一时期代表性书法家有赵孟頫、鲜于枢、康里巎巎、杨维桢、倪瓒等。

明代地域书风突出，刻帖兴盛，受厅堂改制影响，大字成为书法家热衷的对象。在个性解放思潮的影响下，明代后期，董其昌、徐渭、黄道周、张瑞图、王铎在书法创作上甚为大胆，他们所完成的作品往往富有视觉冲击力。基于此，明代书法形成了"尚态"的创作理念和艺术风貌。书法发展至清代，碑学日渐兴起，帖学逐渐式微，但帖学始终没有退出历史舞台。受金石学风影响，清代访碑拓碑之风盛行，篆书在经历低谷之后，在清代获得新生。

二、书法的基本类型

篆书

篆书是中国传统书法形成最早的书体，分为大篆和小篆。大篆至西周末年就已经发展得相对成熟。根据书写材料的不同，大篆可分为甲骨文和金文两种。刻在龟甲或兽骨上的称为"甲骨文"，铸造在青铜器上的称作"金文"，也叫"钟鼎文"。大约制作于春秋晚期的《石鼓文》可以说是大篆的代表。石鼓共10块，每块刻有四言诗一首，记述秦国国君游猎之事，因其形状与鼓相似而得名。《石鼓文》笔画瘦劲、结体规整、篇章整齐，颇具庙堂之气。《石鼓文》出土于唐代，历代文人对《石鼓文》的艺术价值都给予了高度评价，唐代张怀瓘在其书学著作《书断》中将其列为"神品"。

秦灭六国后，出于维护统治的需要，在吸取了六国文字优点的基础上，推出了一套属于自己的官方文字体系——小篆。流传至今的小篆碑刻大多与秦始皇有关，如相传为李斯所书的《泰山刻石》，此碑笔画圆润婉转，字形匀称修长，外拙内巧，凝重肃穆。《泰山刻石》于清乾隆年间毁于火，嘉庆年间被搜出尚有残石两块，共计10个字，残石保存至今。秦始皇二十八年（前219）所立《峄山刻石》风格与传世《泰山刻石》拓本相近，笔画细劲坚实，法度严谨。

汉代小学兴盛，篆书余波未尽，在庄重的场合下，人们往往用典雅的篆书书写，以示与

▲《石鼓文》（后劲本）
北宋拓本（局部）

以实用功能为导向的隶书相区别。《袁安碑》《袁敞碑》可谓汉篆传世名碑的典型。此二碑笔力遒劲，结体宽博，灵动之趣远超《泰山刻石》《峄山刻石》。汉代以降，书坛篆书风气较弱，唐代李阳冰的出现，打破了篆书沉寂的局面。李阳冰的篆书代表作有《三坟记》《谦卦铭》等。清代孙承泽云："篆书自秦、汉以后，推李阳冰为第一手。今观《三坟记》，运笔命格，矩法森森，诚不易及。"清代考据学兴盛，篆书再次进入文人的视野，篆书创作迎来了新的发展时期。在此阶段，桐城邓石如为篆书带来了突破性的发展。他在李斯、李阳冰小篆的基础上，兼取秦汉金石文字，又参以隶书笔意，形成了独特的篆书风貌。邓石如的创举，为吴让之、徐三庚等人的篆书创作提供了新思路。

▲（唐）李阳冰《三坟记》（局部）　　▲（清）邓石如《白氏草堂记》（局部）

隶书

隶书上承篆籀，下启楷行，在中国书法史上占有重要的一席。相传隶书为秦代程邈所创，它之所以能够产生，与官府事务繁多，在文字书写上追求便捷密切相关。《采古来能书人名》载："秦狱吏程邈善大篆，得罪系云阳狱，增减大篆，去其繁复。始皇善之，出为御史，名其书曰隶书。"《论书表》云："秦烧经书，涤除旧典，官狱繁多，以趋约易，始用隶书，古文由此息矣。"

近年的研究大多认为，隶书可分为古隶、汉隶、八分 3 个阶段，且这 3 个阶段重叠交替发展。所谓古隶，指的是大篆的草写。一般来说，草化先于规范化。古隶是大篆的草化，小篆则是对大篆的规范化，因而古隶的产生应该先于小篆。青川木牍、里耶秦简、天水秦简皆属古隶范畴。古隶在结字上虽有篆书纵势的遗意，但横势更为明显。其笔画往往横不平，竖不直，出现隶书的波磔用笔，笔画之间搭接明显。成熟的汉隶在西汉早期已经出现，其结字扁平，由纵势向横势发展的趋势进一步凸显，笔画形态方圆兼备，用笔出现起承、转接、收止等节奏感。汉隶在用笔上的丰富，为后来的书法向着各种书体和个性化的方向发展奠定了基础。魏、晋时期，楷书亦称"隶书"，为将楷书与隶书加以区别，人们遂将带有波磔的隶书称为"八分"。清代包世臣《艺舟双楫·历下笔谭》云："及中郎（蔡邕），变隶而作八分。八，背也；言其势左右分布相背然也。"

草书

传统上一般将草书划分为章草和今草。事实上，"今草"中"今"对应"古"的概念，"今"与"古"是以汉代为界限的。一般来说，章草是指规范化后的汉代草书，它只是汉代草书中的一种。汉代以后的草书统称为"今草"，而我们耳熟能详的"狂草"，实际上只是今草的一个组成部分。另一种划分方法是把草书分为大草和小草两种类型。在这样的分类中，小草基本等同于章草，其主要特征为化繁为简，字的草写形式相对固定，字与字之间的连带较少。大草则是在小草的基础上，在不背离基本法度的前提下，行笔更为放浪恣肆，更加注重书写者个性的张扬和内心情感的抒发。

唐代孙过庭的《书谱》书文并茂，深广兼收，是小草中有行无列的范式，全篇纵 27.2 厘米，横 898.2 厘米，原文共 3700 余字，现存 3500 余字。此本法度森严，有魏晋遗风，明末清初金石书画收藏家孙承泽在《庚子销夏记》中称其"天真潇洒，掉臂独行，无意求合，而无不宛合，此有唐第一妙腕"。唐代的张旭、怀素是史上的大草名家，其作品笔势狂放不羁，大开大合，极尽驰骋之能事。

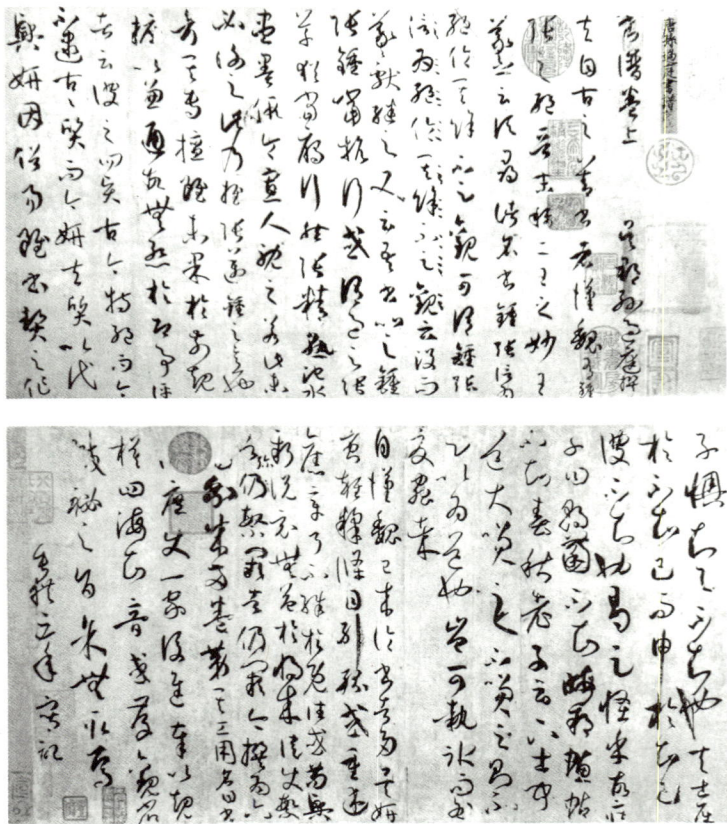

▲ （唐）孙过庭《书谱》（局部）

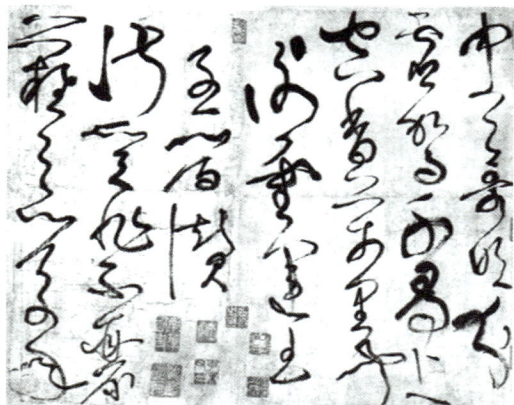

▲ （唐）张旭《古诗四帖》（局部）

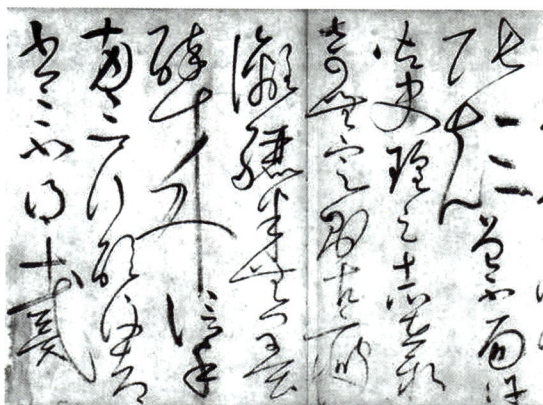

▲ （唐）怀素《自叙帖》（局部）

行书

据已知文献记载，"行书"这一名称最早出现于西晋卫恒的《四体书势》。行书是一种介于楷书和草书之间的书体，偏于楷书的称为"行楷"，偏于草书的则称为"行草"。出土文献表明，西汉时期行书已初露端倪，大约到汉魏之际，行书正式产生。日常书写中对速度和便捷程度的追求，是行书产生的最大推动力。

▲ （东晋）王羲之《兰亭集序》（冯承素摹本）

历史上推动行书走向成熟的代表性人物是东晋的王羲之、王献之父子，王羲之的《兰亭集序》和王献之的《鸭头丸帖》《中秋帖》成为行书的楷模之作。唐宋时期，行书发展繁荣，出现了许多擅长行书的书法名家和脍炙人口的行书名作。例如，唐代颜真卿写下了被后人称为"天下第二行书"的《祭侄文稿》。苏轼、黄庭坚、米芾、蔡襄因行书成就卓越而被合称为"宋四家"。元代赵孟頫高举复古旗帜，借唐追晋，其笔下之行书婉转流丽、风姿绰约。明代的吴门三家，即祝允明、文徵明、王宠，潜心古法，出规入矩，自成面貌。在碑学笼罩下的清代，作为帖学主体的行书并未退出历史舞台，而是以其独特的艺术价值深受书法家青睐。

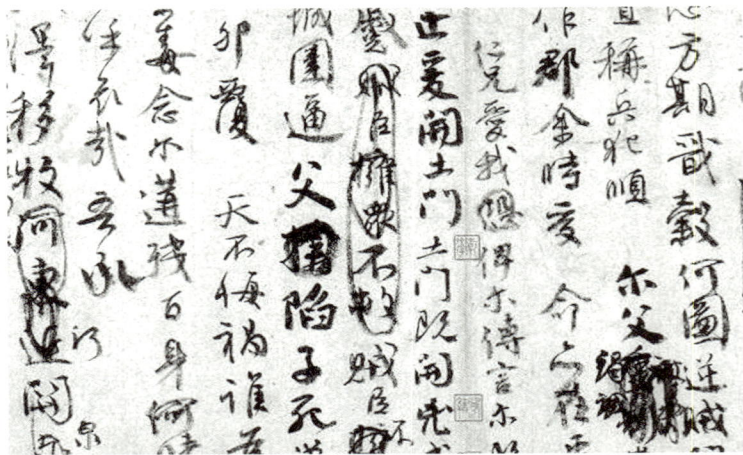

▲ （唐）颜真卿《祭侄文稿》（局部）

楷书

张怀瓘在《书断》中称："楷者，法也、式也、模也。"东汉末年钟繇以小楷创作的《宣示表》是目前可见的最早楷书史料。作为一种实用性与艺术性兼备的书体，楷书在唐代达到鼎盛。初唐时期，"四大书家"欧（阳询）、虞（世南）、褚（遂良）、薛（稷）各显风貌，其中欧阳询所写的楷书用笔劲挺、中宫紧收，所形成的楷书风格被后人称为"欧体"。中唐时期，颜真卿变法出新意，其创作的《多宝塔碑》《麻姑山仙坛记》等作品气象磅礴、浑厚庄严，后人将颜氏此种独具一格的楷书风貌称为"颜体"。晚唐时期，柳公权以"柳体"与"颜体"相媲美，"柳体"结字均衡平稳，笔力遒劲，较之雍容华贵的"颜体"，更显示出瘦硬的骨力，故有"颜筋柳骨"之说。除此之外，唐代写经也体现了唐代楷书艺术的高度发展，传为钟绍京所书之《灵飞经》雍容大度、神采飞扬，堪称楷书史上的瑰宝。

唐人所总结的一系列楷书法度在推动楷书普及的同时，给楷书这一书体自身的发展带来了巨大的束缚。后世书法临习者往往囿于唐楷森严的法度之中，不敢越雷池半步，以至于出现了明代的"台阁体"和清代的"馆阁体"。

▲ （唐）欧阳询《皇甫诞碑》（局部）　▲ （唐）颜真卿《多宝塔碑》（局部）　▲ （唐）柳公权《玄秘塔碑》（局部）

三、中国传统书法的主要成就

书法是中国特有的传统艺术，从书写对象——汉字，到书写工具——毛笔，从创作构思到艺术品鉴，无不与中国传统工艺和精神特质息息相关。基于此，中国传统书法在多方面都取得了杰出的成就。

微课视频

文房四宝

首先，从"器"的层面看，中国传统书法用特殊的工具建立起了一套独特的艺术表达体系，即笔墨语言。众所周知，无论何种艺术，都需要借助特定的艺术语言来表情达意。中国书法是在汉字形体发展的过程中，在满足实用功能的同时又超越实用功能，借助毛笔这一特殊工具，不断在艺术上赋予汉字审美品质的艺术品类。因此，其艺术语言必须以毛笔为依托，在充分尊重和利用毛笔的特性的前提下方能表达。赵孟頫在《兰亭十三跋》中写道："盖结字因时相传，用笔千古不易。"可见，笔法的建立是中国传统书法得以形成的重要技法准备，它在漫漫历史长河中熠熠生辉。

其次，从"道"的层面看，书法植根于中国传统文化，又反过来丰富了中国传统文化的内涵。中国传统书法始终与文化相伴，不论是书写的文字内容，还是书写者的审美倾向、书道的传承发展，无一不与传统文化中的厚德载物、尊师重道、守正创新、天人和谐等内容息息相关。中国传统书论强调"文以载道"，认为"字如其人"，这无疑从艺术的角度认可并推动了中国传统文化的发展。中国传统书法的成就，绝不仅仅是"技"的突破，更多的是文化的涵养。

最后，中国传统书法的发展，从实践上推动了汉字的成熟、定型与保存。传统书法是与汉字的发展演变相伴而生的，文字的产生和演变是书法赖以形成的基础，而书法创作又促进了汉字文化的发展与保存。例如，篆书和隶书是中国历史上较早形成的书体，但在秦汉之后，尤其是唐宋之际，由于与实用功能严重脱节，渐渐为人们遗忘。明清时期，尤其是清代乾嘉年间，由于考据思潮的兴起，篆书和隶书，尤其是篆书，再次成为乾嘉学者们关注的对象。他们身体力行地恢复篆书的书写，从实践上推动了篆书的复兴。尽管从艺术价值上看，乾嘉学者们的篆书几乎没有跳出李斯、李阳冰所开创的小篆风格系统，但他们的实践本身正是对篆书这一书体最好的保存方式。因此，中国传统书法的成就，并不局限于这一艺术形式本身，它在无形中对其他领域形成也有旁涉作用，也是一笔宝贵的财富。

四、中国传统书法的当代价值

中国传统书法艺术，凝聚了中国古人深邃的智慧及独具特色的东方美学观，成为东方智慧的重要载体。随着时代的发展，中华文化的影响力与日俱增，中国传统书法也同其他艺术形式一道，越来越受到全世界的关注，其艺术和人文价值也愈加凸显。

首先，就书法自身的内在发展而言，它虽来源于古代，但在当代仍然具有强大的艺术生命力。中国传统书法中的艺术精华，正是中国书法未来发展的创新源泉。有学者指出，文学史和艺术史中的很多革新实际上是通过"复古"实现的。复古并非要全然不变地"恢复"或

"回复"真实的古代，而是把将来折射为过去，通过对某种遗失形象的回忆、追溯和融合实现一种当代的艺术理想。[1]书法是中国独特的艺术形式，是中华优秀传统文化的重要组成部分。中国书法未来的发展，必将从传统书法理路中获取灵感。

其次，书法作为一种高雅艺术，为人们心性的修养和情操的陶冶提供了一种修行方式。蔡邕在《笔论》中说："书者，散也。欲书先散怀抱，任情恣性，然后书之；若迫于事，虽中山兔毫不能佳也。夫书，先默坐静思，随意所适，言不出口，气不盈息，沉密神采，如对至尊，则无不善矣。"这段话强调了书写时状态的重要性，只有进入无拘无束、凝神静气的状态，真正意义上的书写才成为可能。这一艺术特性使得书法能够成为人们涵养自我、修炼自我的方式。当今社会快节奏发展，这在一定程度上导致了渴求名利、崇尚享乐的浮躁风气，书法的魅力就在于它能够在喧嚣的大环境下，为人们提供片刻的安宁，因而成为现代人喜爱的文化修行方式之一。

最后，中国传统书法具有育人价值，能够进一步推动我国的精神文明建设。中国传统书法的育人价值体现在两方面。一方面，中国传统书法作为一种高雅的艺术形式，能给人带来美的享受，提升人的艺术品鉴能力。浓与淡、枯与湿、快与慢、粗与细、大与小、欹侧与平稳、相向与相背等一系列矛盾组合在有限的尺幅里展现得淋漓尽致，这是其他艺术形式难以企及的。另一方面，书法作品中呈现的内容，往往是中国传统文化中优秀的诗词歌赋和家规家训。透过文字，我们能够领略中华文化博大精深的内涵和发人深省的哲思情理，从而培养良好品德。通过对雅正书风的倡导，人民群众能够在书法欣赏和书法实践中得到熏陶，从而感悟、认同、形成正确的历史观、民族观、国家观、文化观，进而使书法自信成为坚定文化自信的组成部分。

书法与当代青年

梁启超在《少年中国说》中指出："少年智则国智，少年富则国富，少年强则国强。"当代青年是民族的希望、国家的未来，身上肩负着中华民族伟大复兴的历史重任。书法作为中国传统艺术中最具民族特色的形式，理应成为当代青年学习、弘扬中华优秀传统文化的重要对象。青年在学习书法的过程中，可以将繁体字作为深入学习中华优秀传统文化的又一个兴趣点，在了解汉字创造的历史背景与实用规律法则的基础上，对其予以尊重、继承与发扬。

第三节　雕塑

谈及中国传统艺术，人们每每将书法与绘画并提，而对雕塑有所忽略。事实上，雕塑艺术在中国传统文化中由来已久，也取得了辉煌的成就。梁思成先生曾说："艺术之始，雕塑为先。盖在先民穴居野处之时，必先凿石为器，以谋生存；其后既有居室，乃作绘事，故雕

---

① 巫鸿.美术史十议［M］.北京：生活·读书·新知三联书店，2016：133.

塑之术，实始于石器时代，艺术之最古者也。"①雕塑作为中国传统艺术之"最古者"，其重要性不言自明。

一、中国古代雕塑概说

中国古代雕塑是一种以陶、石头、金属、玉块等物质为材料，塑造出具有体积感、空间感的可视、可触形象的艺术形式。艺术家内心所思所想，借助其所创造的人物、动物等形象得以表达。而一个时代的社会风貌和精神气质，也能够从艺术家所塑造的作品中显露出来。

中国传统雕塑起源较早，《韩非子》中就有殷人雕琢食器、刻镂觞酌的记载。中国是除发端于古埃及、希腊的西方雕塑和古代波斯、印度雕塑之外的又一古代雕塑发源地。它所呈现的艺术面貌和演变轨迹，与中国历史的发展紧密相关。

考古发掘研究表明，中国雕塑艺术的产生可以上溯至新石器时代。新石器时代约始于一万年前。随着自身技能和劳动工具的不断提升和改善，先民的审美能力和艺术能力得到了发展，磨制石器和陶器的出现，标志着新石器时代物质生产和艺术创作的初步繁荣。这一时期的雕塑艺术主要表现为

微课视频

中国古代雕塑技法示要

泥塑、陶塑、石雕和玉雕。大汶口文化晚期作品狗形陶鬶憨态可掬，从中可以想见原始先民在生产生活中对动物的依赖与喜爱。红山文化遗址出土的陶塑女神像圆润肥硕，反映了先民对女性的爱恋与歌颂。良渚文化的大玉琮将神人与兽面合二为一，展现了先民对自然的敬畏与想象。从创作主体上看，新石器时代的先民已经初步具备进行雕塑的空间思维，摸索出圆雕、浮雕、透雕等基本雕塑手段。从艺术水平上看，新石器时代的先民已经探寻到了一定的形式美规律，掌握了一定的艺术表达技巧，夸张、象征的表现手法虽未臻成熟，但已初露端倪。商周是中国青铜器雕塑高度发展的时期，雕塑主要用于青铜器的装饰，多为动物之形，象尊、犀尊等青铜器造型庄重，具有一种神圣的威严和狞厉的美。

秦汉时期，中国迎来了古代雕塑史上的第一个高峰。秦汉两代政权统一，经济实力雄厚，统治者大兴土木，为雕塑创作营造了条件。从雕塑的功用上看，这一时期的雕塑主要有陵墓雕塑、宫苑雕塑、丧葬之用的陶俑及工艺装饰品。从雕刻技法上看，秦汉两代的石雕已经形成立体雕刻和平面雕刻两种塑形方式。立体雕刻的作品具有三度的立体空间，平面雕刻根据创作的需要又分为平面阴刻和平面阳刻两种。玉雕的装饰加工方法多样，有透雕、刻雕、粟纹等。整体而言，秦汉时期的雕塑具有强烈的现实主义色彩。无论是一往无前的金戈铁马，还是风驰电掣的铜奔马，都是秦汉深沉气魄和宏大气势的写照。

① 梁思成. 中国雕塑史［M］. 天津：百花文艺出版社，2006：1.

▲（东汉）铜奔马

魏晋至唐代，中国雕塑持续发展。在魏晋南北朝时期的雕塑中，风格多样的佛教造像占据了很大的比重。受南朝雕塑秀骨清像风格的影响，北魏时期麦积山佛像造型大多面容清秀，神态安详。受西域外来风格的熏陶，昙曜五窟造像身躯魁梧，伟岸雄强。受中国本土影响，云冈石窟佛像服饰由外来的偏袒右肩式的薄衣透体变为宽大的冕服式。这一系列佛像的塑造，都推动了中国人物雕塑的进一步发展。同绘画的发展一样，这一时期的艺术家在雕塑人物形象时尤其注重表现其内心世界，这是人的主体意识觉醒，社会进入注重内心思辨时代的必然结果。唐代可以说是中国古代雕塑发展的又一高峰。唐代政局稳定，统治者出于巩固政权、炫耀国力的需求，十分重视雕塑这一立体的艺术形式。统治者将官府作坊工匠的劳役制改为工役制，这使得独立的手工作坊逐渐兴起，从而大大提升了工匠劳动的积极性和创造性。在经济方面，雄厚的财力为雕塑的创作奠定了经济基础。频繁的对外交流使得唐代雕塑能够吸收外国的艺术特点，继承传统，推陈出新。如果说秦汉时期的雕塑是以古拙、厚重、刚劲、雄强为基调，那么唐代雕塑的气象则是饱满、昂扬、圆融、盛大。

宋元至明清，中国雕塑呈衰萎之势。雕塑是一种具有扩张性、占有欲强的艺术门类，它的存在本身就是对空间的一种征服，是艺术家野心的外扬。这样的艺术特性，决定了它在宋、元、明、清这样的时代背景下难以找到继续扎根的土壤。理学家多推崇"天理"，主张节制"人欲"，其反映出的文化性格是内向的、保守的、封闭的，这与雕塑外向的、大胆的、开放的艺术性格有所不同。明清两代，中国封建社会走向全面衰败，时代气息的萎靡在雕塑上的反映便是雕塑艺术的衰退。虽然从工艺上看，明清时期的雕塑工艺更趋精致，但因为失去了相应的文化土壤，此时的雕塑呈现江河日下之势，令人扼腕。

二、中国古代雕塑的基本类型

中国古代雕塑按照材质的不同，可以分为木雕、石雕、玉雕、彩塑等。木雕因不易保存，年代过于久远的作品至今已不多见。石雕和玉雕从磨制石器和陶塑中发展而来，在原始社会晚期即已出现，至殷商时期更是十分普遍。彩塑属于中国传统雕塑工艺，敦煌莫高窟彩塑是其中典型的代表。从雕塑的社会功能上看，中国古代雕塑主要可分为陵墓雕塑、明器雕塑、宗教雕塑、纪念性雕塑、装饰性雕塑等。这种划分虽不能穷尽雕塑的所有类型，但基本能将重要的部分囊括在内。需要说明的是，同一雕塑往往兼具多种社会功能，因此，不同雕塑类型之间不可避免地存在相互交叉的情况，例如唐太宗昭陵前"昭陵六骏"浮雕既属于陵墓雕塑，又是典型的纪念性雕塑。此外，陵墓雕塑和明器雕塑虽同属于丧葬之用，但二者有所不同。

陵墓雕塑

陵墓雕塑是古代厚葬制的产物。狭义的陵墓雕塑单指陵墓外的石人、石兽，即所谓的"石象生"。广义的陵墓雕塑除"石象生"外，还包括陵墓建筑和构件，如墓阙、墓道、墓门、华表、享堂等的装饰性雕刻。陵墓雕塑中的石人、石兽象征着守护陵园的人和兽，因而石人又有文臣和武臣的区别，石兽有天禄、辟邪、麒麟、獬豸、虎、狮、象、牛、羊、玄鸟、龙马诸种。根据墓主人身份地位的不同，"石象生"在塑造使用的规格上有着严格的区分，从而保障帝王的绝对权威和贵族官僚的优越显赫。事实上，墓葬是建筑、壁画、雕塑、装饰甚至铭文等多种艺术和视觉形式的综合体。中国墓葬传统不但锻造出了一套独特的视觉语汇和形象思维方式，也发展出了一套与本土宗教、伦理，特别是与中国人生死观和孝道思想息息相关的概念系统。[①]

位于南京江宁、句容、丹阳的南朝宋、齐、梁、陈陵墓雕塑可以说是中国古代陵墓雕塑的典型。其中，石兽造型高大，气势恢宏，器宇轩昂，充分展现了帝王地位的至高无上。石雕外轮廓鲜明，线条洗练且富表现力，是中国古代劳动人民智慧的结晶。

齐武帝景安陵

景安陵为南齐武帝萧赜之墓，位于今江苏省丹阳市建山乡。萧赜，建元元年（479）被立为太子，建元四年即帝位，永明十一年（493）卒。景安陵始建于永明十一年。《南齐书·武帝纪》载："永明十一年七月，上不豫，戊寅大渐，诏曰：'陵墓万世所宅，意尝恨休安陵未称，今可用东三处地最东边以葬我，名为景安陵。'"今景安陵仅存陵前石兽一对，东为天禄，西为麒麟。

明器雕塑

明器又称"冥器"，是古代墓葬的随葬品，以陶、竹、木、石头、金属等为材料，仿照现实世界中的人、动物、建筑、车马等造型，是古代帝王、贵族对死亡后世界的布置与想象

① 巫鸿.美术史十议［M］.北京：生活·读书·新知三联书店，2016：94-96.

的产物。早在原始社会，中国就出现了残酷的活人殉葬制度。因此，明器雕塑的出现，可以说是人类文明的一大进步。

明器中仿照人物形象的，被称为"俑"，它是中国明器雕塑的主要内容。秦始皇陵兵马俑是秦代明器雕塑的杰出代表。兵马俑的人物角色多样，有将军俑、武官俑、骑士俑等，它们与真人等高或比真人稍高，身材魁梧，神情逼真。整个兵马俑阵容庞大，规整有序，是秦王朝国力强大的象征，同时也反映了帝王贵族希冀在灵冥世界能够继续掌握大权、享受尊贵奢华生活的愿望。

▲ （秦）秦始皇陵兵马俑一号坑（局部）

宗教雕塑

宗教雕塑是一种以宗教内容为表现对象，以弘扬教义、教化百姓为旨归的雕塑类型。在古代中国，佛教雕塑是宗教雕塑的主要组成部分。中国佛教雕塑中有两大派系，分别为汉传佛教雕塑和藏传佛教雕塑，二者既有联系又有区别。从雕塑的题材来看，中国佛教雕塑题材多样，主要有佛像、菩萨像、声闻像、护法像、供养人像等。从雕塑的存在样式来看，中国佛教雕塑可以分为龛窟造像、摩崖像、寺院雕塑、佛塔、经幢雕塑、造像碑、行像等多种类型。

中国宗教雕塑自魏晋南北朝直至明清时期，经历了从兴盛到衰落的全过程。其风格演变趋势是：魏晋南北朝早期，佛教雕塑线条粗糙，手法朴拙，但佛像造型极富神秘感，宗教色彩强；至魏晋南北朝后期及隋唐时期，佛教雕塑逐步呈现世俗化倾向，雕塑技法较之前圆熟精细；元明清时期，佛教雕塑手法进一步朝精细化发展，佛像造型写实性增强。大同云冈石窟、洛阳龙门石窟、太原天龙山石窟、敦煌莫高窟等是中国古代佛教雕塑的典型代表。

▲ （唐）莫高窟塑像

纪念性雕塑

　　纪念性雕塑是一种以重要的历史人物或事件为题材，以表彰历史人物、纪念历史事件为目的的雕塑类型。纪念性雕塑的形式有多种，包括纪念碑，如北京天安门广场的人民英雄纪念碑；人物纪念像，如曲阜孔庙大成殿正中的孔子塑像；雕塑与建筑相配合的综合体；等等。为了使雕塑能够长期保存，纪念性雕塑一般采用青铜、玉石、大理石、花岗岩等坚固的材料。纪念性雕塑往往规模宏大，具有庄严感和永久性两大特征，在引领人们牢记历史、砥砺前行方面发挥了重要作用。

装饰性雕塑

　　所谓装饰性雕塑，是指附属于建筑物、家具和用具的雕塑，它一般采用圆雕、浮雕、透雕等雕刻手段，具有装饰性和趣味性。今天所能见到的中国古代装饰性雕塑，大多是一些佛塔、桥梁、碑石和墓志石上的装饰。陕西西安大雁塔是唐初佛教建筑，为唐玄奘译经之所，其门楣和门框上饰有阴线刻出的佛菩萨天王像。河北赵县的安济桥是隋代建筑，桥的石栏和栏板上刻有蛟龙等装饰性图案。古代碑石和墓志石上也带有不少装饰性雕塑，如西安碑林中的碑石大多在龟趺座的两侧用流动的阴线刻画呈腾跃怒吼状的狮子。古代宫殿中的装饰性雕塑虽然今天已经不多见，但古代文献中仍存留着不少相关的文字和图画记载。

莫高窟隋唐彩塑

　　莫高窟，俗称"千佛洞"，坐落于河西走廊西端的敦煌，始建于十六国的前秦天王符坚时期，后历经北朝、隋唐、五代、西夏、元等历代的兴建，形成巨大的规模，有洞窟735个，壁画4.5万平方米，泥质彩塑2400余尊，是世界上现存规模最大、内容最丰富的佛教艺术圣地。

　　莫高窟隋唐彩塑继承北周的艺术传统，但又有所变化。从塑像题材上看，隋唐彩塑人物增多，出现佛、罗汉、菩萨、天王、力士等形象。从造型上看，隋唐彩塑体型巨大，风格质朴，雕塑技法纯熟。其所塑造的形象往往呈现自信与力量。

三、中国古代雕塑的主要成就

　　与西方雕塑相比，中国古代雕塑创造出了与其截然不同的表现方式，形成了有别于西方的艺术特质，为世界艺术的丰富性书写了属于中国的浓墨重彩的一笔。

　　首先，中国古代雕塑经常借物喻人。受传统儒家和禅宗思想的影响，中国历代文人墨客往往崇尚主体与客体的感通，感性与理性的交融，中国古代雕塑艺术家也不例外。例如，在汉代将军霍去病的陵墓旁，艺术家通过对伏虎、跃马等极具生命力的动物形象的塑造，来烘托青年将军的骁勇威猛。而在西方雕塑中，就算是塑造神话故事里的神，其表现方式仍然脱离不了人体。借物喻人的手段，不得不说是中国古代雕塑高妙之所在。

　　其次，中国古代雕塑注重借助彩绘来凸显表现对象的特质。西方对表现对象特质的塑造，往往通过材质的凹凸起伏来实现。达·芬奇在《绘画与他种艺术之比较》中指出："（西方）雕塑缺少色彩美，缺少色彩透视、线透视。"[①]中国雕塑的一个显著特征是"塑绘不分"，即中国古代雕塑与绘画有十分紧密的联系。因此，在雕塑中，借助绘画的丰富色彩，将造型的塑造进一步生动化、具体化成为中国古代雕塑区别于西方雕塑的又一显著特征。

　　最后，中国古代雕塑还讲究整体的协调性。这体现在两个方面。一是中国古代雕塑的大小不完全由客观事物的大小比例决定。由于中国古代雕塑没有从建筑整体中独立出来，因而它在统筹全局时，往往还要考虑建筑整体的合理性。例如，古代园林门前的石狮雕像，它的大小并不一定与动物界的狮子一致，而是根据门庭的比例来设置的。二是中国古代雕塑往往追求与自然景象的交融，以孤立形态出现的实体并不多见。例如，我们常见的祥云，它一般是作为雕塑画面的背景出现。中国艺术既不忽视不同的艺术形象"各张其性"的个性方面，又强调一切艺术生命都是整体中的生命，必由一物之生命表现整体之生命，由一花一草洞尽宇宙之奥妙。中国古代雕塑的艺术表达，正是东方生命精神在艺术上的写照。

---

① 达·芬奇.芬奇论绘画［M］.戴勉，编译.北京：人民美术出版社，1979：35.

四、中国古代雕塑的当代价值

中国古代雕塑作为中华优秀传统文化的重要组成部分，历久弥新，在当代仍发挥着不可估量的作用。

首先，总结中国古代雕塑的优秀成果，有利于推动当代雕塑艺术的发展。受中国古代宗法制度和礼乐文化的影响，中国古代雕塑承担着文化传播、生活审美、宗教礼仪等众多功能，其形式和特点长期同统治者和社会主流审美保持一致，在历朝历代，既呈现差异，又能够保留较为固定的民族特色。中国古代雕塑历经长期发展，形成了独具特色的创作理念体系，与西方雕塑形成了迥异的风格。虽然近代以后，世界中心曾一度西移，导致中国古代雕塑并没有获得应有的重视，但是，中国古代雕塑作为民族文化的重要组成部分，我们应当在新时代深化对中国古代雕塑的研究，弘扬其宝贵的艺术和文化价值，促进社会主义文化在当代的多元化发展。

其次，深化对中国古代雕塑的学习和研究，对增强文化自信具有重要作用。雕塑是人类情感和审美外显的物化形态，是人类文明的重要组成部分，是时代文化精神的集中体现。中国历史上诞生的一件件雕塑作品，无不与当时的社会组织结构、地域文化背景、人们的思维模式息息相关。因此，雕塑这一艺术形式可以成为了解中华民族哲学、美学、伦理、宗教、风俗人情、典章制度的重要途径，从而帮助我们更好地把握中华优秀传统文化的核心，增强文化自信。

最后，雕塑将逐渐成为现代城市公共空间的重要组成部分。随着城市化建设的快速发展，人们对城市公共空间环境质量提出更高的要求，作为集人文、经济、历史、艺术、文化价值于一身的雕塑，往往具有较强的感染力和震撼力，能够综合反映城市的整体面貌和文化气息，既美化城市，又启迪心灵，是城市物质文明和精神文明建设的重要载体。例如，北京天安门广场上的人民英雄纪念碑浮雕，通过对虎门销烟、武昌起义、五四运动、胜利渡长江等具有纪念意义事件的雕刻，时刻提醒人民不忘历史，砥砺前行。①

---

① 朱良志.中国艺术的生命精神［M］.合肥：安徽教育出版社，2006：21.

▲ 人民英雄纪念碑浮雕

第四节 建筑

建筑是用泥土、木材、石料、砖、瓦等材料构筑的，能够满足人们工作、休憩、娱乐等需求的立体空间。人类自诞生之日起便有居住的需求，因而建筑的起源极早，它记录了人类的工艺水平，见证了时代的历史风貌，是一座座矗立在大地上的"史书"。

旧石器时期，天然洞穴是先民最为普遍的住所。进入氏族社会之后，房屋开始出现。据考古挖掘可知，浙江余姚河姆渡遗址中已经出现了木架建筑。在黄河流域先后发展起来的母系氏族仰韶文化和父系氏族龙山文化中，房屋从半穴居逐步发展为地面建筑，已初具村落规模。夏商周时期，中国建筑出现了一大飞跃，其标志是西周时期瓦的发明。制瓦技术脱胎于陶器，至春秋时代得以普遍使用，它的出现标志着中国建筑从早期的粗糙简陋状态进入全新的阶段。诸侯宫室所用的高台建筑出现于春秋时期，至战国时期仍然盛行。战国时期出现的又一重要发明是砖，但在当时，木材仍是统治阶级建造墓室的主要材料。在这一时期，先民已经有了在建筑上施以色彩的意识。这一系列建筑上的发展，得益于战国时期手工业、商业的发展和生产关系的变革、城市规模的扩大、生活水平的提高等。

秦始皇统一六国后，在咸阳修筑了历史上著名的阿房宫和骊山陵，并将已有的长城修整起来以抵御匈奴入侵。汉代是古代建筑发展的重要时期，中国传统木架建筑和石建筑都在汉代得到了巨大的发展。斗拱作为中国古代木架建筑的显著特征之一，在汉代开始普及。石建筑的发展主要体现在石墓和地面石建筑两个方面。

魏晋南北朝时期，政治混乱，战火频仍，国家长期处于分裂状态。这一时期的建筑发展主要表现为对汉代的继承和运用，而其突破性成就主要体现在佛寺、佛塔、石窟等一系列佛教建筑的发展上。梁武帝时期，建康（今江苏南京）地区佛寺云集、僧尼万千；著名的云冈石窟开凿于北魏时期。

隋唐时期，中国建筑成就显赫，并对邻国建筑的发展产生了深远的影响。隋代文帝和炀帝两位君主分别兴建了古代的大型都市——大兴城（今陕西西安）和洛阳城（今河南洛阳）。唐代首都长安（今陕西西安）在隋代都城的基础上加以扩充，成为当时世界上规模最大的城市，对日本的平安京（今日本京都）和平城京（今日本奈良）的建筑产生了巨大的影响。对于唐代建筑规模之庞大，清人顾炎武在《日知录》中这样说道："予见天下州之为唐旧治者，其城郭必皆宽广，街道必皆正直；廨舍之为唐旧创者，其基址必皆宏敞。宋以下所置，时弥近者制弥陋。"五代时期的建筑创新较少，包括石塔建筑，如南京栖霞山舍利塔、杭州闸口白塔与灵隐寺双石塔，以及砖木混合结构的塔，如苏州虎丘山木塔、杭州保俶塔，在唐代的基础上有所发展。

　　宋代由于手工业和商业快速发展，都城得以突破唐代的夜禁和里坊制度，城市的繁荣推动了建筑的发展。宋代建筑的突破是多方面的。第一，北宋政府发布了《营造法式》这部官方建筑技术著作，将"材"作为造屋的模数制，这项制度后为历代沿用。第二，宋代在建筑色彩装饰上更为大胆。唐以前，建筑在用色上主要以朱、白两种颜色为基调，风格典雅端庄。第三，宋代砖石建筑水平提升到新的高度。佛塔作为石砖建筑的两大类型之一，在宋代形成了平面为多边形的眺望形楼阁式建筑，建筑主体为筒状。石砖建筑的另一重要类型是桥梁。建于北宋年间的泉州洛阳桥规模巨大，是北宋石桥的典型。在宋人对奢靡生活的进一步追求下，宋代皇家园林和私家园林更为兴盛，数量骤增。宋徽宗于北宋末年建造了著名宫苑——艮岳；南宋统治者偏安江南，在临安（在今浙江杭州）、潮州等地陆续建造了大量苑囿别墅。此后，中国封建社会的建筑进入了长时间的缓慢发展状态。

　　受统治者宗教信仰的影响，宋代宗教建筑十分兴盛，佛教、道教、伊斯兰教等风格的建筑都有所发展。如果说宋代的建筑是为了达到细密繁复效果而不断做加法，那么元代在建筑上则倾向于做减法。从消极方面看，这使得元代建筑工艺较为粗糙，精细化程度远不及唐宋两代。但从积极方面看，元代的简化措施有效杜绝了建筑用材的铺张浪费，对提升建筑框架自身的稳定性有较大帮助。如山西洪洞广胜寺，其正殿在修筑过程中通过采用减柱法节省了6根柱子。

　　明清两代社会内部已经出现了资本主义的萌芽，许多城市依托手工业的发展，形成了繁荣的经济中心。随着经济文化的发展，明代的建筑水平进一步提升，清代在沿袭明代传统的基础上又有新发展。综观明清两代的建筑发展情况，其特点主要体现在以下几个方面。第一，皇家园林和私人宅邸的建造达到了顶峰。有明一代，在江南一带的南京、苏州、杭州等地陆续建成了不少私家园林，清代帝王则在北京西北郊大肆兴建，其中著名的有畅春园、圆明园等。清代私家园林兴修之风兴盛，地方商贾纷纷修建池馆亭园，江南大户一时竞相效仿，蔚为大观。第二，建筑群规模趋于庞大，布局安排更为成熟。例如形成于明代，又经清代补充和修缮的故宫，其布局南北取直，左右对称，东西宽约750米，南北长约960米，总面积达72万多平方米。除此之外，北京十三陵、天坛、南京明孝陵等都是明清时期大型建筑群的典型代表。第三，砖、琉璃瓦的生产工艺水平大大提高，并普遍用于建筑。明代以前，砖塔、砖墓等以砖为主体的建筑已经出现，但到明代，砖才成为建筑中普遍采用的材料。明代琉璃瓦烧制技术提升，瓦片质地细密，硬度较高，防水性强，建造于明成祖时期的南京大报恩寺塔就以颜色各异的琉璃瓦镶面，流光溢彩，富丽堂皇。

继续了解中国古代建筑

9

第九章
中华优秀传统文化中的礼俗风情

　　在中国传统社会中，礼俗是人们日常生活中不可或缺的行为规范，礼仪和风俗之间既有区别，也有联系。一般而言，"礼仪"特指具有制度化、仪式化特征的规范，"风俗"指民众自然形成的生活习惯。但在中国社会语境中，二者之间的联系从未割断。一方面，有些礼从俗而来，是对俗的升华和制度化；另一方面，也有一些俗是礼普及于民间的产物。基于礼仪和风俗之间的关系，本章共分为4节，其中"家礼"和"社交"两节是对礼仪的介绍，这两节分别代表了一个人在家庭及其家族内外应该遵循的礼仪规范，基本涵盖了个人遇到的主要礼仪；而"节日"和"民俗"两节则是对我国古代风俗的集中介绍，在这两节中，我们能够领略古人独特的节日禁忌，感受民俗变迁中那种不变的期许。历史地看，古代的礼俗有其优秀的一面，也有不少固陋之处，需要我们甄别良莠，批判地继承和弘扬。我们要注重继承礼俗中所体现出的个人美德、社会公德和国家大德，这些精神是中国古代礼俗长久延续的基础，对我们当下这个时代具有重要借鉴意义。而对一些陈腐的礼俗风俗，应彻底摒弃。

第一节　家礼

礼仪按照其应用的范围不同，主要分为国家礼仪、社交礼仪及家礼等。家礼主要用于家庭及家族内部，以维系家庭及家族内部伦理关系的稳定有序。我国家礼源远流长，各个时代的礼仪规范有所差异，但是主要的礼仪类型基本上没有很大变化，其中蕴含着个人、社会和国家 3 个层面的德行。对于个人美德而言，家礼要求培养个体自强不息、厚德载物、仁爱孝悌、居安思危的精神；对于社会公德来说，家礼规定家中成员应该具有勤俭廉政、诚实守信、敬业乐群的精神，以期不辱门风；对于国家大德来说，家礼中又充满了对于国家的感念之情。总之，学习和实践家礼是古人修身齐家的第一步，也是从政者参与社会和国家治理的重要基础。

一、家礼概说

"家礼"是"家庭及家族礼仪"一词的简称，是规范家中重要伦理关系的制度化准则，具有一定的权威性。一般而言，家礼包括通礼、冠礼、婚礼、丧礼及祭礼。家礼重在展示个体在家庭及家族中的身份变迁，礼仪的作用在于让家中所有成员确认个体的新身份，从而使众人按照这一新身份所规定的方式来对待他。因此，家礼的作用在于通过一套仪式为个体身份的自我认同和社会认同提供合法性。

"家礼"一词最早出现在《周礼》一书中，其在解释"家宗人"的职责时，说到"掌家礼与其衣服、宫室、车旗之禁令。"（《周礼·春官·家宗人》）这里的意思是，古代卿大夫的家宗人主要掌管家中的礼仪和一些有关衣服、宫室等的禁令。此处的礼与禁令相对，禁令是禁止人们做某些事，礼仪则是要求人们做某些事。因此，家礼就是要求家人在某些时间和地点按照某种仪式行动的规范。

《仪礼》是儒家经典之一，其内容包含但不限于家礼，有关家礼的内容有冠礼、婚礼、丧礼、祭礼等。此书为后世家礼的发展奠定了基础，框定了基本范围。但是，其所规定的内容实际上一开始主要应用于古代贵族家庭及家族中，寒庶之家不能用此类礼仪。随着时间的推移，中国社会结构发生变化，贵族逐渐没落，寒庶之家逐渐崛起，贵族之礼仪逐步下沉到寒庶之家，至迟到宋代，已经出现了"士庶通礼"，也就是士大夫和庶民共同习用的一种家礼。而在这一历史转变的中间阶段，家礼的另一个重要代表是家训。家训与《仪礼》所代表的家礼的最大差别是：家训属于私人撰述，其应用范围止于自己家中；而《仪礼》则带有更宽泛的制度规范的性质，其应用于整个贵族家庭和家族。另外，家训内容比较驳杂，以最著名的《颜氏家训》为例，其中不仅涉及很多教育子女的内容，还有不少文学、政治等方面的论述。家训即便涉及家中礼仪的内容，也较为琐细，而不像《仪礼》那样主要论述冠礼、婚礼、丧礼、祭礼等礼仪。不过，这两类规范对于古人治家具有相辅相成的作用。《仪礼》中的礼仪乃是家礼的主要内容，而家训则补充了家庭日常生活中的诸多礼仪。正因如此，后世这两类规范并未互相替代，而是并行不悖的。

隋唐时期，出现私人撰述的适用于自己家族的一些祭祀类礼仪著作，如《孟氏家祭礼》

中华优秀传统文化（慕课版　第2版）

《吉凶五服仪》等。此类私人撰述的家礼著作往往依据《仪礼》，仅就具体规范略做损益。这一风气至宋大开，一些重要的儒家学者纷纷撰述家礼，如韩琦、司马光、吕大防、程颐、张载、范祖禹、朱熹等。而其中最为有名的是司马光所写的《书仪》和朱熹的《家礼》，尤其是朱熹的《家礼》不仅继承古代的礼仪精神，同时简化并提升了当时流行的世俗礼仪，从而成为后世家礼的典范之作。我们通常所说的家礼，实际上主要指的就是朱熹的《家礼》所规定的内容。明清时期，儒生们仿照朱熹的《家礼》，纷纷根据自己所处地域和家族的实际情况来撰述家礼书，粗略统计，此时期的家礼书数以百计，这也成为家礼在明清时期能够普及到乡野之家的重要原因之一。此外，明清时期的政府注重社会教化工作，颁布了统一的家礼规范，推动了社会各个阶层践行家礼。家礼对于中国社会的影响颇为深远，即便到民国时期，中国很多地方仍然遵守着传统的家礼。而随着现代中国家庭结构和家庭观念的转变，传统的家礼在规范化的层面已经基本消失，但其中所蕴含的一些基本家礼类型和原则仍然存留于现代人的家庭和家族生活中。

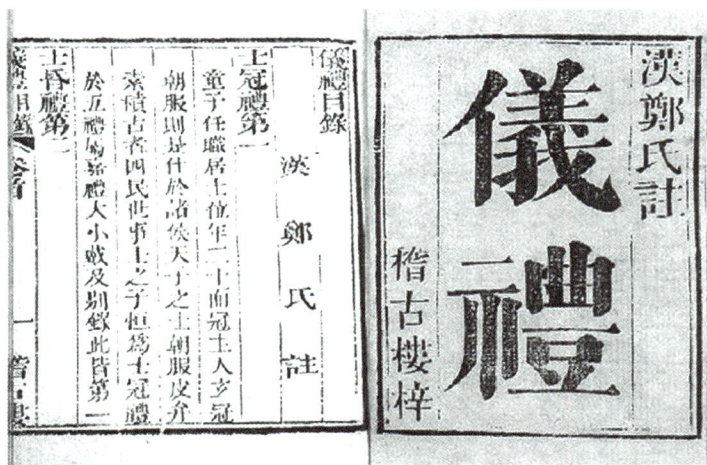

▲《仪礼》书籍封面

二、中国古代家礼的基本类型

家训虽然也涉及家礼，但其内容往往驳杂细碎，不能体现出家礼的核心类型。本节在介绍家礼的基本类型时，主要以朱熹《家礼》中的分类为依据。在《家礼》中，朱熹将礼仪分为5类，即通礼、冠礼、婚礼、丧礼和祭礼。这5类礼仪主要依据《仪礼》中的相关内容，同时朱熹也吸收了当时社会流行的礼仪规范，后世诸多家礼著作基本不出朱熹所框定之范围，因此，朱熹的《家礼》可谓这一领域的集大成之作。

通礼

通礼即居家日用之常礼。通礼包括祠堂、深衣制度和杂仪。祠堂，本属于祭礼的一部分，但是朱熹认为祠堂是祭祀祖先之所，而祖宗是一个家族传世的源头，因此，特意将其放在通礼的最开端。深衣制度本应在冠礼之后论述，但朱熹也将其放在通礼中。这是因为深衣制度已经在祠堂中提及，而且其是平日之常服，故放在通礼中加以论述。杂仪主要取司马光的居家杂仪内容，本来这些内容应该放在婚礼之后，因为其中涉及的很多礼仪都是一个人结婚后处理家庭内部伦理关系和事务的规范，诸如家长如何以礼法安排家人的职责，亲戚之间如何行礼，子女如何孝敬父母，等等。不过，朱熹认为这些都是人们居家日常最基本的事务，具有正人伦的作用，只有先习得这些礼仪，才能知道其他礼仪的深层意义，故杂仪也被放在通礼中。就此来说，通礼实际上是将其后4类家礼中的一些内容整合在一起形成的新类型。而朱熹之所以要提出这一新的类型，除了这些礼仪具有日用之常礼的性质，最为重要的是，朱熹认为这些礼仪是人生最重要的部分，是学习礼仪者必须先加了解和实践的内容，故将其列为独立的一类礼仪。

冠礼

冠礼就是成人礼。古代为男子举行的成人礼称为冠礼，为女子举行的成人礼称为笄礼。古代中国，男子在15～20岁都可以行冠礼，女子则一般在15岁行笄礼。二者的基本流程一致，只是冠礼由父亲主持仪式，而笄礼由母亲主持仪式。根据朱熹的介绍，冠礼通常需要在举行仪式前3日到祠堂告知祖先，然后邀请宾客到家中参加。在冠礼当日，仪式所需物品摆放好，主人将宾客迎上堂，然后宾客为受冠者加冠，受冠者受冠后到房间穿好深衣和鞋子，再出来请宾客为其加帽子，然后受冠者回到房间，脱去深衣，换上皂衫革带，系鞋，出门站在旁边。有时，还需要再加另外一种服饰。加冠结束后，宾客进行醮（一种酒祭仪式），然后宾客为受冠者取字，如此宾客的职责结束，便可以请求退下。主人则将受冠者领到祠堂拜见祖先，结束后受冠者在堂中拜见父母及其他家族成员。此后，主人宴请宾客。宴罢，受冠者出门拜见当地的先生及其父亲的朋友。至此，冠礼结束。冠礼虽然如《礼记》中说"冠者，礼之始也"（《礼记·冠义》），但是后世逐渐不甚重视此礼，清代以后，冠礼则被移到婚礼前，仅作为婚礼前的一个辅助性的仪式。

《礼记》

《礼记》，据传是孔子及其弟子所著，后由西汉戴圣重新编纂，因此，今日所见之《礼记》也称为《小戴礼记》或《小戴记》。该书共20卷49篇，其内容比较驳杂，不仅有礼仪方面的内容，也包括政治制度、人生哲学、教育思想、美学等内容。其中有6章是对《仪礼》部分内容进行的注释，涉及家礼的有《冠义》和《昏义》两章，此书对于深入理解仪式背后的深层意义具有重要的参考价值。

婚礼

古人甚为注重婚姻，故婚礼亦特为重要。《礼记》中说："昏（"昏"通"婚"，古代黄昏时娶妻，故称"昏礼"）礼者，将合二姓之好，上以事宗庙，而下以继后世也，故君子重之。"（《礼记·昏义》）意思是说，婚礼使两个家族结合，既能够祭祀祖先，也能够延续后代。换句话说，古人认为婚姻的主要作用在于让一个家族延续不断。而从现代人的观念来说，婚礼的举行意味着一个新家庭的诞生，意味着结婚者新的人生旅程的开始。正因为如此，中国人对于婚礼非常重视，礼仪程序也较为复杂。先秦时期，婚礼需要6个环节才能完成，称为"六礼"。不过，古代中国各地习俗其实差别很大，并不全部遵从这六礼，到了明清时期已经不足六礼。时至今日，我国的婚礼习俗变化颇大，但是中式婚礼的基本流程仍然有传统婚礼的痕迹。

婚礼中的"六礼"

古代婚礼的完成有 6 个环节。第一，纳采。由男方请媒人到女方家提亲，女方同意后，男方准备礼物去求婚。第二，问名。男方请媒人问女方姓名、出生年月等。第三，纳吉。男方经过占卜确定合婚后将此消息告知女方。第四，纳征。男方将聘礼送到女方家中。第五，请期。男方确定结婚日期，备礼到女方家，以求同意。后世往往将这一仪式与纳吉结合在一起进行。第六，亲迎。男方到女方家迎亲。

丧礼

丧礼是一个人去世时举行的重大礼仪，也是其亲人表达哀痛的方式。传统的丧礼开始于亲人即将去世的时刻，此时家人应该将其置于正寝，等到亲人去世后，才能痛哭，继而办理丧事。首先，死者被安置到堂上，以帷帐遮住，死者的亲人应该改换素朴的服饰居丧。同时，派人讣告于亲戚朋友，亲戚朋友前来吊唁致襚（赠给死者的衣被称为致襚），挂起铭旌，为死者沐浴，将珠玉等物放在死者口中（称"饭含"），在堂中设立木牌、燃烛。以上为人死去第一日举行之礼。第二日，为死者更换新衣（称"小殓"），第三日举行入棺仪式（称"大殓"），此后死者亲人按照关系远近穿上丧服，从此时到下葬期间，每天早晚需要在棺前哭奠。与此同时，需要择日下葬，下葬前两日晚上哭奠一次，哭奠结束。在下葬前一日，需要将棺材迁到祖庙停放，第二日用灵车将棺材送往墓地，这一仪式在先秦时期称"发引"，后世称"出殡"。到达墓地，进行下葬仪式。下葬结束后，亲人回到家中痛哭一次，并设祭安慰死者之魂灵，此称"虞祭"。在此之后的第一百日哭一次。第二日将死者的神主安放到祖庙与祖先一起合祭，结束后，奉神主回家。此时丧礼的主要程序进行完毕。但是对于服丧之人来说，若是父母去世，还要在父母去世一周年时进行一次小祥祭，用另一种木头重新制作神主。在父母去世第二周年时，丧主要举行大祥祭，此时将父母神主正式迁入祖庙。大祥之祭当月或再隔一个月，进行一次祭祀活动，就可以去除居丧服饰，进行正常的生活。以上只是大概列举了丧礼的主要事项，若根据不同阶层的人所用的丧葬器物、仪式等加以考察，则丧礼更为繁复。我国丧礼如此复杂，乃是古人注重孝道，以及"慎终追远"的观念所致。

祭礼

《礼记》曰："礼有五经，莫重于祭。"（《礼记·祭统》）祭礼的本意是向神灵或祖先献上贡品，表达追思和祈福的仪式。家礼中的祭礼主要是祭祖。在朱熹的《家礼》中，祭礼主要分为四时祭、初祖祭、先祖祭、祭祢、忌日祭和墓祭。其中，四时祭是祭所有祖考，但选择祭祀的日期不固定，需要通过占卜确定。冬至日祭始祖（或称初祖），立春日祭先祖，季秋祭祢（指亡父或亡母）。忌日祭，即在父母去世之日祭祀，基本的祭祀仪式与季秋祭祢类似。墓祭与家祭的基本程序类似，都是只需要到墓地进行祭祀。就此观之，家礼中的祭礼显著地表现了对祖先的尊崇和追思。不仅如此，由于祭礼需要每年重复进行，因而，其具有一种不断强化孝道的教化作用。

三、中国古代家礼的主要特征

古代的礼仪虽然主要涉及人的行为，但是这些行为本身不是简单的肢体动作，而是为了更好地规范事务行为。因而，礼仪涉及全部的生活实践，特别是生产生活的规则。这在中国古代的家礼中体现得最为显著。

行礼之文，体礼之本

朱熹在《家礼·序》中说："凡礼有本有文。自其施于家者言之，则名分之守、爱敬之实者，其本也；冠、婚、丧、祭仪章度数者，其文也。"将礼区分为本和文，早在先秦时期就已开始，如孔子曾说："礼云礼云，玉帛云乎哉？乐云乐云，钟鼓云乎哉？"（《论语·阳货》）这正是感慨礼乐难道就是一些外在的器物和行为规范吗？儒家认为礼乐的本质在于彰显道德情感，相关的形式只不

中华优秀传统文化（慕课版　第2版）

《家礼·序》

过是为了辅助人们更好地将内在的道德仁义表达出来而已。虽然儒家批判没有道德情感地服从礼乐的形式主义，但是儒家也反对完全抛弃礼乐的武断行为。很多时候，一个人可能确实淳朴善良，但在与人交往中却让人不舒服，此即因其不能很好地把握与他人交往的方式，做不到彼此和谐友爱，儒家将这种状态称为"野"。而要达到人与人交往中两相愉悦之境界，必要寻找一个可以规制双方的共同规范，这在儒家就称为"礼"。礼作为一种规范，即便行礼的双方没有完全出于真情实感，但是对于双方而言，也算相互表达了基本的尊重。当然，行礼时充满道德情感，自然是最完善的行礼。古人强调家礼中的本和文皆不可偏废，正是为了保证礼的真正价值长存。

严不可狎，爱不可简

古代贵族家庭及家族中人伦关系主要依靠礼规范，如此可能会导致亲人之间的交往经常处于严肃的氛围之中，久而久之亲人之间的关系会比较疏远。若从亲昵的角度来说，在礼制约下的亲人之间的关系确实不如没有礼制约下的无拘无束的状态亲密。但是儒家在亲人之间确定如此繁多的尊卑秩序，其用意不仅是要规定不同人伦角色的责任和义务，建立生活的基本秩序，更为重要的是，儒家认为亲人之间只有具备一定制约性关系才能长久保持比较和谐的状态，那种过于亲密而没有礼制约的关系往往容易破裂。真正理想的交往方式其实就是那种用礼制约的行为，虽无浓郁的亲昵感，但却建立了一种温和而绵长的尊重和敬爱之情，让亲人之间各自保持了相对独立的地位。正如庄子所说："且君子之交淡若水，小人之交甘若醴；君子淡以亲，小人甘以绝。"（《庄子·山木》）热烈的情感固然在一时之间令人愉悦，但往往不能长久维系。当然，亲人之间过度刻意疏远，也会造成彼此关系的不融洽。正如颜之推所指出的，"父子之严，不可以狎；骨肉之爱，不可以简。简则慈孝不接，狎则怠慢生焉"（《颜氏家训·教子篇》）。因此，虽然家礼中的诸多规范为家庭成员提供了一定的价值秩序和距离感，但是也通过另一些规范促进了家人之间的定期交往，不至于出现过度的疏远现象。家礼实际上就是古人调整家中成员之间的亲密度的一个基本标尺。当然，

由于礼本身是固定的行为规范，因此，在治家过程中只有合理应用家礼，才能达到理想的效果。

> 颜之推（531—约597），祖籍山东临沂，生于湖北江陵，南北朝时期著名的文学家和教育家。

尊重祖道，善承家风

在家礼的每个类型中，尊重祖先是一个共通的特征。丧礼和祭礼鲜明地作为尊祖的仪式，自不待言。其他3种礼中，也都有尊祖的仪式，比如通礼开篇就提及祠堂，冠礼和婚礼中也都有先去祠堂告知祖先的环节，可见，祖先在古人的家礼中占据重要地位。从这个意义上讲，家礼是培养家中子女孝道的一个重要途径。《颜氏家训》开篇就说"夫圣贤之书，教人诚孝"（《颜氏家训·序致篇》），故孝道乃是古代家礼的核心。尊重祖先通常不仅是尊重祖先本身，也是尊重祖先所开创的优良传统。正如孔子很早就已经指出的那样："三年无改于父之道，可谓孝矣。"（《论语·学而》）所以，孝道的本意就是教育子女传承良好的家风。但对于祖先的无限尊崇也可能会导致家长权力过大，子女没有充分的发言权，对此，颜之推就认为，要求子女行孝，家中长辈首先应该以身作则，有良好的表率，"是以父不慈则子不孝，兄不友则弟不恭，夫不义则妇不顺矣"。（《颜氏家训·治家篇》）只有父母有仁爱之心，子女才有孝悌之行。

四、中国古代家礼的当代价值

古代冠礼有助于培养当代青少年的成人意识。在古代，冠礼作为一种仪式，具有神圣、庄重的特征。冠礼意味着一个人从此成为成人，个人在仪式中将领会到自己已经长大，需要按照成人的要求规范自己。成人则意味着一个人不仅享有相对应的权利，而且也要担当家庭和社会责任，提升精神境界，磨炼心智，向着成熟的个体前行。因而，在当代社会创造性地转化或恢复冠礼的功能，能够较好地培育青少年自强不息、勇于担当的品格。

古代婚礼有助于提升当代婚礼的品质。在现代社会，中国的婚礼仪式可谓千姿百态，有纯粹的西式婚礼，也有不少青年人尝试将传统婚礼中优秀的仪式与现代文明结合，探索出了一种优雅而富有人情味的新中式婚礼。这种新中式婚礼正在成为现代社会的新潮流，体现出古代婚礼仪式在当代的勃兴之势。与此相反，不少地方的婚礼仍然保留着大量的陋俗，这些陋俗不仅没有被抛弃，而且有愈演愈烈之势。对这些陋俗，当代青年人要敢于批判和身体力行地加以抵制。

古代丧礼有助于增强当代人对于生命的敬畏之情。丧礼，不是一种形式化的程序，而是对于失去亲人那种悲伤情感的合理宣泄，正如《周礼》所言："以丧礼哀死亡。"（《周礼·春官·大宗伯》）同时，丧礼中的诸多规定，比如换上朴素的衣服，节制饮食，避免娱乐，都体现了生者对于死者的尊重，是一种对于逝去的生命的敬畏。因此，丧礼重在仪式得当，而不是只有通过大操大办才算表达对死者的哀思。孔子就说："礼，与其奢也，宁俭"（《论语·八佾》）。勤俭本是中华民族的传统美德，但后世却并没有遵从这一教导，厚葬之风延续不断，造成很多贫苦家庭因丧事而背负债务。近年来，厚葬之风在很多农村地区又有所抬头，需要适时地移风易俗。

祭礼有助于增强现代人对于传统的尊重之情。《礼记》云："祭者，教之本也。"（《礼记·祭统》）祭礼的重要性就在于一般情况下每年都要举行，不像其他某些礼仪，一个人一生只经历一次，虽然重大，但是过后容易遗忘。祭礼通过每年重复性的活动增强了人们与所祭对象的情感联系。一般的祭祀主要是祭拜自己的祖先，所思的是祖先的恩德，由此产生一种报本之情。而全民族的祖先祭祀，则凝聚了血浓于水的民族情感。中国文化之所以能够在几千年的过程中保持延续，在很大程度上就在于这种尊重传统、继承祖先优秀文化情感的驱动。因此，祭礼在当代仍然肩负着提醒人们尊重传统、增强民族凝聚力的重要使命。

第二节　社交

社交就是社会交往，本节重在说明社交中的礼仪。如果说家礼是古人在家庭及其家族内部遵守的礼仪规范，那么社交中的礼仪就是一个人在家庭或家族之外与他人进行社会交往的礼仪规范。古往今来，个人的基本社会关系网大致相同，例如生活中的朋友、工作中的上下级关系等，诸如此类关系的建立，都必须依托一定的礼仪规范。中国古代社交礼仪繁多，其核心在于表达社会公德，如诚实守信、敬业乐群、尊师重道等。不过，一个人的社交活动也是其修养的体现。而对于为政者来说，他们的社交活动代表了国家形象，因此，这样的社交活动也就有很多国家大德体现出来，诸如天下大同、以民为本的精神。对于现代人来说，了解中国古代社交礼仪，不仅要了解其形式，更应该注重其精神价值。

一、中国古代社交礼仪概说

现代汉语中"社交"一词是对英文 social intercourse（社会交往）的意译，我国古代的典籍中没有这个词。不过，古人曾用其他的语词指称"社交"，比如，"交际""酬酢"。《孟子》有"万章曰：'敢问交际，何心也？'孟子曰：'恭也。'"意思是，孟子认为应该以恭敬的心态与他人交往。根据朱熹的解释，"交际，谓人以礼仪币帛相交接也"。可见，古人使用"交际"一词时就已经侧重于交往中的礼仪。"酬酢"的本义是宾主之间互相敬酒，"酬"是主人向客人敬酒，"酢"则是客人向主人回敬，最早见于《仪礼》中。由于社交活动的主要形式是主客之间的互相交往，因此，后来"酬酢"也具有了社交的含义。由于"交际"和"酬酢"的含义接近，后世也经常将二者合用，如《尚书纂传》中提到了"交际酬酢"。

不过，这些词都与现代"社交"一词的含义不完全相同。古人所说的交际往往指的是某些特定的人际交往活动，而现代"社交"一词则是一般人际交往的泛称。此外，古代的"交际"重在指涉社交礼仪，而现代"社交"一词则重在说明社会活动。我们这里介绍的"社交"主要是古人的社交，突出的是社交中的礼仪规范。

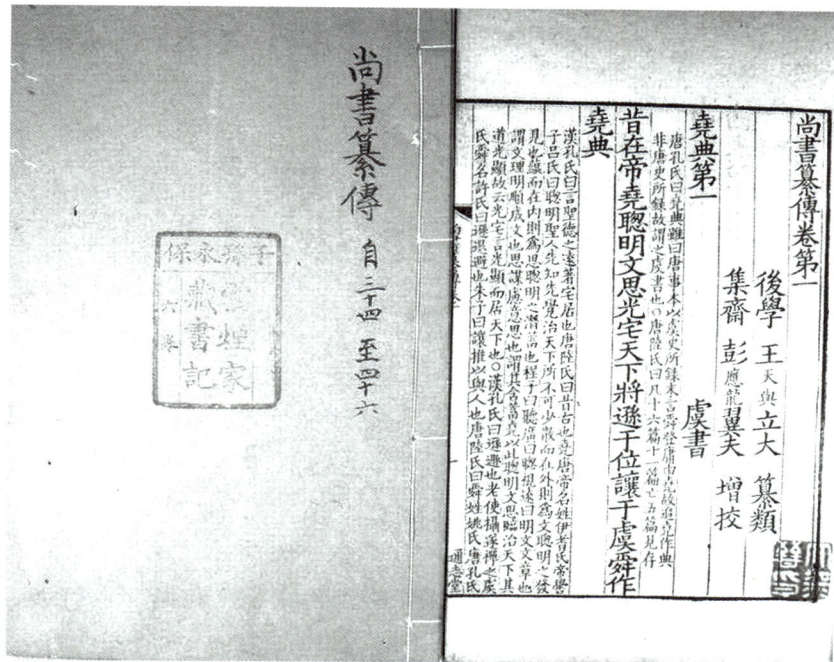

▲ 《尚书纂传》（部分）

最早记载社交礼仪的仍然是《仪礼》。此书除了家礼的部分，主要的内容就是社交礼仪，比如士人之间登门见面时的"士相见礼"、诸侯国之乡举行的"乡饮酒礼"和射箭比赛的"乡射礼"等。这一时期的社交活动和礼仪都有着很强的政治色彩，并且仪式较为复杂烦琐。不过，其中所记载的礼仪已经基本涵盖了后世的主要社交生活中所遇到的礼仪。因而，虽然随着历史的发展，中国人的社交活动历代都有变化，但是就其在社交活动中应有的主要礼仪类型来说，没有根本的变化，只是在具体的仪式表现方式上有所损益。尽管如此，社交礼仪的实际应用却颇为复杂。在社交活动中，不同身份的人之间的交往礼仪有很大的区别，故人们在社交活动中更多地需要根据交往对象及交往的事件确定自己如何行礼。在社交活动中，行礼恰当非常重要，如礼节欠妥可能导致严重的后果。即便是私人之间的交往，礼节性的欠妥也会引起双方的不愉快，影响交往效果。从历史上来看，社交礼仪与家礼的发展类似，社交礼仪在很长一段时间内都只是在贵族阶层使用，到了唐宋时期，庶民习用社交礼仪的现象日益普遍，并且随着明清时期商业活动的快速发展，社交礼仪也出现了简化和平民化趋势。

二、中国古代社交礼仪的基本类型

依据《仪礼》，社交礼仪可以分为相见礼、宴饮礼、射礼。其中相见礼包含了相互见面、会面结束辞别时必要的礼节；宴饮礼是古代社交礼仪中的核心环节，几乎任何一个重要的社交活动都包含宴饮，而宴饮中是否尽到礼，则是社交活动是否顺利的重要标志；射礼，实际上是一种娱乐性社交活动的代表，此环节的本意是促进主宾之间的亲密关系，同时又承载着涵养个人道德的功能。

相见礼

在《仪礼》中有"士相见礼"一篇，包含士人拜访士人、士人拜见大夫、士人面见国君几种情况。相见礼中的"相见"并非指偶然在路上见面，而是士人专程登门拜访的行为。由于这 3 种拜访程序基本一致，故此处主要介绍第一种士人之间的相见礼。一位士人（作为宾客）第一次去另一位士人（作为主人）家中，需要带上礼物，此礼物被称为"挚"，在此情况下实物则为雉，也就是一种野鸡。不同阶层的人所带的礼物各有不同，比如，下大夫相见需要带大雁。作为宾客的士人双手横捧着雉到达主人门口时，需要向主人说明自己"久仰阁下已久，无缘拜会，今日受他人之命前来拜见"。主人则要说明，自己"本也想前往拜会阁下，今日先生亲自屈尊前来，特为过意不去，请先生返家，自己日后定亲自前去登门拜见"。宾客则要表述不敢当，请求拜见。主人则表示接受宾客的拜见，主动迎见。这一番会话尽管有一些客套，但是其所要表达的是，彼此地位相当，因此，对方前来拜见，主人不能理所当然地接受，否则会显得宾客地位低下，一往一来，则双方尊重之意已尽，便可接受拜见。

此后，又要就礼物进行类似的推让。主人首先要表示不敢受礼物，而宾客则表示无礼物不敢拜见。主人再次推辞，不受礼物，而宾客则再次表示礼物为拜见之必需。接着，主人表示自己的推辞不能为宾客接受，故敬受之。此后，主人才到大门外去见宾客，主人先对宾客行两拜，宾客回两拜。然后主人对宾客作揖一次，先从大门东侧进入，宾客则从大门西侧入内。此时，主人先行两拜，接受礼物，宾客回两拜，赠送礼物，然后出门。主人则请宾客返回，主宾相见一次后，宾客退出大门。主人送宾客到大门外，两拜。根据礼制，主人日后还要带着与宾客所赠礼物一样的礼物到宾客之家拜会。在拜会时，主宾之间的身份与前次相见时对调，但仍然需要重复前次的客套仪式。在整个相见礼仪式中，礼物成为沟通双方互相往来的重要媒介，是礼尚往来这一风尚的源泉。不过，亲自登门返还礼物仅限于士人之间，如果是士人拜见大夫，那么大夫因为地位比士人高，因此不能回访，就会在士人拜见完毕，送其出门时将礼物退还给士人。即便如此，赠送礼物仍然是相见这一社交活动发生的基础。

宴饮礼

宴饮是中国人社交中非常重要的活动，几乎所有重大的社交活动都有宴饮环节。在《仪礼》中，与宴饮有关的就有乡饮酒礼、燕礼、公食大夫礼，而最能体现古代宴饮之礼的首推燕礼。燕通"宴"，本意为安闲，燕礼通常是在朝中政务闲暇时，君臣或贵族之间举行的宴会，有时也是为出使归来的臣子或请来的贵宾举行的宴会。不同阶层的贵族的宴饮之礼各有差别，但《仪礼》中记载的燕礼为诸侯宴请下属的礼仪。在燕礼开始前，小臣需要预先告知群臣国君将要举行宴饮的消息。同时，掌管燕礼的臣子开始准备宴会所需的饮食和礼乐。在准备中，最为重要的是安排好座次和酒器，不同身份的臣子的座次和酒器不同。一般来说，参加诸侯燕礼的有 4 种身份的人，分别为卿、大夫、士、士旅食者（指还没有获得士爵位的人），其中士及以下没有资格坐在堂上，只能到庭中坐。而地位越高者，与国君的距离越近。宴饮开始时，国君先上堂站立，然后参加宴会的臣子被引导进入寝门等待，此时，国君要下堂到门口，分别向卿和大夫行礼，请他们靠近自己。当然，燕礼中规定国君要指定其他人作为主和宾，代替君主和臣子行礼。燕礼的真正开始是所谓的"一献之礼"，这主要由刚才国君指定的主宾进行，主宾首先上堂互相礼拜，然后主人向宾客献酒。献酒的过程较为烦琐。主人为了表示对宾客的尊重，要下堂洗手，为宾客洗酒杯，宾客为了表示不敢劳驾主人，也要随之下堂，主人则要推辞不用宾客下堂，双方互相谦让两次，最终主人洗完酒杯，和宾客一起上堂。为了酌酒，主人要再次下堂洗手，宾客也随之下堂，双方再推辞一番，最终一起上堂。主人酌酒，献于宾客，宾客拜之后，接过酒杯，回到自己的席位，用食物和酒进行祭祀，祭完之后，宾客称赞酒美味，主人答谢，然后宾客才能将酒一饮而尽，并向主人再拜。然后主人向宾客答拜。主人向宾客献酒的这一礼仪，就被称为"献"。遵循礼尚往来的原则，宾客需要向主人回敬酒，其程序与"献"类似，差别是最后主人不用称赞酒美味，此仪式被称为"酢"。本来此后还有由主人给自己酌酒先饮而后劝宾客随饮的程序（称为"酬"），但是因为燕礼中的主宾不是真实的主宾，因此，在进行酬之前，主人要向国君献酒。国君饮酒拜谢之后，又要向主人酢酒，主人不敢受国君之礼，故自己为自己酌酒，并饮之，国君拜谢。之后，主人才代替国君进行酬的环节。一献之礼结束后，进入旅酬的环节。所谓旅酬，就是国君向4种身份的臣子劝酒，而劝的程序是，主人先向宾客献酒，然后向国君献酒，国君饮酒后，给自己酌酒，劝大家饮酒。按照尊卑，主人依次向卿、大夫、士献酒，他们分别自己酌酒，劝大家饮酒。旅酬阶段，气氛就变得相对轻松，此时往往有音乐伴奏，还有射箭比赛助兴。燕礼的主要礼仪至此结束，其后进入"无算爵"的自由饮酒阶段，众人可以随意饮酒至醉。入夜以后，卿、大夫才出门，国君不送。整个燕礼的过程中，饮食只是一种媒介，礼仪更多地在申明君臣之义，表达国君爱惜臣子，同时臣子也应该竭力为国君效力。总体来看，整个礼仪有一种从严肃向轻松的转变，毕竟宴饮是一项休闲活动，而非正式的政务活动。

跪拜礼

跪拜礼在中国起源很早，《周礼》中就规定有9种跪拜礼，后代对跪拜的具体方式又有改动，清代则出现"三跪九叩礼"，叩即以额头触地。有时大臣见皇帝，需要叩头发出声音才算行礼真诚。本来跪拜礼是先秦时期表达尊敬对方的一种礼节，如同今日的鞠躬和握手，但是清代演变为具有侮辱人格的形式，到民国时便被废止。

射礼

古人在宴饮之中或之后往往还有助兴的游戏，《仪礼》中就记载了一种带有游戏性质的社交活动——射礼。西周开始，射箭成为成年男子必备的一项军事技能，上至天子，下至庶人都要求学习射箭，《周礼》中规定学子必须学习"六艺"，其中就包含了"射"。根据射的目的不同，射礼可以分为4类。第一类是大射礼，作为国家祭祀前选拔参与祭祀之人的活动。第二类是宾射，诸侯来朝天子，天子与诸侯射于朝。第三类是燕射，因为宴请宾客而射，此即燕礼中的射礼。第四类是乡射礼，乃诸侯之乡大夫与其民众进行的射礼，通常在乡饮酒礼之后举行。《仪礼》中则分"射礼"和"大射礼"。射礼即为乡射礼，而大射礼实为燕射，乃诸侯宴饮中的射礼。4种射礼的基本仪式大致相同，以诸侯宴宾之中的大射礼为例，在燕礼即将进入"无算爵"饮酒阶段时，射礼开始。首先，掌管射礼之臣向国君报告即将行射礼。然后将在座者按照身份不同分为3耦，一耦为两人，即大夫与大夫为一组，士与士为一组，不同身份的人所射的靶子不同。一耦中的两人，一人为上射，一人为下射，上射地位较高，射箭时先射，然后下射才射，每人有4支箭，交替进行。在3耦进行射箭之前，先由掌管射箭的人分别在3类靶子上射4支箭，作为一种演示。然后，请3耦进行射箭。这一轮主要为演习，不作为比赛。接着国君、公、卿、卿大夫依次射箭，这一轮射箭结束后，由专人负责统计不同组当中射中的多少，以定胜负。胜的要露出左臂，穿上射箭的服饰，拿上可以射的弓，为负的一方酌酒，请其喝罚酒。之后进行第二轮射箭，其基本流程与第一轮一致，只不过，此时会伴有音乐，射箭时需与音乐节拍相应，如此射中才算数。射礼结束后，如果国君说再射，那么可以较为自由地进行射箭比赛。乡射礼流程与大射礼基本一致，只是参加者身份不同。

六艺

《周礼·地官司徒·保氏》曰："养国子以道，乃教之六艺：一曰五礼，二曰六乐，三曰五射，四曰五御，五曰六书，六曰九数。"

三、中国古代社交礼仪的主要特征

古代的社交礼仪程序较为烦琐，但始终得到延续并且不断更改。古人并不固守陈规，而是传承着一贯的社交精神，并且这些礼仪能够较好地帮助他们在日常社交中表达意图。因此，考察古代社交礼仪的主要特征能够帮助我们更好地理解古人的生活世界。

执挚相见，交往有信

在古代的相见礼中，挚是不可缺少之物，可以说没有礼物就没有相见的媒介，正如古代没有媒妁之言的婚姻不合法一般。不仅如此，古人规定不同等级的人所携带的礼物各有不同，《周礼》中提出6种禽作为礼物，"以禽作六挚，以等诸臣。孤（诸侯）执皮帛，卿执羔，大夫执雁，士执雉，庶人执鹜，工商执鸡"（《周礼·春官·大宗伯》）。这些礼物主要限于男子之间的交往，若是女子之间拜访，也需要携带礼物，《礼记》中说，"妇人之挚，椇（一种甜味干果）、榛、脯（某种干肉）、修（某种干肉）、枣、栗"（《礼记·曲礼下》）。两相比较，女子的礼物更具有实用价值，而男子的礼物则只是一种象征。比如，士人相见赠送的礼物为野鸡，之所以如此，是因为古人认为野鸡是一种耿介之鸟，交配有时，离别也不会与其他鸡有染，故将之作为信义的象征，所以执野鸡也就意味着与他人交往有信义，这正是社交中所体现出的诚实守信的社会公德。因此，古代的登门相见中，赠送礼物表面上为拜访活动提供了缘由，实则深层次地体现了对于主人的尊重和诚挚交往的心意。礼物如此重要，以至于在行军打仗过程中，有时将士之间登门拜访即使找不到合适的规定礼物，也必须变通地带一支箭或其他军事用品作为替代物。由此可见，礼物在古代的登门拜访中具有极重要的地位，可谓无挚无法相见，不能成礼。不过，礼物在相见礼中也仅是交往的一种媒介，故常是象征性的，而非实用性的。但是随着历史的发展，人们越来越注重礼物的实用价值，不少人将礼物的价值作为交往情义深度的一个衡量标准，淡忘了礼物本来是一种人与人之间信义之标志，值得深思。

和宁上下，序明长幼

不同规格的宴饮礼往往体现了不同的教化意义。比如在燕礼中，很多的设置都有其特定的含义。在燕礼中，特别值得注意的环节是主宾的设定，国君不以自己作为主人，是因为在饮酒礼中，主宾表现出对等的关系，若国君作为主人，就导致君臣之别无法体现。但是作为酒宴，又必须按照主宾关系行礼，于是国君就安排其他人代替演礼。同时，国君不将公卿设为宾，而是以大夫为宾，也是为了避免嫌疑。虽然宴饮中要严分等级，但是其中仍然体现了君臣相互尊重之义。比如，当所有赴宴者到达举行宴会地点的大门前，国君要到门口作揖礼拜。在臣子拜国君时，国君必须以礼答拜。"礼无不答，言上之不虚取于下也。"（《礼记·燕义》）国君之所以要对待臣子真诚，乃是为了激励臣子竭力为国立功。事实上，宴饮在某种意义上也是国君犒劳臣子的一种方式。儒家相信，在上位者的作风对于在下位者的行为具有较大的影响，国君亲善臣子，臣子才能尽忠为国，反之亦然。当然，国君的亲善与犒赏不应该任凭个人喜好越礼而行，否则也会带来潜在的危害，或为宠臣而害，或因赏赐不公平而引发臣子之间的矛盾。这正是"燕礼者，所以明君臣之义也"（《礼记·燕义》）的内涵。与燕礼相关的乡饮酒礼则在于申明长幼之秩序。在此宴饮中，所有的礼仪差别都以年纪加以区别，如 60 岁的人坐着，50 岁的人站着，以表达尊长之意，同时也是引导年轻人养老敬老，从而使得孝悌之精神在家之外得到弘扬。故《礼记》中说："合诸乡射，教之乡饮酒之礼，而孝弟之行立矣。"（《礼记·乡饮酒义》）总体来说，这些社交礼仪的一个重要功能在于培养人们的道德意识。

内正外直，观乎盛德

射礼虽然具有竞赛的意味，但是古代的射礼不是一种竞技体育，而是借以观察一个人德行的项目。"射者，所以观盛德也。"（《礼记·射义》）首先，在射礼中，射者要射中靶子，需要调整自己的心和身体，让自己的心专注于靶心，不偏不倚，同时保持身体挺拔端正，如此则能使得弓箭稳固，才有射中的可能。如果自己射箭没有中，那么射者应该反省自己身心是否端正，而不是抱怨胜者。故射箭中的这一身心的调御，也是个体修养身心以求端正无偏的一种方式。其次，在射礼中，不同身份等级的人都有各自应该射的靶子，脱离自己的靶子进行的射箭，即便射中也不算数，"故射者各射己之鹄"（《礼记·射义》）。这一规定在于暗示不同职分者应该履行好自己的岗位职责，不僭越，守秩序。从另一个角度来说，在射礼中表现出色，也就是恪尽职守的表现。最后，射礼还是一种政治考核制度。古代天子通过射礼选拔参与祭祀的诸侯。每年诸侯朝天子时，天子举行射礼，让诸侯参与其中，那些能够容体合于礼，射箭的节奏与乐相合的诸侯才能参与祭祀，并且得到天子的赏赐，而不能达到要求的诸侯则会受到被削地的惩罚。基于此，诸侯就会专注于合乎礼乐地进行射箭。以射礼考核诸侯，实际上是为了让诸侯在射礼中演习礼乐，让他们懂得要遵从礼乐而不懈怠，进而保持政治秩序的稳固。

四、中国古代社交礼仪的当代价值

古代相见礼向现代人彰显了送礼物的深层意义。正如我们在《仪礼》中的士相见礼中看到的那样，礼物不仅是一种结交的信物，更是促进往来的一种媒介。但在现代，礼物往往偏离它原本的功能。重新阅读和理解古代的相见礼，不仅能够让我们更好地理解人与人相见赠礼的深层含义，也可以为现代相见礼仪提供一定的仪式借鉴，更好地提升人际交往的品质。

闻喜宴

古代的宴饮礼虽然出现在宴请场合，但是相关礼节仍然体现了丰富的道德意涵。而宴饮礼之所以重要，是因为后世每每有重要的事情，往往以宴请的方式表达，比如庆祝生日有寿宴，庆祝升学有闻喜宴，朋友远道而来有接风宴，辞别则有践行宴，即便是家礼中的冠礼、婚礼和丧礼，也无不包含了宴饮的环节。虽然这些宴饮的目的不同，但是其中所包含的基本礼仪大致相同，都在于展示出一定的社会秩序，表达某种道德意涵，对提升当今宴饮文明程度，发展宴饮文化，具有重要的参照意义。

我国古代的射礼，在现代社会已经不再作为一种专门的礼仪形式，但是其中以射正己，培养个人德性修养的意图可以为现代个人提升修养，为集体发展提供有益指导。现代社会注重成员之间形成团结互助的良好风气，从而激发团队凝聚力和协调能力。欲加强个人之间的协作和互助，除了明确职责分工、建立公平正当的激励机制，还应该培养个人自我反省和增强责任感的意识，如此才能充分发挥个人在团体中的主动性和自觉性，维护良好的管理秩序和组织秩序。因此，正己也是培养个人敬业乐群精神的重要方式。

第三节　节日

中国传统节日种类繁多，历史悠久，深刻地影响着现代中国人的日常生活。对于中国人来说，不庆祝春节、端午、中秋等传统节日，生活仿佛就不完整，没有按照固定的风俗进行节日活动也会有遗憾之感。在节日里，人们参与到各种约定的活动中，普天同庆、万众共贺，所有参与者都有一种属于同一族类的亲近感。事实上，传统节日已经成为确认"国人身份"的一种方式，是增强中华民族内聚力的重要纽带。此外，中国古代的节日大多与民众日常生活中的欲求息息相关，像趋吉避凶是古代节日的最初意义，而后世更多的人文精神不断渗透其中，使得这些节日的内涵不断丰富，体现出自强不息、厚德载物、舍生取义、仁爱孝悌、天下大同等精神。这些精神构成了中国古代节日的核心理念，也是古代节日延续至今而仍然具有鲜活生命力的主要原因之一。

一、中国古代节日概说

"节日"一词在我国出现甚早，古今含义几乎没有差别。"节日"一词中，"日"即表示为某一天，这标志着所有节一般以一日为限度。例如，过年，又称"春节"，一般所指就是正月初一当日，此后几日各自有不同的名称，比如初七为人日，正月十五为元宵节，人们一般认为过年有多日，实际是将相关的不同节日理解为关联的整体所致。"节"的本义是竹节，表示两个事物的联结之处，也引申为"止"。节日之节也就是两种生活状况更迭转换之时，比如过年为新旧两年之交替时刻。"节"和"日"组合在一起，表达了一种独特的含义。首先，节日中的节通常指一些重要时节，如春分、秋分、正月十五等，但不是所有的时节都会举行某种风俗活动，比如，祭祀、祈福、纪念等活动，所以单纯的时节不是节日。其次，所有的节日都有一定的仪式和特定活动，但不是所有的类似活动都算一个节日，比如，一个人在生日当天往往举办庆祝活动，但不能称生日为一个节日，因为节日通常还应该指一个族群共同的活动。而古代帝王的生日往往被确立为一个节日，称为"万寿节"或"天中节"，这是因为帝王的生日被规定为天下人共同恭贺的活动，确实具有节日的特征。但是这些条件还不够，一次偶尔的全体庆祝活动也不足以称为节日，节日还需要随着时节的往复而不断地重复，进而成为人们严格遵守的一种生活习惯。因此，节日就是一个族群内部所有人在某个特定的时节按照约定的方式举行祭祀、祈福、纪念、庆贺等活动的生活习惯。

我国传统节日经历了漫长的发展历程，有些已经消失，有些被传承下来，但是其内涵已经发生了较大变化。历史地看，先秦时期已经出现了如春节、端午、中秋、冬至等节日，但是这一时期的节日内容比较简单，而且具有浓厚的神秘色彩，大多数节日的出发点是防范超自然的灾害，祈求超自然力量的保护，因此，人们才选定某些特定日期，实行某些禁忌或祈福仪式以求达到趋吉避凶的效果，而这些活动就逐渐演化为节日习俗。汉代在继承过去节日习俗的基础上，增添了新的神秘化的解释，这使汉代节日成为后世流传的大部分节日传说的根源。

魏晋南北朝是我国多民族文化融合时期，一些外来的文化和习俗融入传统的节日之中，比如，来自佛教的腊八节和盂兰盆节，少数民族的一些游艺活动也被整合到某些节日之中，使得节日气氛变得活跃。这一趋势在隋唐时期得到加强，节日的仪式性和娱乐性特征逐步显著，比如汉代开始的元宵节放灯活动，到唐代已经演变为官民同乐的大型游灯会，而原来腊日（腊八）前举行的具有驱逐鬼疫性质的傩祭到唐代已经转为一种歌舞戏剧。总的来说，唐宋时期是我国传统节日的内涵进一步丰富发展、节日风格塑造定型的关键时期。

明清时期的节日基本延续了前代的风气，特别是节日中的娱乐倾向随工商业的发达而更为显著。唐代元宵节灯会只有 5 日，到明代则达到 10 日之久，且灯会规模空前。此外，不少工商业发达地区的人们的节日观念也发生了变化，由于他们大多不依靠土地维持生计，因此，对某些节日中祭祀土地神的活动不再重视，一些具有浓厚农耕色彩的节日逐渐被人们遗忘。总的来说，明清时期的节日大体延续了过去的传统，只在节日习俗的细节方面有所损益。

二、中国古代节日的基本类型

中国古代的节日很多，内容多有变迁，按照不同的标准可以分为不同类型。此处，我们可根据传统节日的功能将其主要分为 4 类：驱邪避灾类、岁时类、祭祀类、纪念类。

驱邪避灾类

驱邪避灾是古代节日的重要起因，比如，我们熟知的重阳节登高活动，传说是因东汉桓景为了避免灾厄而佩戴茱萸登高形成的习俗。而初春的上巳节也起源于古代辟邪的活动，据说古人在三月初到河边以兰汤沐浴以辟邪称为"被禊"，被禊在后世演化为一种大众春日沐浴的节日活动。《论语》中就曾记载了这一活动，有一次孔子问他的弟子们的志向，曾皙就说，他的志向是："暮春者，春服既成，冠者五六人，童子六七人，浴乎沂，风乎舞雩，咏而归。"（《论语·先进》）这里描述的活动，一般认为就是上巳节沐浴游春的习俗。在后世发展中，这类节日的禁忌避灾内涵逐步淡化，娱乐性质得到了保留。

▲ 杜甫《丽人行》中的诗句，"三月三日天气新，长安水边多丽人"正是对唐代的上巳节的描述

岁时类

岁时类节日是我国节日中较大的一类，主要指与天时、物候相关联的一类节日，比如春节、中秋节、冬至节。在中国古代，春节有不同的称谓，如"上日""元日""正旦""正日""新正"等。北洋政府时期，要求采用西方的公历，同时保留农历，因此，就出现了两个确定一年之始的日期，为了将其区分，当时将公历1月1日定为元旦，农历正月初一改名为春节。此外，现在的中秋节在农历八月十五，但最初中秋节是在秋分之日，是祭祀月神的节日，因此，秋分这一日也称为"祭月节"。冬至节至今仍在冬至日，作为节日的冬至节在古代主要是为了祭祀祖先，而且颇为隆重。当然，岁时类节日具有浓厚的节气特征，表现出显著的农耕文化特点。

祭祀类

古代每个节日或多或少都有祭祀仪式，但有些节日特别注重祭祀活动，比如社日，就是专门祭祀土地神的节日；腊日在岁末祭祀百神，祈求来年农业丰收；祭灶节则是为了祭祀灶神，以求家人平安吉祥；而清明节、盂兰盆节则为专门的祭祖节日。古代所有祭祀神灵的活动都意在借助超自然的力量保佑现实生活的安稳和幸福。随着现代科学的昌明，祭祀类节日中与神灵相关的活动逐步被消解，即便是祭祀祖先的节日也不再将祖先看作鬼神，而是把追思亲人作为主旨。

中华优秀传统文化（慕课版 第2版）

纪念类

在所有节日中，有着明显纪念性质的节日有寒食节、端午节。不过，这两个节日最初是否具有一定的纪念意义并不确定。寒食节通常被认为是春秋时期的晋文公为了纪念他的臣子介子推而下令在其去世之日禁止生火做饭，此日只能吃冷食，后世习以成俗。但这一解释在汉代才开始出现，而寒食节在此之前就已经流行，故一般认为，将介子推与寒食节关联只是一种附会之说。关于寒食节最初的起因，颇有争议。有人认为汉代之前的寒食节是为了避开大火星，由此民间禁火，食用冷食。也有人认为是为了在春节进行钻木改火（古代在不同季节使用不同的木材生火，在两个季节交接时，需要换另一种木材生火，将此活动称为"改火"），因此，此时禁止做饭。同样，端午节最初的起源也不确定，有人认为此节最初是吴越地区一种天象崇拜的节日，到南北朝时期才变为纪念屈原的节日。事实上，端午节不仅是纪念屈原的节日，还曾经是纪念伍子胥、曹娥、勾践等历史人物的节日。尽管所有纪念类的节日原初都不是为了纪念某位重要的历史人物，但后世却更愿意把纪念某位历史人物看作这类节日的真正起源，这说明中国人更为重视节日中的人文精神。

介子推（？—前636），春秋时期晋国人。据说，早年他曾割股肉以奉晋国公子重耳，后重耳成为晋文公，有感于介子推之恩德，推举他做官，但介子推隐居绵山不愿入仕。晋文公便放火烧山试图逼迫其出山，但介子推和其母亲宁死不出，葬身火海。晋文公为此深感愧疚，遂改绵山为介山，并立庙祭祀。图为介子推和母亲宁死不出山的情景。

三、中国古代节日的主要特征

中国古代节日虽然历经了诸多变迁，甚至很多到现在我们也不能完全知道其最初的来源，但是在历史的选择中，这些流行的节日带着特定的故事和意义被传承，其中必定有一些重要的深层价值吸引着人们。相比于礼仪，作为风俗的节日中所蕴含的价值或许没有那样崇高和强烈的道德指向，但也寄托了民众的某些真诚而永恒的期许，展示了古代人在社会生产生活中的价值世界。

大德封神，知恩报恩

中国古代的节日最初多与祭祀神灵有关。而中国古代的神灵，不少是源于那些曾作出重要贡献的英雄人物，后人为了纪念他们的功劳而专门修筑庙宇加以供奉。这些人物被塑造成神灵之后，一方面成为人民祈祷的对象，另一方面也成为祈祷者的榜样。这方面最典型的就是社日祭祀土地神。古代所祭祀的土地神并不是超人类的自然神，而是对治理土地有大功劳的人。《礼记》载："共工氏之霸九州岛也，其子曰后土，能平九州岛，故祀以为社。"（《礼记·祭法》）后土并不是一个人的名字，而是一种官职名，"后"

的本意是掌管某事的人，后土就是掌管天下土地的官。后土的真实名字一般认为是句龙，也有记载为勾龙。后土之所以掌管天下土地，是因为他掌握了一种平整土地的技术，如此就能为农业种植提供基础，后人因为其功绩而立社祭祀他。根据史书的记载，祭社的习俗从夏代之前就开始了，也有记载说在尧的时代就开始了。从周代开始，祭祀社神的日子被称为"社日"，一般分为春秋两个社日，春社日祭祀在于祈求五谷丰登，秋社日祭祀在于报告收成状况。事实上，一个节日的兴衰演替，是与人们的生产生活方式密切相关的，古代社日祭祀一直没有中断，就是因为与我国的农业传统密切关联。而现代社会，随着工业化进程的加快，社日的传统只在部分农村地区保持，甚至很有可能逐渐淡出人们的视野。但不论如何，此类节日体现了中国人尊重造福大众的英雄人物，有一种知恩报恩的情怀在其中。

寄情而传，适时而变

中国古代节日既有稳定性，又有变异性，同一个节日可以被赋予不同的解释，这些解释往往寄托了某个特定时代和地域的人们对于某种美好生活的独特追求。以七夕来说，现代人将其作为"中国情人节"，但在古代它并不是关于爱情的节日，而是女子为了向作为仙女的织女祈求心灵手巧的一种节日，因此，古代的七夕也叫"乞巧节"。在古代，七月七日夜里，摆上瓜果酒菜以献给牵牛星和织女星，同时女子礼拜织女星，礼拜后穿七孔针。七孔针大概是一种比较复杂的针，女子经常在这一天比赛穿针，先穿完七孔者为得巧。五代的诗人和凝在他的诗中就记载当时乞巧穿针的习俗，所谓"阑珊星斗缀珠光，七夕宫嫔乞巧忙"（《宫词百首》）。唐宋时期，这一日还有着妇女求子的习俗。从古代这些节日的习俗来看，古代的七夕实际上是完全属于女子的节日，是她们向往美满幸福的女性生活的一种寄托。但是因为这个节日与牛郎和织女之间一段凄美的爱情故事关联，在现代就被演绎为中国的情人节。也正是这个原因，与七夕关联的爱情故事被认为是七夕最重要的意义。不过，牛郎和织女最先只是天上两颗星的名字，牛郎织女的故事则是后人为这两颗星虚构出的动人传说。故事固然是虚构的，但是其承载了重要的现实寓意，成为教育人们树立正确爱情观的素材。就此来说，传统节日正是通过承载国人永恒的情感而代代相传，经久不息。相反，对于已经无法承载人们某种特定情感，或者落后于时代观念的节日，则只能随着时间流逝而逐步消失。

牛郎和织女的传说

求吉纳祥，养生育德

纵观中国古代主要节日的形成过程和其中涉及的风俗，很多是为了让人们远离灾难，吉祥平安而设立的。其中最能体现这一特征的就是重阳节，此节在每年的农历九月九日，在现代也被称为"老人节"。九月九日之所以被称为"重阳节"，一般认为九在《易经》中属阳，而月与日都是九，故为重阳。此外，"九"与"久"谐音，双九就是"久久"，有长寿的意思，因此，重阳节又与祈求长寿相关。正如三国曹丕所说的，"岁往月来，忽复九月九日。九为阳数，而日月并应，俗嘉其名，以为宜于长久，故以享宴高会。"（《九日与钟繇书》）由此来看，至晚至三国时期，重阳节的基本含义已经确定，而在重阳这一日举行宴会并登高的习俗也已经形成。晋代文人陶渊明也说自己喜爱重九之名，这一日可以

赏菊、饮酒、赋诗，由此又增加了重阳节的一种风雅，并传而为俗。重阳正式被作为节日是在唐代，故唐代写重阳节之诗甚多，并留下了很多千古名篇。如果从科学的角度看重阳节的习俗，如佩戴茱萸、登高、喝菊花酒等都与秋冬养生有关，这是因为秋季气温变化较大，老年人容易得病，因此，这些习俗都有提醒老年人注意保养的意义。而希求老人健康长寿的都是子女，故这一节日也以潜移默化的方式培养了个人仁爱孝悌的精神。就此言之，节日在此承担了双重功能，既是一种塑造人们心境的方式，也是一种唤起人们道德观念的方式。

多元文化，融合为一

中国古代节日还是不同地域文化融合的重要载体。中国古代的节日中，有些来自外来文化，比如，腊八节和盂兰盆节来自佛教。但即便是这些节日，也并非纯然佛教的文化，其作为节日仍然包含了中国本土的因素。以腊八节为例，尽管现在此节是佛教节日，但最初此节与中国本土的腊日有一定的关联。腊日本是古人在年终之时祭祀祖先、答谢万物之神的节日。早在夏代就已经出现腊日，只是当时不称为"腊日"，后来节日的名称屡有改动，到汉代才正式定为腊日。腊日的时间在古代也变动颇多，一方面由于中国古代对于一年有多少个月曾有不同的规定，最早 10 个月为一年，后来改为 12 个月为一年。而腊日一般都在一年的最后一个月举行，因此，古代腊日的日期也会不同。后世采用 12 个月为一年的历法之后，腊日就固定在十二月，人们也把十二月称为"腊月"。而在十二月的哪一日举办腊祭，很长一段时间也不固定。

佛教一经传入，就对中国文化产生了巨大影响。大概从唐代开始，已经有人将佛教纪念释迦牟尼成佛之日，即十二月初八说成是腊日。但至少在宋代，腊日与佛教的腊八节还不是同一个时间。宋代开始，寺院在十二月初八早晨熬五味粥，分给贫穷的人吃，后来民间也兴起在这一日早晨吃五味粥的习俗。因为此日在腊月初八，所以把这种早晨吃的粥称为"腊八粥"。元代开始，传统的腊日习俗逐渐衰落，而佛教的腊八节长盛不衰，因此，后来人们很自然地认为腊八这一日就是腊日。甚至明代中国本土宗教道教也接受了这一事实，认定腊月初八为王侯腊，只不过道教还是坚持古代腊日的传统，认为此日应该祭祀祖先和神灵。从腊日到腊八节，再从腊八节到道教的王侯腊，这一变迁很好地展示了佛教文化与中国本土文化之间的互动关系，对于当代人应对多元文化之间的冲突具有重要的借鉴意义。

四、中国古代节日的当代价值

传统节日是增强中华民族凝聚力的重要载体。唐代诗人王维的千古名句"独在异乡为异客，每逢佳节倍思亲"道出了节日在中国人心目中的重要地位。在任何一个传统节日，中国人都有一种希望与亲人团聚、一起欢度的内在冲动。这一点尤其以春节为甚，时至今日，人们不惜承受旅途的拥挤和疲劳，也要回到自己的家中过年。可知，节日具有一种内在的感召力，只要到这一日，人们就会产生共同的情感，生发出一种始终不愿与自己的族群分离的情愫。因而，在现代社会弘扬传统节日，对于促进民族团结具有重要的意义。

传统节日为人们提供了精神寄托。节日和习俗相关，但并非同一回事，节日原本只是一个日期，并没有特殊的含义，但是节日之所以为节日，就是要人为地为这个日期注入特殊的含义，通过讲述特定的故事，改变日常的生活习惯，显示出这一日的特殊寓意。中国传统节日背后的故事和习俗在不断变化，但不变的是它们都被当作一种共同精神的载体。不过，由于很多传统节日受限于过去农业社会的精神诉求，体现出的寓意和习俗已经不能为现代人理解和接受，因此，当代的传统节日可以按照现代中国人的生活需求，适当地改进含义和习俗，提升普适性，以重新焕发自身作为中国人精神寄托的价值。

传统节日在某种意义上是中国传统文化实践的重要载体。任何一个传统节日，都需要人们做出某些特定的礼仪，因此，古人很早就将节日作为礼俗的一个重要部分，并制定了相应的礼仪规范，故节日本身有其雅致的一面。此外，传统节日不像家礼和社交礼仪那样严肃和复杂，而是充满了很多日常的生活趣味，因此，节日也不失通俗、活泼。最为重要的是，节日中所规定的习俗，官民同守，最为平等。正是在这个意义上，节日是最能体现天下大同精神的中华优秀传统文化之一。

微课视频

传统节日精神和现代价值

第四节　民俗

民俗，一般指民间的习俗，是相对官方制定、颁布的礼仪规范而言的。官方命令通常指自上而下通过政令规定的事务，比如法律和国礼。官方不仅代表了一种强大的约束力，也代表了一种正式的、公开的约定，所有的规范都应该在某些指定的场合按规定被演示，因此，官方的活动往往具有正规的形式化特征。民间习俗与此相反，在很大程度上是私人之间借助非正式的方式达成的约定，这类约定不具有绝对的约束力，可随约定者之间的协商而改变。此外，现代民俗学视域下的民俗还特指那些以非书面形式被民间传承的以口头或以风俗、物质形式存在的文化。[①]此外，俗还有满足欲望的含义。先秦时期的"俗"与"欲"混用，但欲通常指个体的内在欲望，而俗则是一群人的欲望的固定化表达。不过，习俗中表达的欲望通常具有难以一次性满足的特点，如同季节一样有周期性，因而，习俗表达的欲望在特定的时节不断地被表露出来。从这个层面来说，民俗就是民间为了满足某些生理、心理需求，在某些固定时刻设定的相对稳定寻常的生活习惯。从更为宽泛的意义上来说，"民俗，即民间风俗，指一个国家或民族中广大民众所创造、享用和传承的生活文化"[②]。

"民俗"一词在春秋战国时期就已经出现，《礼记》中就说："故君民者，章好以示民俗，慎恶以御民之淫，则民不惑矣"（《礼记·缁衣》）。意思是说，那些统治民众的人，彰显自己的喜好用以引导民众的习俗，谨慎地表达自己的厌恶，用以驾驭民众的贪欲，那么民众就不会困惑。可见，民俗的形成受到统治者的巨大影响。此时，还出现了含义与"民俗"接近的语词，如世俗、习俗、风俗等，其中有些有贬义色彩，如"世俗"在当时的语境中接

---

① 王娟.民俗学概论［M］.北京：北京大学出版社，2011：14.

② 钟敬文.民俗学概论［M］.上海：上海文艺出版社，1998：1.

近鄙俗、粗俗。而风俗、习俗则是中性的，如荀子说："入境，观其风俗。"（《荀子·强国第十六》）总体来看，古代的俗都具有一种固定不变的含义，其与变化相对，因此，俗从某种意义上来说也有"固守"的含义。就此来说，民俗对于维系民众的生活稳定具有重要意义，但从另一个角度来说，也容易成为社会变革的巨大阻力。

先秦时期，我国已经形成"士""农""工""商"4种主要阶层，而不同阶层的民众遵循的社会规范不同，贵族以礼规定的方式生活，而平民则按照习俗生活，由此导致礼和俗之间具有不可逾越的阶层界限。此时的民俗就特指下层民众的生活方式。秦汉之际，社会动荡，礼乐文明荡涤殆尽。汉初一方面恢复过去的礼制，另一方面也将某些民俗上升为礼，由此导致礼俗之间的界限逐渐模糊。到魏晋时期，随着门阀士族的崛起，礼俗之间再次因阶层不同而区隔。但由于从汉代以来，礼俗互动已经形成较大的趋势，因此，社会阶层之间的礼俗区分并不像先秦时期那样明显。

隋唐至于宋代是中国民俗的转型时期，主要原因是当时的中国与世界上其他国家的交往频繁，长安成为世界性大都市，很多外国的民俗传入中国，与中国固有的民俗融合，出现了前所未有的民俗大变革。与此同时，佛教和道教在当时也颇为兴盛，很多宗教性的活动被民众普遍接受，成为民众习以为常的生活习惯。总的来说，整个隋唐时期的民俗偏于开放、包容和娱乐化。而宋代民俗相对规范化，不过，总体上仍然保持了民众生活的活跃性。

明清时期，整个社会民俗颇有变化。明代初期，整个社会的经济处于恢复期，因此，人们的日常生活以节俭朴实为主；明中叶开始，随着工商业的突飞猛进，民众的生活方式偏于华丽奢侈，人们开始追求精致的生活情趣，抛弃诸多形式化的习俗，转向具有享受性质的娱乐习俗。这种生活方式也推动了民俗的变化，这从明清时期的建筑、器具、绘画风格上都可以明显地看出来。总的来说，这一时期的民俗生活较之前更为多姿多彩。

了解更多中国古代民俗

10

第十章
中华优秀传统文化中的生活韵味

　　中华文化是"生命的学问"，这个"生命"不是抽象孤悬的，而总是具体活动着的活泼的生命存在。真实的生命贯通于两端，一端在日用生活，即人赖以生存发展的衣食住行、生老病死、婚姻家庭等生活具体内容；另一端在超越智慧，即人在提升生命境界过程中所追求的真理、价值与美。然而，这并非意味着生命绝然分隔成形上、形下的两层，与之相反，真实的生命恰恰将日用生活与超越智慧贯通为一。《周易·系辞上》说："百姓日用而不知，故君子之道鲜矣。"生命的历程即是"道"的历程，而"道"无所不在，即在饮食、服饰、视听言动、举手投足之间。若只强调超越智慧，则生命无所挂搭落实而沦为虚欠无力；若沉湎满足于日用生活，则将驰逐外物、欲望享乐、随波逐流而丧失了生命。因此，中华文化以饮食为生活根本而注重文明礼节，以茶水为日常饮料而讲究清雅俭德，以衣冠为护体服饰而象征守正创新，以武术为强身止戈而体现忠勇信义。日用生活以通大道，这是中华文化生命智慧的含蓄意味。

第一节　食味

春秋时期齐国国相管仲曾说："仓廪实而知礼节，衣食足而知荣辱。"饮食是人类生存发展最基本的物质需求，适宜的饮食可以滋养人的生命而激发文明创造的能力，因此，《礼记·礼运》说："夫礼之初，始诸饮食。"而饮食本身亦能由"术"进"道"，展现了中华文化的"以民为本"与"天人和谐"的核心理念和生活意趣。①

一、饮食概说

中华饮食文化历史悠久。在远古时代，人类和动物一样茹毛饮血，食用生冷腥臊食物对人的肠胃造成很大伤害，导致各种疾病而影响生命健康。直到火被发现，人类开始使用"以火熟之"的食用方式。在中国古代传说中，火的发现者是燧人氏，《韩非子·五蠹》记载"有圣人作，钻燧取火，以化腥臊，而民说之，使王天下，号之曰燧人氏"。考古发现，生活于约170万年前的云南元谋人已经开始使用火。火食的形成也相应产生了烹饪的技术。《周易·鼎卦·象传》中提到"以木巽火，亨（烹）饪也"，其中，"烹"表示用火加工食物，"饪"表示食物已经成熟。火食丰富了食物的种类和来源，增强了人类的体魄，照亮了人类文明前进之路。

中国烹饪工艺丰富，这有赖于饮食器具的发展。最初的烹饪尚无炊具，直接把食物放置于火上烧烤，后来又用石块烫熟食物。原始先民在使用火的过程中发现，被火烧过的黏土可变成坚硬的器具，由此发明了陶器。最初的陶器大多是炊具，敞口圆底的"釜"可以置于火上加水煮食物，三足两耳的"鼎"可以用于炖和炸，有3只袋形足的"鬲"增加了煮的容量和受热面积，像盆罐而底有孔洞的"甑"可以放在釜上利用水汽蒸熟食物，鬲与甑又组成复合炊具"甗"。商周时期，青铜铸造业的兴盛促使铜质炊具广泛使用，"钟鸣鼎食"成为贵族奢华生活的写照。此外，以牙骨、竹木、玉石等材质做成的箸、匙、碗等进食器具也已出现。秦汉时期，冶铁技术的发展促使铁釜、铁镬、铁刀等铁制炊具开始占据主流，制作精美的漆木、陶瓷餐具也从汉代开始流行起来。随着金属炊具和植物油的普及，南北朝出现了高温快热的"炒"法，此后，"炒"逐渐成为中国菜肴烹饪的主要方式。②

▲ 陶三足炊器

八大菜系概说

中国地大物博、食材多样，形成了百花齐放的中华饮食文化。从先秦至北宋，黄河中游地区是中华文明的腹地，人们以牛、羊、小米、小麦为重要食物，善于用五谷杂粮制作各类面点；黄河下

---

① 王学泰.中国饮食文化史［M］.桂林：广西师范大学出版社，2006：6-7.
② 林乃燊.中国饮食文化［M］.上海：上海人民出版社，1989：89-90.

游的齐鲁大地既延续了中原文化特质，又因靠近东海而以海产为食；东北地区因气候严寒而多腌制、冷冻食品；西北地区畜牧业发达，食物以羊肉和奶制品为主；长江中游地区为楚文化地带，盛产香料，人们以稻米鱼虾为食；长江下游吴越地区自古为鱼米之乡，崇尚甜味食物，菜肴制作精细；东南及岭南地区的蔬果和海产品种繁多；西南地区喜食茶、酒和辛香食品。到了清末，各地佳肴又形成特色鲜明的菜系，其中尤其以御供的鲁菜、辛辣的川菜、精细的淮扬菜、清淡的粤菜最为著名，一直延续至今。

中国饮食具有兼容并蓄的特性，历代引进了多种外来食物（见表10-1）。从食物命名可知，冠以"胡"字的胡瓜（黄瓜）、胡麻（芝麻）、胡桃（核桃）、胡荽（香菜）、胡蒜（大蒜）等大多为两汉魏晋时期从西域引入；冠以"番"字的番茄、番薯、番瓜（南瓜）、番椒（辣椒）、番豆（花生）、番麦（玉米）、番石榴等大多为宋元明时期从海外舶来；冠以"洋"字的洋芋（马铃薯）、洋白菜（包菜）、洋蔓菁（甜菜）等为明朝及以后引入。[1]在数千年历史发展过程中，中国饮食经过与世界的交流互通而积累创造了博大精深的文化系统。

表 10-1 外来食物传入表 [2]

蔬菜名称	原产地	传入时间	蔬菜名称	原产地	传入时间
豌豆	地中海、中亚	汉代以前	西瓜	非洲	五代之前
黄瓜	印度	西汉	番茄	南美洲	明代
大蒜	中亚	西汉	玉米	美洲	明代
核桃	中亚	西汉	辣椒	美洲	明代
葡萄	西亚	西汉	马铃薯	南美洲	明代
香菜	地中海、中亚	西汉	番薯	美洲	明代
茴香	地中海、西亚	东汉	四季豆	美洲	明代
豇豆	非洲	汉代	南瓜	美洲	明代
茄子	印度	魏晋	花椰菜	地中海	清代
扁豆	印度	魏晋	芦笋	地中海	20世纪初
莴苣	地中海	隋代	黄秋葵	非洲、南亚	20世纪初
菠菜	中亚	唐代			

二、食料的基本类型

中国悠久的农耕文明孕育了发达的农业技术，为中国饮食生产了丰富的食物原料。《黄帝内经·素问·藏气法时论》说"五谷为养，五果为助，五畜为益，五菜为充"。谷物粮食是中国日常食物的主体，为滋养生命提供基本热量和补充蛋白质；而蔬菜、禽畜、鱼类、果品等则是副食，起辅助补充作用。主副食物结构是中国饮食文化的理性搭配选择，有利于均衡营养、预防疾病、养生健体。

---

① 石声汉.中国农学遗产要略［M］.北京：中国农业出版社，1981：43.
② 张平真.中国蔬菜名称考释［M］.北京：北京燕山出版社，2006.

五谷

　　五谷是中国最为重要的食物。在上古传说中，五谷最早由神农氏发明种植，如《淮南子·修务训》说"神农乃教民播种五谷"。五谷是各类谷物的泛称，在古代典籍中又有"百谷"之称。最为重要的粮食如下。

　　黍（黄米）和稷（小米）是从上古至秦汉时期最重要的谷物，早在8000年前至5000年前，黄河流域就发展出繁荣的黍稷文化。特别是稷，《说文解字》称"稷"为"五谷之长"，《左传·昭公二十九年》记载主管农事之官为"稷"，"稷"同时作为农业神，与土地神"社"并称为"社稷"，成为国家的代称。

▲ 河姆渡文化稻穗纹盆，新石器时代，浙江省博物馆藏

　　麦，在7000年前至3000年前的中国北方和西北地区开始种植，至汉代逐步取代黍稷成为中国北方的主要粮食。除了麦饭，汉代还出现了由麦舂碾成粉制成的蒸饼（蒸制面食）、汤饼（水煮面食）、胡饼（烤焙面食）等，以及世界上最早的水煮面条——"索饼"[1]。直到今天，面条已成为极具代表性且风靡世界的中国食物。

　　稻，起源于长江流域以南，商周以来黄河流域也已经有种植，三国两晋南北朝时水稻的种植迅速发展，北宋中期中国超过半数居民生活在水稻种植区，明代末期稻米已成为中国最主要的粮食。除了蒸煮成各色饭粥，稻米还能制成糕点、米粉、米花，以及粽子、年糕、汤圆等节庆食物。此外，舞龙灯、划龙舟都与稻作文化有关。[2]

　　大豆，古称菽，是中国的特产和原产，早期食用方式主要是豆饭、豆羹，或制成豉、酱。汉代出现了豆腐制作工艺，传说豆腐的发明者是淮南王刘安。豆腐是中国饮食史上的一大创造，其以营养丰富、物美价廉、烹调多样的特性成为普通民众的重要食物，也东传日本和朝鲜半岛而成为世界性食品。

▲ 汉画像石豆腐作坊［河南密县（今河南新密）打虎亭汉墓出土］

---

①　赵荣光. 中国饮食文化史［M］. 上海：上海人民出版社，2006：246.

②　游修龄，曾雄生. 中国稻作文化史［M］. 上海：上海人民出版社，2010：384-393.

玉米、马铃薯、番薯在明代传入中国，以其高产和适应性强的优点成为解决饥荒的重要粮食。

蔬菜

蔬菜与粮食作物一样拥有久远的历史。中国拥有丰富的蔬菜资源，《本草纲目·菜部》将蔬菜分为 5 类：有特殊气味的荤辛类、柔滑叶菜、瓜菜、水生的水菜、芝栭菌类。蔬菜品种在历史上不断增多，主要原因如下。一是野生物种的驯化，如《诗经》已记载瓜、瓠、姜、葱、韭、葵、葑（蔓菁）、菲（萝卜）等园圃种植蔬菜。二是外来蔬菜引入，如汉代引入黄瓜、大蒜、香菜，魏晋引入茄子、扁豆，隋唐引入莴苣、菠菜，明代引入番茄、四季豆、南瓜等。三是原有蔬菜的改良演化，如在先秦不受重视的葑，在东汉已演化成品质较好的菘，在魏晋南北朝时期逐渐受重视，在唐代向岭南地区扩张，在宋代改称白菜，成为当时南北方的主流蔬菜，并已培育出结球大白菜；又如芥菜，早期仅用芥菜籽做调味料，东汉出现了大叶芥菜，宋代开始快速演化出多种叶用芥菜品种，明清时期已培育出大头菜、榨菜、油芥菜、雪里蕻等新品种[1]。关于蔬菜的食用方法，除了鲜食，先秦已有菹（整片腌菜）和齑（细切腌菜），北魏贾思勰在《齐民要术》中记载了用盐、糟、梅汁、蜂蜜腌制的瓜菜；至明清，腌菜已成为蔬菜烹制的另一种重要方式。

蔬菜以外的其他主要的副食

副食畜类有牛、羊、猪、犬、兔等，禽类有鸡、鸭、鹅等。在食用方法上，先秦有脯（切片腌制干肉）、脩（另加姜、桂等调料的干肉条）、腊（风干小兽肉）3 种干制肉类；宋代腌制技术有所改善，盐腌、酒糟品盛行，还发明了火腿、肉松；副食鱼类有鱼、虾、蟹、鳖、贝等。在食用方法上，秦汉出现了用盐、米发酵的鲊，唐代盛行鲊和鲙（生鱼片）；宋代腌制海货大增，鱼鲞成为大众食品；近代渔业才大量应用冰藏保鲜。副食果品有桃、李、梅、杏、梨、橘等水果和枣、栗、榛、核桃等干果。在食用方法上，先秦已有桃诸、梅诸等干制果品；魏晋南北朝出现了用蜜渍制的果品，而盐腌日晒的果脯称为"白"；宋代糖腌产品增多，出现了蜜煎；元末出现的蜜饯在明清时期已非常普及[2]。这些副食极大地丰富了中国的饮食文化。

饮品

中国的饮品也十分丰富，包括酒、茶、浆、汁、乳等。特别是酒，在中国有非常悠久的历史，是宴席聚会和日常独酌必不可少的饮品，既可以用于宴请、祭祀、入药，又可以寄托个人情志和表达潇洒风度。

酒文化的主要意趣

关于酒的发明有两种传说：一是"仪狄作酒"，见于《吕氏春秋·勿躬》《战国策·魏策二》《世本·作篇》；二是"杜康造酒"，见于《世本·作篇》和《说文解字》。传说虽然不一，但都将酒的起源追溯到夏代。考古资料表明，酒的历史起源于夏代之前。河南贾湖遗址出土的陶器沉淀物表明先民在距今约 8600 年时

① 张平真.中国蔬菜名称考释［M］.北京：北京燕山出版社，2006：100.
② 俞为洁.中国食料史［M］.上海：上海古籍出版社，2011：440.

已经用稻米、蜂蜜、水果等酿酒。商代已有以蘖酿制的薄味的醴（类似啤酒）和以曲酿制的醇厚的甜米酒或黄酒，葡萄酒在西汉张骞通西域后引入。中国历史上形成了酒诰与酒礼，酒诰是反对酗酒的告诫，酒礼是饮酒的礼仪规范，饮酒适量是酒礼的核心要义。

三、烹饪工艺的主要成就

烹饪工艺是加工食物的方法和流程，包括用料、刀工、制熟、调味、装饰等。中国烹饪工艺注重色、香、味、形、质、意俱佳，以卫生为前提，以风味为核心，以营养为目的，以美感为追求，形成了形式多样、品种繁多、技术精湛的工艺体系。下文主要介绍烹饪工艺中的刀工、制熟和调味。

刀工是运用不同刀具和刀法对食物原料进行切割加工的技艺。中国烹饪历来非常重视刀工，具有很强的技术性和艺术性。《庄子·养生主》记载了著名的"庖丁解牛"的故事，描述了一个名叫丁的厨师为魏惠王宰牛时出神入化的刀法；《论语·乡党》说"食不厌精，脍不厌细"，其中的"脍"就是缕切成丝的肉类。历代刀工技艺不断发展，形成了众多刀法，有直刀（切、剁、砍、排）、平刀、斜刀、花刀及削、剔、刮、拍、撬、挖、碾等，而不同刀法用于将食料加工成块、段、片、条、丁、丝、粒、球、茸、末等，以便烹制调味、美化造型。一些经典名菜对刀工要求极高，如四川的灯影苕片、北京的片皮烤鸭、苏州的松鼠鳜鱼和淮扬菜中的文思豆腐、大煮干丝等。

制熟是将配好的食料加工成可以直接食用的菜肴。中国饮食崇尚热食，以加热制熟为主，方法主要包括3类：一是固态介质导热，如盐焗、泥烤、砂炒、锅烙等；二是液态介质导热，如水导热的煮、炖、煨、汆、涮、白焯、汤爆、卤、烩、烧、熬、焖等，油导热的炸、熘、炒、爆、煎、贴等；三是气态介质导热，如蒸、熏、烘烤等。[①] 其中，炒是中国首创且极具特色的制熟方法。中国烹饪用火精妙，加热制熟注重掌握火候。炒、熘、爆、汆、涮等要求用旺火短时间加热，煮、烧、焖等适宜用中火长时间加热，炖、煨、熬等宜用小火长时间加热。小火长时间加热可使老硬的食料口感酥烂，旺火短时间加热可使嫩软的食料保持口感脆嫩。当然，中国烹饪也有非热制熟工艺，包括发酵制熟（泡、醉、糟、霉等）、化学剂制熟（腌、变等）、凉冻制熟（冻、挂霜等）、调味制熟（炝、拌等）。多元的制熟工艺既能保证卫生安全、便于消化吸收，又能赋予食料极佳的味、香、质的风味。

调味是运用各种调味品和手段使食料具有多种口味和风味的方法。中国调味品主要有"五味"：咸味有盐、面酱、酱油、豆酱、豆豉等，甘味有蜂蜜、饴糖、红糖、白糖、冰糖等，酸味有醋、梅子、山楂等，苦味有茶叶、豆蔻、陈皮、杏仁等，辛味有葱、姜、花椒、茱萸、芥末、大蒜、辣椒等。此外还有各种食用油和香料。调味是中和的艺术，《吕氏春秋·本味》说"调和之事，必以甘、酸、苦、辛、咸，先后多少，其齐甚微，皆有自起"。

---

① 陈苏华.中国烹饪工艺学［M］.上海：上海文化出版社，2006：243.

中华优秀传统文化（慕课版 第2版）

中国烹饪强调分次调味：烹制前码味，以腌渍、挂糊、上浆等手段改善食料的味道、色泽、质地；烹制中入味，以各种调味品按先后次序多次调味，或者调成"兑汁"一次性加入；烹制后调味，在出锅装盘后撒上调味品，浇淋汤汁，佐以蘸酱。调味以因料、因地、因时、因人为原则，讲究"有味者使其出，无味者使其入"[①]，去除异味、激发美味、赋予新味。正是因为发达的调味工艺，中国饮食以"味"闻名世界。

四、饮食之道的当代价值

中国文化强调"民以食为天"。这一俗语源于《史记·郦生陆贾列传》中的"王者以民人为天，而民人以食为天"，反映了中国文化对于饮食本质的理解。根据"天"的不同含义，中国饮食文化包含3个层次。首先，饮食是民众生来遵从的自然法则：《礼记·礼运》说"饮食男女，人之大欲存焉"，果腹充饥是生命的本能欲求，一切生命活动和社会文明都以此为基础。其次，饮食是保障稳定繁荣的社会法则：中国古代以"社"（土地）和"稷"（农业）为国家根本，《尚书·洪范》将"食"作为"八政"之首，被奉为厨坛始祖的商代名相伊尹曾"以滋味说（商）汤，致于王道"（《史记·殷本纪》）。最后，饮食是生生不息的天道法则，效法自然而滋养生命。

中国饮食以"五味调和"与"本然之味"为原则。"味"虽然是刺激舌上味蕾引发的感觉，却同时融合着鼻的嗅觉与口的触觉。最初的饮食只是食物本身的味道，先秦合祀先王的祭礼反映了调味工艺出现之前的历史记忆。如《大戴礼记·礼三本》记载"大飨尚玄尊、俎生鱼、先大羹，贵饮食之本也"，其中"玄尊"是一杯清水，"俎生鱼"是案上的生鱼，"大羹"是水煮不调味的肉汁。商周时期则出现了盐、梅、酱等调味品，并根据"五行"理论总结出"五味"。单一之"味"不是美味，食用单味太过反而伤害身体，《吕氏春秋·尽数》说"大甘、大酸、大苦、大辛、大咸，五者充形则生害矣"。但五味以先后多少经过调和，则能形成多元、多变、兼容的滋美味道，《黄帝内经·素问·六节藏象论》中说"五味之美，不可胜极"。正如五行生克揭示出大化流行，五味调和亦表达了看变万千的原则。到了宋代，随着素食发展，食物的本然之味受到推崇，如苏轼《菜羹赋》中说"煮蔓菁、芦菔、苦荠而食之，其法不用醯酱，而有自然之味"。而清代袁枚《随园食单》则说"一物各献一性，一碗各成一味"，这已将自然的本味与人为的调味融合为一。

中国饮食基于"药食同源"而注重"顺时养生"。中国古人认为医学源于饮食，传说中的神农氏既是播五谷的农业之祖，又是尝百草的药物之祖，而《周礼》中就有"食医"一职作为周天子的营养师。中国古代医学认为，错误的饮食方式会对身体健康造成损害，而适宜的饮食方式对疾病有治疗作用。《黄帝内经·素问·五常致大论》说"谷肉果菜，食养尽之，无使过之，伤其正也"。相比于药物，饮食治疗更加安全。唐代孙思邈在《千金要方·食治方》中说"夫为医者，当须先洞晓病源，知其所犯，以食治之。食疗不愈，然后命药"。基于"药食同源"的理念，中国古代又发展出饮食养生，主张饮食适度，《吕氏春秋·尽数》说"凡食之道，无饥无饱，是之谓五藏之葆"；注重食物配伍，如元代贾铭在《饮食须知》一书中

---

① 邓云乡.云乡话食［M］.石家庄：河北教育出版社，2004：149.

曾对300余种食物的性味、相忌、相宜等进行了系统说明；讲究时令宜忌，每个时令有最宜和不宜的食物①，如《礼记·内则》记载"凡和，春多酸，夏多苦，秋多辛，冬多咸，调以滑甘"，提倡顺应四季流转而调节饮食。"和"是饮食养生的首要原则，也是中国饮食文化的最高境界。

表10-2所示为五行理论对应表。

表10-2　五行理论对应表

五行	木	火	土	金	水
五方	东	南	中	西	北
五季	春	夏	长夏	秋	冬
五色	青	赤	黄	白	黑
五音	角	徵	宫	商	羽
五气	风	暑	湿	燥	寒
五脏	肝	心	脾	肺	肾
五官	眼	舌	口	鼻	耳
五志	怒	喜	思	悲	恐
五味	酸	苦	甘	辛	咸

第二节　美服

服饰不仅是人们抵御严寒酷暑的生活物品，还起着重要的修饰作用，同时体现着"守正"的礼仪秩序和"创新"的审美个性。唐代孔颖达在《春秋左传正义》中疏："中国有礼仪之大，故称夏；有服章之美，谓之华。"②中国自古以来就是"衣冠大国"，在数千年的历史发展中形成了多姿多彩的服饰文化，始终以得体、整洁、华美作为精神追求。

一、服饰概说

中国服饰始于文明之初。在人兽杂处的远古之世，人类尚不知衣服，而保护身体的现实需要促使人们开始以树叶、羽毛、兽皮为最原始的衣服。《庄子·盗跖》说神农时代已有纺织衣物；《吕氏春秋·勿躬》和《淮南子·氾论训》分别记载黄帝之臣胡曹和伯余曾制作衣物。人们在新石器时代的河姆渡文化遗址、仰韶文化遗址、屈家岭文化遗址等都发现了纺轮、纺锤、骨梭、卷布木轴等纺织工具。③甘肃辛店新石器遗址出土的放牧纹彩陶盆上，牧人穿齐膝、无袖、束腰的贯头衣。《韩非子·五蠹》记载"（尧）冬日麑裘，夏日葛衣"，可见传说中的

---

① 王仁湘.饮食与中国文化［M］.北京：人民出版社，1993：242-247.
② 阮元.十三经注疏：第4册［M］.北京：中华书局，2009：4664.
③ 沈从文.中国古代服饰研究［M］.上海：上海书店出版社，2005：23-30.

唐尧时代已经有皮革和纺织品衣物，且有季节性分别。

中国古代服饰重视礼制等级。夏商周时期形成了以天子冕服为中心的服饰制度。①据《周礼·春官·司服》和《礼记·王制》的注疏，天子冕服有6种（见表10-3）：祭祀昊天和五帝的"大裘冕"、用作吉服的"衮冕"、祭祀先公的"鷩冕"、祭祀四望山川的"毳冕"、祭社稷五祀的"绨冕"、祭祀林泽坟衍四方百物的"玄冕"。每种冕服包括青黑色的玄衣、黄赤色的纁裳、带玉藻的冕冠（每旒含五彩玉石12颗）。《周礼·天官·内司服》记载王后也有"六服"：袆衣、揄狄、阙狄、鞠衣、展衣、缘衣。此后，中国历朝历代都注重冕服制度，虽然冕服形制有所变化，但大多以周代礼制为依据，以图纹彰显秩序。

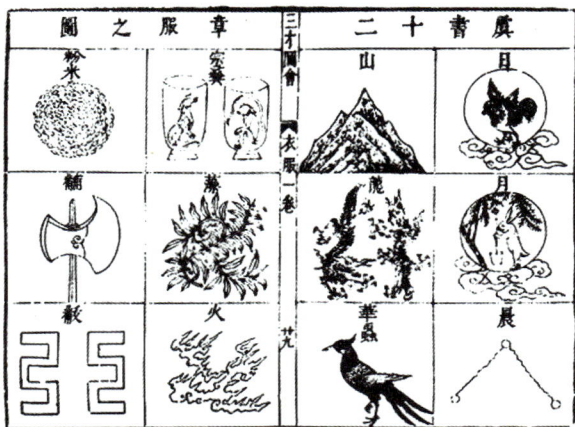

▲ "冕服十二章"示意图（选自明人王圻、王思义纂《三才图会》）

表 10-3 周代天子冕服

冕服种类	玄衣纹样	纁裳纹样	冕冠玉藻
大裘冕	日、月、星辰、山、龙、华虫	藻、火、粉米、宗彝、黼、黻	12 旒
衮冕	山、龙、华虫、火、宗彝	藻、粉米、黼、黻	12 旒
鷩冕	华虫、火、宗彝	藻、粉米、黼、黻	9 旒
毳冕	宗彝、藻、粉米	黼、黻	7 旒
绨冕	粉米	黼、黻	5 旒
玄冕	无	黻	3 旒

中国古代服饰既有形制继承，又有鲜明的时代特色。汉代奠定了后世服的基本形制。汉代朝服采用"深衣制"的袍服，衣袖由宽大的"袂"和往上收口的"祛"组成，袍服内衬以单衣，下穿肥裆大裤；汉代以冠帽和佩绶显示职别等级，重大祭祀仪式戴冕冠，文儒戴进贤冠、武将戴武冠；常服一般上衣下

微课视频

中华服饰的世界影响

---

① 黄能馥，陈娟娟. 中国服饰史［M］. 上海：上海人民出版社，2004：52.

裳分开，男子上襦下裤、女子上襦下裙，民间用青绿色、贵族燕居用青紫色。魏晋南北朝时期，南方士族喜欢穿大袖宽衫，衫子用练、纱、罗等材料，喜用素雅白色，制为对襟，两襟之间用襟带相连，名士则以敞开衣襟、袒胸露臂为风尚；袖子较为宽大，不收袖口，行走时衣袖翩翩飘逸，彰显自由不羁的风度。隋唐官吏多穿青色衫袄，庶人穿白色麻衣；女子大多上襦下裙，裙腰在腋下，腰间系扎丝带，肩臂上围披着飘逸的"帔帛"。宋代服饰沿袭唐代而有所不同，分为祭服、朝服、公服、常服，幞头则内衬木骨并外罩漆纱；文人僧道流行褐衣、直裰、道袍、鹤氅、巾帽。不同于盛唐的绚丽，宋代服饰风格素朴、整洁、自然。

　　中国古代服饰具有民族融合和多元开放的特征。战国时期，赵武灵王推行"胡服骑射"，采纳了西北少数民族的服饰。南北朝时期，北朝王室受到汉代冕服制度的影响，而北方民众则大多以游牧民族的"胡服"为普遍装束，流行裤褶、裲裆、半袖衫。唐代服饰体现出包容与多元的特征，裤褶革靴的胡服风靡宫廷与民间，源自北朝的束发幞头取代汉代冠帽成为男子日常首服。元代承袭唐宋服制而又保留了蒙古族服饰的特点，清代则带来了旗人服饰。而20世纪初的剪辫易服终结了古代冠服制度，中国服饰进入多元化发展时代。

　　《中国古代服饰研究》是沈从文撰写的一部系统考证中国服饰文化的学术专著。沈从文（1902—1988），湖南凤凰县人，中国著名作家，出版了《长河》《边城》等小说。新中国成立后，沈从文在中国历史博物馆（现中国国家博物馆）和中国社会科学院历史研究所工作。20世纪60年代，沈从文着手研究中国古代服饰，历时十余载，以一人之力克服艰难险阻，数易其稿。1981年，《中国古代服饰研究》正式出版，共25万字、700多幅图。直到逝世前，沈从文仍然在增订这一鸿篇巨制。该书广泛深入地探讨了中国古代服饰制度的沿革与当时政治、经济、文化、民俗等社会环境的关系，发前人未发之论，在学术界享有崇高的声誉，是中国古代服饰研究的经典著作。

二、服饰的基本类型

　　中国历代服饰千姿百态，但在形式上可分为上衣和下裳，这是根据所装饰的身体部位区分的。正如身体各部分的生长顺序体现了自然的法则，中国传统文化认为服饰也相应地象征着从上至下的秩序。《周易·系辞下》："黄帝、尧、舜垂衣裳而天下治，盖取诸乾、坤。"上衣、下裳是采取乾、坤所代表的天地之象，服饰的上下有度体现了天下万物的秩序井然。

　　上衣，即蔽覆上体的服饰。上衣可以为独立服饰，如周代天子冕服中的"玄衣"、黑羔皮做的"大裘"，天子至士都可穿的朝服"玄端"，周代贵族的"锦衣狐裘"（《诗经·秦风·终南》）等。内里所穿贴身衣物即"亵衣"，夏季所穿葛布内衣称为"绁袢"（《诗经·鄘风·君子偕老》），后世又称"汗衫"，明清时期又演变为"兜肚"。而普通民众大多穿一种称为"襦"的短衣，质料粗糙的襦衣则称为"褐"。褐衣是民众便于劳动的朴素服饰，《诗经·豳风·七月》说"无衣无褐，何以卒岁"。汉魏时期的襦衣一般采用大襟样式，即衣襟向右侧掩盖；衣袖以窄袖为主，袖端有袖口，方便劳作，但春夏时节为了凉爽会采用宽大袖口样式，并在劳作时将袖子系扎在手臂上；冬季则可在襦衣中填充棉絮御寒。隋唐以后，襦衣样式发生了较大变化，由大襟改为对襟，穿着时将下摆束在裙裤之内；衣袖以窄式居多，且长度增加至腕部甚至盖住双手。"袄"是在襦衣基础上发展出的一种长到腰际以下的秋冬衣服，一般用厚实织物制成，或在里面添加棉絮或毛绒；袄大多采用大襟、窄袖，士庶男女皆可穿作外衣。清代至民国时期还流行一种罩在袍外的"马褂"，它以对襟为主，长不过腰，下摆开衩，后因西式服装流行而销声匿迹。①

下裳，是下身所穿衣物，《左传·昭公十二年》说"裳，下饰也"。狭义的"裳"指原本用于遮羞的"围裳"。商周时期的围裳分成前后两片，上用布系缚于腰间。这种围裳在便溺时只需将裳片掀开，但两侧留有缝隙而有暴露之虞，因此催生了跪坐的礼仪。周代天子冕服用"纁裳"，"玄端"则配用"玄裳、黄裳、杂裳"（《仪礼·士冠礼》）。裳前还会佩戴遮盖大腿至膝部的"蔽膝"，将冕服称为"芾"、其他称为"韠"。作为仪式服制的裳一直延续到明代。汉代出现了用一片布帛由前围绕至臀后的"裙"，汉乐府《陌上桑》诗云"缃绮为下裙，紫绮为上襦"，可见，当时裙与襦袄搭配成为女子的日常穿着形式。东汉宫中女子在裙上增加褶裥，后发展为风尚；魏晋时期多裙长曳地、下摆宽松的褶裥裙；唐代裙由窄小变为宽松，流行高腰或束胸、贴臀、宽摆齐地的样式；五代时期，裙幅和褶裥增多，出现"百褶裙"，一直延续到明清时期。"裤"，原是两条套在腿上的不连裆的裤管，主要用于御寒，又作"绔""胫衣"，需要搭配着围裳穿。赵武灵王推行"胡服骑射"，将传统套裤增加前后裆，裆不缝缀而用带系缚的称为"绲裆裤"，两裆缝合的满裆裤称为"裈"。汉代开始，满裆裤开始流行，与襦袄配合成为男子的日常穿着。

"深衣"是衣和裳相连的长衣服，前襟接出一段呈三角形的"曲裾"，围绕至背后，《礼记·深衣》称之为"续衽钩边"。另一种衣、裳相连的直裾称为"襜褕"。深衣又演变出一种有棉絮夹层的"袍"，后来袍与襜褕融合。唐宋时期用袍服的颜色区分等级，黄袍成为帝王之服；元代开始，袍服上织绣的特定图纹用于区分官吏的品级；清代百姓也以袍服为家居服饰，演变出长袍、旗袍等，一直沿用至今。东汉出现了另一种上下连属的对襟服饰"衫"，魏晋名士流行单衫，唐代流行加有横襕的"襕衫"，宋代文士多穿紫衫，女子所穿衫称为"大袖""褙子"。衫与袍逐渐成为深衣形制服饰的通称。

三、制衣工艺的主要成就

各种形制服饰的质地、图纹和光泽取决于纺织、刺绣、染色、剪裁、缝纫等制衣工艺。早在周代就已经有了从原料征集到加工制作的职务分工，《周礼·天官》下设掌皮、典丝、典枲（管理麻类纺织）、缝人、染人，《周礼·地官》下设闾师（征收布帛）、羽人（征收羽毛）、掌葛、掌染草等。而历代制衣工艺的发展最终使服饰四时相宜、舒适合体、五彩斑斓。

---

① 高春明.中国历代服饰艺术［M］.北京：中国青年出版社，2009：100.

▲ 香色麻飞鱼贴里，明代，山东博物馆藏

中国古代的服饰原料非常丰富，主要有布、帛、皮、毛。"布"是植物纤维纺织品的总称，包括葛布、麻布、棉布。葛，豆科葛属多年生草质藤本植物，茎皮水煮后可分离出纤维。江苏吴县（在今江苏苏州）草鞋山马家浜文化堆积中还发现了距今5000～6000年的葛布残片。葛布一般裁成夏衣，细布葛衣称为"绤"，粗布葛衣称为"绤"（《诗经·周南·葛覃》）。麻，包括大麻、苘麻、苎麻等，纤维细长、坚韧、质轻、洁白，麻布服饰散热性好。河姆渡文化遗址和良渚文化遗址都曾发现苎麻织物残片和麻缕。《诗经·陈风·东门之池》中提到"沤麻"，即浸泡麻茎秆，使其表皮易于剥离；《诗经·陈风·东门之枌》中提到"绩其麻"，即纺制麻线；《诗经·陈风·蜉蝣》中提到"麻衣如雪"。棉，由印度传入中国，元代初年，黄道婆改进了海南黎族的棉纺织技术，才使得棉布成为中国服饰的重要原料。"帛"是丝织品的总称。中国是桑蚕技术发祥地，在新石器时代就已经养蚕缫丝。河姆渡文化遗址出土了六千多年前刻有蚕纹的象牙盅，浙江吴兴钱山漾遗址发现了四千多年前放在竹筐中的丝织品，山西夏县西阴村新石器遗址出土了一个四千多年前半割切的蚕茧。夏代宫廷设有从事蚕事的女奴，商代王室有典管蚕事的"女蚕"。自汉代以来，丝绸成为影响世界的中国产品。"皮""毛"，采自狐、羊、狼、犬、貂等动物，制成的皮衣称为"裘"，是原始先民最早使用的御寒衣物。裘衣大多为狐裘和羔裘，如《诗经·桧风·羔裘》"羔裘逍遥，狐裘以朝"。

黄道婆，松江府乌泥泾（今上海）人，宋末元初著名的技术改革家。年少时流落崖州（在今海南三亚），向当地黎族妇女学习棉花纺织技艺，改进了错纱、配色、综线、挈花的织造技术。元代元贞年间（1295—1297），黄道婆返回松江府乌泥泾，制造了擀、弹、纺、织等棉花纺织专用机具，织成花纹多样的棉织品。黄道婆将原本处于边远地区的棉花纺织工艺引进纺织业发达的长江下游地区，推动了该地区棉花种植业和棉纺织业的发展，被后人立祠奉祀。

中国古代的纺织工艺十分精湛。丝织品种类繁多，根据经纬线交叠关系不同可以分成绢、纱、绮、绉、绫、缎、罗、锦、妆花。经纬线交叠基本关系有4种：平纹、斜纹、缎纹、绞经。

平纹，经线和纬线每隔一根相交一次，每根线都被旁边的线压住，上下交错构成织物，耐磨性好，但光泽差、弹性小。平纹织物代表为平实纤薄的"绢"，丝线特细的绢称为"纱"；平纹织物偶尔增加斜纹图案即为"绮"。如果在织平纹时采取"通经断纬"的方法，即经线贯穿整个织物、各色纬线根据图案花纹跟经丝交织而不贯通全幅，这就是被誉为"织中之圣"的"缂丝"。

斜纹，经纬交点连成斜线，面料上有明显的斜线纹路，耐用度稍低，但光泽和弹性较好。斜纹织物代表为轻薄柔软的"绫"。

缎纹，一根经线浮在相邻的几根纬线上，或者纬线浮在连续的经线上，在丝织品中制作工艺最为复杂，表面平滑有光泽，质地柔软，但脆弱、容易磨损。缎纹织物即是"缎"，宋代以后渐渐代替了绫的历史地位。

绞经，在织时不断抬升再下沉经线，使经线互相绞缠，再将纬线从相绞的经线中穿过，就形成具有空眼的"罗"。

以上都是单层织物。如果在绢、绫、缎等完整织物上再以纬线用"通经断纬"的方法盘织一层花纹，这就是"妆花"。将多层织物相互插合而形成的立体复杂织物就是"锦"。[1]中国四大名锦有成都蜀锦、苏州宋锦、南京云锦、广西壮锦。锦工艺繁复，价格高，所以"衣锦"是古代达官显贵的身份象征。

中国刺绣工艺源远流长。刺绣是用绣针牵引彩线在布帛织物上刺扎花纹，《周礼·冬官·考工记》说"五彩备谓之绣"。河南安阳殷墟妇好墓出土铜觯附着绣纹残片，周代天子冕服的纁裳用绣，湖北江陵马山一号战国楚墓出土凤鸟花卉纹刺绣。战国秦汉以锁绣为主，唐代则发展出齐针绣、戗针、套针，宋代创造了网绣、戳纱、铺绒、平金、打籽、刻鳞、钉线、锁边等技法，一直传承至明清时期。清代各地名绣竞起，苏绣、湘绣、粤绣、蜀绣并称四大名绣。刺绣工艺的发展使得中国传统服饰更加绚丽多姿。

中国服饰染色工艺发达。古代染色工艺虽然与现代不尽相同，但基本方式都是全部浸染和局部印染。商周时期已形成丝帛浸染和彩绘，秦汉已经出现"夹缬"（双层花版印染）和"蜡缬"（蜡染），南北朝以后"绞缬"（扎染）在各地普及。[2]这些工艺在后世不断完善发展。而中国各少数民族也有丰富的染色工艺，为服饰带来了斑斓色彩。

▲ 蓝色织金妆花缎裙，明代，山东博物馆藏

---

① 赵丰.中国丝绸通史［M］.苏州：苏州大学出版社，2005：8-9.

② 高春明.中国历代服饰艺术［M］.北京：中国青年出版社，2009：230-231.

四、传统服饰的当代价值

文化传统总是具有顽强的生命力。虽然中国现代服饰已经发生了重大变革，但传统服饰在当下经过创造性转化再现光辉。

其一，传统服饰经过改良仍然适于日常穿着。20世纪的"西服东渐"使中国服饰产生了重大变革。现代的工作与生活注重活动方便，这要求传统服饰若要适应现代生活，必须在保留传统优点的同时，结合现代服饰风格对领、袖、襟等做出改造。传统服饰也因中西合璧的创造重构而以"东方美"重新活跃。例如清代的旗袍，在民国时期吸收西方服饰风格，缩短长度、收紧腰身、提高开衩，领、袖、襟也不断变化，展现出秀美端庄、典雅含蓄、风姿绰约的独特东方之美，又能适应现代的工作与生活，至今仍然是中国精美女服的代表。

其二，"中国风"成为世界时装设计的一种潮流。设计师从中国传统服饰中获得创作灵感，例如中国的丝绸、锦缎等面料及蜡染等工艺，龙、凤、花鸟、山水、八宝等图案，立领、对襟、袍褂等款式，为现代设计注入中国元素。在国内，融入传统元素的现代服装也成为大众追捧的流行时尚。

其三，"汉服热"引领传统文化的继承和弘扬。21世纪初以来，"汉服热"方兴未艾。所谓"汉服热"，是穿着和展示中国传统服饰的潮流，以青少年为主力军，以网络媒体为推广主阵地，以汉服雅集、汉服节庆、汉服礼仪、汉服论坛、汉服文化周等为主要表现形式。"汉服热"将中国传统服饰与传统节日、民俗、艺术、礼仪相结合，吸引广大民众深入了解中华优秀传统文化，并将其融入日常生活之中，显示了生活化、流行化、青年化的特征，为中国传统服饰文化注入了新的活力。"汉服热"使得"衣裳楚楚"的中国传统服饰文化在当下重新焕发生机。

第三节　武术

中国武术是以攻防技击为主要内容、以套路演练和搏斗对抗为运动形式、注重内外兼修的传统体育项目。[①] 中国武术理论与中国传统文化一脉相承，表现在整体观、变化观、形神观、气论、体用论、动静说、刚柔说等。历代武者不仅追求武艺的提高，更推崇侠义精神。李白《侠客行》诗云："纵死侠骨香，不惭世上英。"英雄侠士的自强不息、舍生取义、尽忠报国体现了中国武术"尚武崇德"的博大境界。

一、武术概说

中国武术早在先秦时期的实战格斗中已经萌芽。原始社会的渔猎时代，人类寡少而凶猛禽兽众多，故先民为了生存而需要与禽兽搏斗以获得衣食。搏斗主要有两种方式，一是徒手

---

① 全国体育院校教材委员会.中国武术教程：上册［M］.北京：人民体育出版社，2004：4.

搏斗，如《诗经·郑风·大叔于田》描写了"襢裼暴虎"的场景，徒手搏斗使人逐渐形成了奔跑、跳跃、闪躲、滚翻、拳打、脚踢等技能；二是器械搏斗，先民发明了木、骨、石等材料制作的棍、棒、弓、矢、刀、矛、斧、镖等武器。除了人兽搏斗，原始氏族部落之间的战争也促成了武术的萌芽。据《史记·五帝本纪》记载，传说中的黄帝轩辕氏"习用干戈"；据《管子·地数》和《世本》记载，与黄帝大战的九黎部落首领蚩尤曾用青铜铸造剑、铠、矛、戟、戈等兵器，这些兵器战斗力强大。而到了夏商周时期，"国之大事，在祀与戎"（《左传·成公十三年》），军事征伐推动了徒手搏斗和器械搏斗的武力技能训练不断成熟。《礼记·月令》记载，孟冬之月，"天子乃命将帅讲武，习射御、角力"。其中，射箭和御车是周代"六艺"之一，"角力"是源于蚩尤的以角抵人的对抗性摔跤运动。夏商周时期还发展出了手持兵器、模仿交战动作的武舞，如"象舞""干戚舞""万舞""大武舞"等。[①]

▲ 角抵图（山东临沂金雀山 9 号汉墓帛画局部）

"武经七书"

　　"武经七书"，指《孙子兵法》《吴子兵法》《六韬》《司马法》《三略》《尉缭子》《李卫公问对》7 部著名兵书。《续资治通鉴长编》卷三百三记载，元丰三年（1080）四月，宋神宗诏命朱服等人校定七书，镂版刊行。《宋史》卷一百五十七记载，绍兴二十六年（1156），南宋高宗诏命武举以"武经七书"命名。自此以后，"武经七书"成为古代培养武备人才的基本教材。

　　从秦汉至宋元，中国武术逐渐从轻死尚勇的拼杀发展出竞技表演的武艺。秦汉以军事实现大一统，重视军队的武器装备和武力训练；然而在社会治理方面又有重文抑武倾向，秦始皇"收天下兵"（《史记·秦始皇本纪》），汉儒提出"去武行文"（《盐铁论·世务》）。同时，角抵之戏和手搏之扑成为从宫廷至民间盛行的娱乐运动。东汉时又由武术、杂技、舞

---

① 国家体委武术研究院. 中国武术史［M］. 北京：人民体育出版社，1997：21-23.

蹈发展出"百戏"。隋唐时期开创了武举制度，以骑、射、枪、举重等为考核内容，选拔武力骁勇的人才，一直为后世沿袭，激发了更多人习武的热情。唐代不仅复兴了秦汉的角抵之戏，还流行剑舞、矛舞、破阵乐舞、大面舞、狮舞等武舞。这一时期，尚武任侠之风盛行，唐诗多咏仗剑出游的侠客，如王维《陇头吟》中的"长安少年游侠客，夜上戍楼看太白"，而《虬髯客传》《聂隐娘》等则是唐代武侠小说名篇。宋代军事训练日渐规范系统，研制了千姿百态的兵器，并注重军事理论。宋仁宗下诏修编《武经总要》，该书集前代兵学大成；宋神宗下诏校订"武经七书"，这一系列书籍成为武举必读之书。宋代民间还出现了习武御敌的弓箭社、忠义巡社及健身娱乐的角抵社、射弓踏弩社、英略社等武术结社，瓦舍勾栏则有使拳、使棒、舞剑、舞刀枪等的职业习武卖艺者。

明清时期，武术体系和理论日渐成熟。明代开始，武术的拳法和器械开始形成不同风格、特征、内容的众多门派，出现了南派北派、内家外家等说。清代出现了民间拳会组织，如义和拳、洪拳会、少林会等。明清武术吸收了传统儒道佛各家关于修行、修炼与养生的内容，发展出炼气修心的"内功"，而"内外兼修"体现了"技进乎道"的文化理念。[①]

近现代以来，中国武术在形式和理念上发生了重大变化。一方面，武术群体日益组织化。民国时期，在救亡图存的氛围下，中国武术承担了"强国强种"的历史使命，一批有识之士延揽武术人才，成立武术会社，开班传授武艺，民国政府在南京和全国各省市设立"国术馆"。这些武术组织突破了地域、家族、门派的局限，有力推动了武术的普及与发展。另一方面，武术日渐科学化与规范化。民国时期，武术被列为学校体育课程，提倡锻炼体魄、培养勇锐、爱国爱民，在价值观念、运动思想、教学和竞赛方式等方面与现代教育相适应。新中国成立后，从武术竞技、习武健身到武术教学科研，中国武术进入了社会化、多元化、国际化发展的新时代。

二、武术的基本类型

中国武术内容丰富，古代武学以流派分类，而现代武术则可按照现代体育运动形式分成3类：一是基本功，即练习某一身体部位或单一姿势的基础性动作，如腿功、腰功、肩功、桩功等；二是套路武术，即按照进攻和防守的规律将各种招式组织编排成动作程序相对固定的运动，又可以具体分成综合运用身体动作的拳术，使用各类武器的器械项目，按预定套路对练、6人以上演练的集体项目；三是搏斗对抗，无预定套路而按照一定规则进行搏击，具体分为手脚并用的散打、双方手臂相推的推手、以刀剑等短兵器对抗的短兵。其中，套路武术是现代武术的主要内容，门派林立，蔚为大观。

拳术种类繁多，原国家体育运动委员会（现为国家体育总局）曾认定129种拳种。

少林拳，因河南嵩山少林寺而得名，体系庞大，影响深远，民间有"天下功夫出少林"之说。唐代"少林十三僧助秦王"的故事使少林武僧名扬天下，宋元时期少林拳不断丰富，明代嘉靖年间少林武僧参与了抗击倭寇战争，明末清初少林拳系取得了武术正宗的崇高地位，到清代禁武之后仍然名传大江南北；虽然清末少林拳逐渐衰微，但改革开放以后又因武侠小说

中华优秀传统文化（慕课版 第2版）

---

① 杨祥全.中国武术思想史［M］.太原：山西科学技术出版社，2017：253.

和影视剧流行在全球掀起了"少林功夫热"。少林拳是由众多拳种组成的博大精深的体系，主要有少林五拳、少林花拳、少林罗汉拳、少林龙尊拳等，其特点是拳打一线、刚健有力、攻防兼备、禅武合一。①

太极拳，以太极阴阳理论为基础，因王宗岳的《太极拳论》而定名，早期代表人物为太极拳祖、武当高道张三丰，以及明末清初河南温县陈家沟人陈王廷等人。后者创立的陈氏太极拳在之后又演化出众多新流派。太极拳讲究虚灵顶劲、松腰养气、沉肩坠肘、以身带臂，具有缓慢均匀、浑圆对称、以柔克刚等特点。②

形意拳，又名"六合心意拳"，由明末清初山西蒲州人姬际可（1602—1683）创立，后流传于山西、河南、河北一带。形意拳以"六合"（心意合、意气合、气力合、手足合、肘膝合、肩胯合）为法，以"五行"（劈、崩、钻、炮、横）、"十形"（龙、虎、熊、蛇、猴、马、鸡、燕、鹞、鹰）为拳，具有"直来直去，硬打硬进无遮拦"的特点。

"杨氏太极拳"，由杨露禅（1799—1872）创立。杨露禅，河北永年人，从学于陈长兴，学成后返回家乡传习太极拳，曾在北京教拳，得到清代王公贵胄赏识。杨露禅传于其子杨班侯、杨健侯和其孙杨澄甫，在陈氏太极拳的基础上发展出平正简易的杨氏太极拳。

"武氏太极拳"，由武禹襄（1812—1880）创立。武禹襄，河北永年人，从学于杨露禅和河南温县赵堡镇陈清平，后得王宗岳的《太极拳谱》，创出姿势紧凑、步法严格、内气潜转的武氏太极拳。

"吴氏太极拳"，由吴鉴泉（1870—1942）创立。吴鉴泉，河北大兴（今北京大兴）人。其父吴全佑（1834—1902）从学于杨露禅和杨班侯，后自创太极拳功架。吴鉴泉在其父所传基础上，形成以柔化为主的吴氏太极拳。

"孙氏太极拳"，由孙禄堂（1860—1933）创立。孙禄堂，河北望都人，早年师从郭云深学形意拳、师从程廷华学八卦掌，后师从武禹襄再传弟子郝为真学习太极拳，将形意、八卦、太极合而为一，自成一家。

八卦掌，由清代河北人董海川（1797—1882）创立，以"八掌"（单换、双换、顺势、背身、翻身、磨身、三穿、回身）为基本内容，行拳时以摆扣步走8个方位呈圆形，掌法多变，步法灵活，犹如水中蛟龙。

咏春拳，南拳之一，起源传说众多，与南少林拳术和福建鹤拳有关③，后经粤剧红船中人黄宝华、梁二娣传授而在广州佛山发展。著名功夫影星李小龙早年曾随一代宗师叶问学习咏春拳，咏春拳因此名满天下。咏春拳以小念头、标指、寻桥为主要内容，具有注重中线、贴身紧打、动作快速等特点。

器械武术由古代兵器发展而来，包括短器械（刀、剑等）、长器械（棍、枪等）、双器械（双钩、双铜等）、软器械（九节鞭、流星锤等）等，宋元已有"十八般武艺"之说。

① 吕宏军，滕磊.少林功夫［M］.北京：文化艺术出版社，2012：123-130.
② 严双军.太极拳［M］.北京：文化艺术出版社，2012：44.
③ 张勇.咏春拳研究［M］.合肥：安徽大学出版社，2018：64.

剑，百刃之君。剑在先秦时用作兵器，著名剑者有《吴越春秋》所载越女；汉代以后逐渐淡出战场，成为朝仪礼器和日常佩戴防身之器，而民间多剑客，如曲城侯虫达（《史记·日者列传》）；唐代剑的形制基本定型，多用于民间；明清时期各种剑术套路层出不穷。剑术动作以刺、劈、撩、挂、云、抹、点、绞、挑、崩、截、斩、带、剪、提、扫等为主，轻快敏捷、身活腕灵、潇洒飘逸。

刀，百兵之帅。西汉时，环首铁刀取代剑成为主要短兵器，自天子至百官无不佩刀；唐代刀制有仪刀、障刀、横刀、陌刀，军中多用横刀；宋代以后刀种类逐渐增多。刀法有劈、砍、斩、抹、挂、扫、搅等，威猛迅捷、刚健有力、气势逼人。

枪，诸器之王。隋唐时以枪为步骑兵主要武器，铁头木杆并有红缨；宋元时长兵以枪为主，枪法技艺日渐多样化；明清时期，军中比较武艺一般以枪对决，各地枪法名家辈出。枪法以扎、拦、拿为主，力注枪尖、上下翻飞、变幻莫测。

十八般武艺介绍

棍，百兵之祖。先民以木棍为武器；秦末农民起义"斩木为兵"（贾谊《过秦论》）；唐代军事训练开始用棍；明代军中以棍为重要器械，各家棍法日渐成熟，尤其以少林棍最为出名。棍法有劈、抡、戳、挂、扫、拨等，讲究身棍合一、密集如雨、横打一片。

三、中国武术的主要成就

中国武术根植于历史上人们的生活实践、军事战争和社会活动，具有多元的功能。

中国武术与军事技艺同源，具有攻防技击的本质特征。技击，指运用各种技巧进行实战击打，以防卫制敌为目标。在冷兵器时代，格斗技击关乎生死存亡，《孙子兵法·始计》说"兵者，国之大事，死生之地，存亡之道，不可不察也"。经过历史发展，武术虽然已不再是用于军事拼杀的技术，但仍然以攻防实战技术为主要内容，从而提高保护自己和打击对手的能力。中国武术的技击方法丰富多变。"手法"负责打，有拳、掌、勾、爪、指等；"腿法"负责长攻，有踢、弹、点、踹、铲、扫、飞腿、摆莲、跌叉等；"步法"负责变换，有进步、退步、行步、击步、垫步、提步、插步、盖步、跳步、摆步、扣步、跟步、纵步、跃步等；"身法"以活为要，有伸缩开合、闪展俯仰、拧转翻挫、冲撞挤靠等；"眼法"有注、随、环等。[①]不同技击方法有不同的劲力要求和技巧变化，加之各家各派独特的方法与风格，从而形成气象万千的招法和打法的技术体系。中国武术技击具有形神兼备、气势恢宏、尚劲不尚力的特质。

中国武术与体育运动性质相同，具有强身健体的重要功能。对习武者而言，习武可以通过适度的身体运动来提升身体机能。特别是套路武术，将攻防技击改造为各种招法的组合演练，既保留了实战功能，又有养生护体的作用。例如，少林功夫强调禅、武、医一体，讲究气沉丹田、动静结合、阴阳平衡、刚柔相济等，这都有助于增进身体健康；形意拳以"六合"为指导理论，显示了明显的养生意识；太极拳更是以尾闾中正、气沉丹田、以意导动、放松

① 任海．中国古代武术［M］．北京：中国国际广播出版社，2011：119．

身心、柔和缓慢的运动方式，成为老少咸宜的强身健体养生功法。[①]而强健的身体素质又是技击的重要基础。明代戚继光在《纪效新书·拳经捷要篇》中说："拳法似无预于大战之技，然活动手足，惯勤肢体，此为初学入艺之门也。"[②]由此可见套路武术结合了技击性和养生性。在当代，武术养生功能的重要性逐渐提高，而恰当练习适合自己的武术确实能锻炼力量、耐力、速度、灵敏度、柔韧度等身体素质，达到增强体质的目的。

中国武术兼为表演游戏，具有教化娱乐的意义。从秦汉开始，武术就被列入"百戏"，成为表演娱乐的一种形式。而在当代，武术经过夸张想象成为武侠小说、漫画、影视剧等的重要元素。当一招一式的演示模拟再现攻防技击场景时，武术的形态、气势、神韵都显示出中国传统的审美意境。[③]

四、传统武德的当代价值

中国武术非常重视武德。武德起源于古代用兵之教。《左传·宣公十二年》记载楚庄王语："夫文，止戈为武……夫武，禁暴、戢兵、保大、定功、安民、和众、丰财者也。"意即，"武"字的本义是止息干戈；"武"有禁止暴力、封藏兵器、保卫国家、确定功勋、安抚人民、和睦万国、增长财富这七德。古代兵家也认为用兵只是手段而非目的，如《尉缭子·兵教上》说"（兵教）所以开封疆，守社稷，除患害，成武德也"，即强调用兵的武德在于守护疆土、去除祸害、维护正义。后来，武德成为武术的行为规范。与用兵类似，武术攻防技击也包含了"暴力元素"，而武德正是以道德规范习武之人的行为，限制武术技击滥用，弱化武术的暴力搏杀，消解作乱的危险，塑造习武之人的人格品质，促进社会和谐发展。

▲　（清）任颐《公孙大娘舞剑图》

微课视频

武术融入小说与电视剧

武德推崇英雄侠士精神。其中，见义勇为是习武之人的重要品德。《论语·为政》说"见义不为，无勇也"，《论语·阳货》说"君子有勇而无义为乱，小人有勇而无义为盗"。以儒家为代表的中国传统文化主张的"勇"并不是鲁莽蛮力，而必须有勇有义；只有合乎道义，才能真正理直气壮、不畏强暴、敢作敢为、无所畏惧。此外，习武之人还要仁爱他人、重信

---

① 乔凤杰.文化符号：武术［M］.北京：社会科学文献出版社，2014：118.

② 戚继光.纪效新书［M］.盛冬铃，点校.北京：中华书局，1996：165.

③ 孙刚.中国武术审美文化研究［M］.北京：人民出版社，2018：94.

守诺、洁身自好。司马迁在《史记·太史公自序》中说"非信、廉、仁、勇不能传兵论剑，与道同符，内可以治身，外可以应变，君子比德焉"。历代武术宗师都强调习武先习德，如《峨眉枪法·戒谨篇》说"不仁者不与传，谈元授道贵乎择人"[①]，清代张孔昭《拳经拳法备要》说"贤良秘授纡危困，邪妄休传害众生"[②]，孙禄堂《论拳术内外家之别》说"拳术中亦重中和，亦重仁义……若练至中和，善讲仁义，动作以礼，见义必为，其人虽无百斤之力，即可谓之内家"[③]。可见，武德体现了仁、义、勇、信的中华传统美德。

"尚武"也是以爱国主义为核心的民族精神的体现。历史上，武艺高超的英雄人物都具有自强不息、不畏奸邪、赤胆忠心的气节，如宋代名将岳飞，明代抗倭英雄戚继光、俞大猷，少林武僧，等等。近代以来，尚武精神与救亡图存、民族复兴相结合。近代，武术家霍元甲力挫外国勇士，一雪"东亚病夫"之耻；1919 年，孙中山为精武体育会写下"尚武精神"的题词。直至今天，传统武德对于凝聚民心民力、振奋民族精神、弘扬爱国主义依旧具有重要意义。

▲ 孙中山题词

第四节 茶香

中国是茶的故乡。茶，属于山茶科山茶属茶组植物。一般认为，中国西南地区是茶组植物的地理起源中心[④]，后来其沿着澜沧江及怒江水系向西南传播，沿着南北盘江及元江水系向东南传播，沿着金沙江及长江水系向东北传播。云贵高原保存了世界上数量最多、树型最大的古茶树。另据不完全统计，中国 10 个省市已发现 200 多处野生古茶树。[⑤]茶在中国拥有非常久远的历史。"茶"，原作"荼"，中唐以后演变为"茶"字，又称为"槚""蔎"

① 吴殳.手臂录［M］.北京：中华书局，1985：96.
② 无谷，姚远.少林寺资料集续编［M］.北京：书目文献出版社，1984：366.
③ 孙禄堂.孙禄堂武学录［M］.北京：人民体育出版社，2001：379.
④ 刘枫.新茶经［M］.北京：中央文献出版社，2015：11.
⑤ 刘枫.新茶经［M］.北京：中央文献出版社，2015：14.

"茗""荈"等。①传说茶的发现与上古时代神农尝百草有关，唐代陆羽在《茶经》中说"茶之为饮，发乎神农氏，闻于鲁周公"。虽然最早饮茶的时间难以具体确定，但毫无疑问，中国是最早饮用和种植茶叶的国家，而当今世界五大洲的茶种都源于中国。

在古代中国，茶叶的生产规模不断扩大。西周以来，巴蜀一带是重要的茶树栽培地，西汉王褒《僮约》记载"武阳买茶"（武阳即今四川彭山），西晋孙楚《出歌》云"姜桂茶荈出巴蜀"，东晋常璩《华阳国志·巴志》记载巴国向周王室进贡之物中就有"茶"。而魏晋南北朝时期，茶树栽培又沿长江扩展至东南一带。《太平御览》卷八百六十七引《桐君采药录》记载"西阳、武昌、晋陵皆出好茗"，晋陵即今江苏常州，这表明长江下游已成为重要茶树栽培地。南朝宋山谦之《吴兴记》记载"乌程县西二十里有温山"，乌程即今浙江长兴，在南朝已经是皇家御茶产地。唐代茶业全面兴盛，产区遍及山南、淮南、浙西、浙东、剑南、黔中、江南、岭南，已经与近代茶区大致相当。宋代茶业重心向东南偏移，茶叶产区继续扩大，闽南和岭南茶业开始兴起，皇室贡茶产地也由湖州顾渚改为福建建安。明清以来，茶叶种植更为广泛，各地名茶种类繁多。晚清，种茶和制茶技术传入俄国、南亚、东南亚等。

中国自唐代开始就形成了茶学。唐代陆羽所撰《茶经》是世界上现存最早的茶学著作，全面介绍了茶的起源、工具、生产、器皿、烹煮、品饮、故事、产地、茶区分布等。由于《茶经》的划时代成就，陆羽被后人尊为"茶圣"。宋代茶学兴盛，制茶技术不断发展，饮茶方式有所创新，茶诗、茶图兴盛，更有宋徽宗赵佶《大观茶论》、蔡襄《茶录》、熊蕃《宣和北苑贡茶录》、黄儒《品茶要录》、审安老人《茶具图赞》等重要茶书。明清茶书则多达百余种，如明代许次纾《茶疏》、明代罗廪《茶解》、清代陆廷灿《续茶经》等。近代以来，现代农业科技和社会文化研究促成了茶学的现代转型。

▲ 唐代白釉煮茶器

① 陈宗懋，杨亚军．中国茶经［M］．上海：上海文化出版社，2011：3.

陆羽（约 733—804），一名疾，字鸿渐，又字季疵，复州竟陵（今湖北天门）人。据《陆文学自传》，安史之乱前后，陆羽游历鄂、川、豫、赣、皖、苏、浙，考察茶事。唐肃宗上元初年（760），陆羽隐居湖州苕溪，闭门著书，包括《茶经》三卷。唐代宗大历八年（773），陆羽参加颜真卿《韵海镜源》续编工作，又修订《茶经》。唐德宗建中元年（780），《茶经》刻印成书。

中国的茶叶通过贸易远传世界各地。唐代茶叶经海路传往日本和朝鲜半岛，经陆路传往中亚、西亚乃至欧洲，如唐代封演《封氏闻见记》卷六记载"往年回鹘入朝，大驱名马，市茶而归"。由于茶叶生产贸易的发展，茶政开始建立。据《新唐书·食货志》，唐德宗建中三年（782）开始征收茶税，唐宣宗大中六年（852）裴休著茶税条约。唐代以后，茶叶贸易主要是边疆的茶马贸易。据《宋史·职官志》，宋代设立茶马司，实行茶马互市制度，以马换茶。明代也在四川和甘肃设置茶马司，管理西南和西北边疆的茶马贸易。清代海禁开放后，茶叶海运贸易又兴盛起来，中国成为当时最大的茶叶出口国。直到 1886 年以后，随着英国在印度和斯里兰卡引种茶叶获得成功，国外开始减少从中国进口茶叶。[①] 中华人民共和国成立后，中国茶叶生产贸易又得到了恢复和发展。

了解更多中国
古代茶文化

① 陈宗懋. 中国茶经 [M]. 上海：上海文化出版社，1992：39.

结语
正确对待中华优秀传统文化

文化自信是一个国家、一个民族发展中最基本、最深沉、最持久的力量。中华优秀传统文化是中华民族创造的、经中华文明历史长河演化取舍最终存留下来的优秀文化，其中最核心的内容已经成为中华民族最基本的文化基因，对社会发展起着不可替代的作用，丰富了人们的精神文化生活。

首先，要充分认识到传承和弘扬中华优秀传统文化是一项系统性文化工程。中华优秀传统文化博大精深，包含个人修行思想、社会共同价值观、国家和民族观、衣食住行等。历经数千年的发展，中华优秀传统文化蕴含着异常复杂的脉络，有着异常深厚的积淀。传承和弘扬中华优秀传统文化，前提在于充分把握其理论全貌，重点在于甄别淬炼优秀部分，难点在于结合本土化、时代化进行理论提炼，归宿在于传承发展中华文化精神。一方面，要正确、全面传承发展中华优秀传统文化理论。这既需要传承发展正确的自然观、历史观、社会发展观、道德观、科技观等，也需要传承科学的世界观和方法论；既需要准确解读、领会古人在作品中阐释的现象、观点、方法，又需要结合当代，正确地予以运用，赋予中国传统文化时代性，巩固其作为建构和发展 21 世纪马克思主义的理论资源作用。要用广阔的视野和科学的方法，萃取中国传统文化中科学的、正确的部分，强化宏观整合与微观解读相结合，力求全方位、全覆盖地反映中华优秀传统文化全貌，凸显文化的有机性和系统性。另一方面，还需要继承中华优秀传统文化中的宝贵民族精神特质。历史上，中华儿女不论是在个人品性修养、科学实践态度，还是在社会民族大义上，都表现出了宝贵的精神气节，构成了中华民族的重要精神财富。传承发展中华优秀传统文化，应当同时继承文化成果和精神成果，不可割裂和偏废。离开精神谈理论，或者离开理论谈精神，都无法展示中华优秀传统文化的全貌。

其次，要正确把握发展马克思主义和传承发展中华优秀传统文化的关系。一是要正确认识马克思主义与中华优秀传统文化的存在论关系。中国共产党领导的革命不是旧式的王朝政权更替，而是彻底推翻旧制度的社会形态变革；中国社会从以儒学为指导到以马克思主义为指导，不是封建王朝更替的结果，而是社会形态根本变革的产物。中国革命的胜利、社会主义建设和改革开放取得的伟大成就都是在马克思主义指导下获得的，是马克思主义和中国实际相结合的产物。马克思主义是我们立党立国的根本指导思想，是我们党的灵魂和旗帜。因此，作为中国共产党领导的社会主义国家，不论何时何地，我们都必须要高举马克思主义旗帜毫不动摇。二是要正确认识马克思主义与中华优秀传统文化的学理关系。马克思主义是在工业文明的基础上、在充分吸收人类一切优秀文化成果的基础上形成的一种科学世界观和方法论，具有普遍的适用性和科学性，对所有民族、国家和地区具有重要的指导意义。而中华优秀传统文化则是以农业文明为基础，牢牢扎根于中华大地，展现中华民族独特的民族气质、价值观、精神等方面的一种文化形态。二者在起源、背景、学理等方面存在重要差异，但它们共同统一于当代中国实践，不能因为马克思主义的科学性和真理性，就否定中华优秀传统文化的精髓和当代价值，这是文化虚无主义；也不能因为要继承和弘扬中华优秀传统文化，就反对马克思主义的指导地位，这是文化复古主义。三是要处理好马克思主义的创新性发展与中华优秀传统文化的创造性转化的关系问题。马克思主义不是一个封闭僵化的理论体系，而是随着时代、实践、科学发展而不断发展的开放的理论体系，它并没有终结真理，而是开辟了不断通向真理的道路。实践发展永无止境，认识真理、理论创新就永无止境。中国共产党的百年奋斗历程雄辩地证明，马克思主义之所以永葆生机活力，就在于中国共产党能够结合新的历史时代、中国的具体国情，在实践中坚持和发展马克思主义，不断推进马克思主义中国化。在21世纪的今天，发展当代中国马克思主义、21世纪马克思主义，就必须坚持把马克思主义基本原理同中国具体实际相结合、同中华优秀传统文化相结合。反过来，中华优秀传统文化是中华民族的历史沉淀，是提升民族自信、彰显民族特质的支撑，是不可荒废的宝贵资源。今天，我们确实需要继承这份遗产，但这种继承不是简单的回归，而是要与时俱进，在当代语境中实现对中华优秀传统文化的创造性转化、创新性发展。这"两创"是有前提的，就是必须坚持马克思主义的指导地位。这也告诫我们，必须要立足当代中国特色社会主义实践，深入推进马克思主义与中华优秀传统文化的有机结合，不断推动中华优秀传统文化的创造性转化和马克思主义的创新发展，共同服务于社会主义现代化强国建设。

最后，要正确把握发展中华优秀传统文化和吸收借鉴外来优秀文化的关系。世界文明是多样的，"和而不同"是一切事物发生发展的规律。任何一个国家和民族的文明都是一个国家和民族的集体记忆。人类在漫长的历史长河中，创造和发展了多姿多彩的文明。从茹毛饮血到田园农耕，从工业革命到信息社会，绘就了波澜壮阔的文明图谱，书写了激荡人心的文明华章。世间万物万事总是千差万别、异彩纷呈的，如果万物万事都清一色了，事物的发展、世界的进步也就停止了。此外，文明是平等的。每一个国家和民族的文明都扎根于本国本民族的土壤之中，都有自己的本色、长处、优点，也有各自的不足。世界上不存在十全十美的文明，也不存在一无是处的文明。每种文明都是人类劳动和智力的结晶，它们只有姹紫嫣红之别，而无高低优劣之分，在价值上是完全平等的。文明因交流而多彩，文明因互鉴而丰富。历史告诉我们，只有交流互鉴，文明才能充满生命力，只要秉持包容精神，就不存在什么"文明冲突"，就可以实现文明的和谐共处。因此，对人类社会创造的各种文明，无论是古代的中华文明、希腊文明、罗马文明、埃及文明、两河文明、印度文明等，还是现在的亚洲文明、非洲文明、欧洲文明、美洲文明、大洋洲文明等，我们都应该采取学习借鉴的态度，积极吸纳其中的有益成分，使人类创造的一切文明中的优秀文化基因与当代文化相适应、与现代社会相协调，弘扬跨越时空、超越国度、富有永恒魅力、具有当代价值的优秀文化精神。面对世界百年未有之大变局和中华民族伟大复兴的战略全局，我们必须坚定文化自信，从本国本民族实际出发，坚持取长补短、择善而从、兼收并蓄，积极吸收和借鉴外来文化的优点和长处，全面推动中国特色社会主义文化的创新发展。

总之，站在新的历史起点上探讨中华优秀传统文化的传承与发展问题，要秉承不忘本来、吸收外来、面向未来的态度。不忘本来，就是要学习中国历史，了解和懂得自古以来中国人民创造的灿烂历史文化，继承中华民族在漫长历史发展进程中形成的优良传统，从中汲取思想精华；吸收外来，就是要兼收并蓄，促进文明互鉴，共享人类智慧；面向未来，就是要坚持以马克思主义为指导，积极推动中华优秀传统文化创造性转化、创新性发展，结合新的实践让中华优秀传统文化不断发扬光大，不断赋予中华优秀传统文化新的生机与活力，更好构筑中国精神、中国价值、中国力量，为人民提供精神指引。